増補改訂版

# 〈からだ〉の声を聞きなさい

あなたの中のスピリチュアルな友人

リズ・ブルボー
Lise Bourbeau
浅岡夢二 訳
Yumeji Asaoka

ハート出版

# 感謝の言葉

私を強く信じて、この本を書くよう私に勧めてくださった
すべての方々に、心の底より感謝を捧げます。

特に、一九八七年に最初の版を出すのを手伝ってくださった
すべての人たち、つまり、ドゥニーズ・トゥレパニエ、
ピエール・ナドー、オデット・ペルチエ、リザ・クリムスコ、
ダニエル・チュルコット、リズ・フォトゥー、
エディット・ポールに熱い感謝を捧げます。

また、この改訂版を作るのを手伝ってくださった
ミシュリーヌ・サン=ジャック、ナタリー・テリオーにも感謝を捧げます。

そして、私のすべての本を製作する際に私を支えてくださっている、
ＥＴＣ出版の社長であるジャン＝ピエール・ガニョンに、
特別な感謝を捧げます。

同様に〈ＥＴＣセンター〉の責任者である
モニカ・シールズにも感謝いたします。
彼女は、常に私のかたわらにあって、
あらゆる事柄において私を助けてくれているのみならず、
この改訂版の装幀のアイデアを出してくれました。

そして、本書を通して、この地球上の至るところに
〈愛〉を広めようとして下さる、本書のすべての読者のみなさんに
特別な感謝を捧げます。

この本を、私の両親、きょうだい、私と結婚してくださった二人の男性、
そして三人の子どもたちに献呈いたします。
彼らのおかげで、私は本当にたくさんのことを学ぶことができました。
そして、今もなお、特に〈真実の愛〉について
学び続けることができているのです。

リズ・ブルボー

ÉCOUTE TON CORPS, ton plus grand ami sur la terre
Édition 25e anniversaire

(LISTEN TO YOUR BODY, your best friend on earth
25th anniversary edition)



Japanese translation rights arranged with Les Éditions E.T.C. Inc ,Canada.
http://www.leseditionsetc.com/

# はじめに　――本当の自分に出会うために

あなたが今、手にしているこの本は、あなたのために〈と・く・べ・つ・に〉書かれた本です。この本を手にしたのは、あなたが心の深いところで自分の人生の質を変えたいと思っているからではないでしょうか。

あなたがどんな理由でこの本を手にしたとしても、この本を読み進めていくうちに、私はあなたのとても仲の良い友だちになれると思っています。

あなたと仲良くなりたいので、できるだけうちとけた口調で語るつもりです。友だちとして、私はあなたを応援したいと心から願っています。あなたの質問にお答えし、あなたの手を取り、あなたの内に潜《ひそ》むあらゆる素晴らしさを発見するお手伝いをしたいと思っています。さあ、お友だちになりましょう。それを決めるのはあなたです。

学びの方法はとてもシンプルです。一章ごとに注意深く読み、学んだことを、必要に応じて実生活で実践してみてください。章の終わりごとにエクササイズがありますので、指示に従ってやってみてください。必ず大きな成果が得られるはずです。

この本に書かれていることは、私がこれまで個人的に行なった観察、探求、研究の結果として得られたことです。ここに書かれている内容は、すべて自分自身で実践してみました。その結果得られた幸福は、とても大きなものでした。それを独り占めしていることができなくて、私はこの《人生の法則》を、多くの人たちと分かち合うことにしました。まずワークショップを開き、そして今、こうして本を書いています。

今まで、無数とも言えるほど多くの人たちが、本当の自分を発見することで、自己変容をなしとげてきました。そして、普通の人にはとても得られないと考えられている、本当の心のやすらぎを得たのです。

あなたがこの本を読んでくださっているあいだ、私はあなたのそばにいます。どうぞ心のおもむくままに読み進めてください。一歩ずつ、着実に歩んでゆきましょう。そうすれば、必ず多くの大切な発見をすることができるはずです。

心からの愛をこめて

リズ・ブルボー

# 改訂版に寄せて

『〈からだ〉の声を聞きなさい』が出版二五周年を迎えるにあたり、私は、本書を見直し、改訂版を出すことにしました。この本が出版されたのは一九八七年のことでした。そして、二〇一二年を迎えたとき、この、二五年間で八〇万部を売り上げ、また、一九の言語に翻訳されたこの本に、変更を加えたくなったのです。

この本の内容を、現在のETCセンターの教えに添ったものに変えつつも、一方で、この本の中核的な部分は、可能な限り保存するように努めました。この二五年間を通じて、数多くの新たな発見がなされ、私はそれらをあなた方と分かち合ってきましたが、教えの基本的な部分は変化しなかったからです。

ただ、この二五年間という長い期間を通して、私は教えを伝えるための新たな方法を発見してきました。そして、教えの内容も、よりシンプルになったために、教えを学び、応用することが、とても容易になったのです。『〈からだ〉の声を聞きなさい』は、私が書いた一冊目の本でした。そして、この本が出版されて以来、さらに二一冊の本が出版されています。それらの本を読むことによって、みなさんは、私の教えの全体像を把握することができるでしょう。

# もくじ

## 第一部

# 人生の大切な法則

1章

# あなたがこの世で生きる目的

あなたは今まで、じっと立ち止まって、自分はこの地上に何をしに来たのだろう、と考えてみたことがありますか？　人間として生きる目的とは何でしょうか？

答えはとてもシンプルです。私たちはみんな同じ目的を持っています。つまり、〈成長・進化する〉ことが人生の目的なのです。

あらゆる〈生命〉は、大きくなることを目指しています。少しのあいだ、まわりを眺めてみてください。花や木が大きくなるのをやめる時、それらは死ぬでしょう。それは人間にとっても同じことです。すべての人間は成長し、進化し続けなければなりません。ただ、人間にとって〈成長する〉というのは、内面的に大きくなる、つまり意識を拡大するということです。人生を通じて大きくなるのは、あなたの魂であって、肉体ではありません。

でも、進化するにはどうすればいいのでしょうか？　イエス・キリストはそれを教えました。人間にとって最も大切なことは、**愛する**ことと**信仰を持つ**ことである、と言ったのです。

この教えには、複雑なところはいっさいありません。きわめてシンプルです。でも、人間がいまだに、あらゆるやっかいな問題を生み出し続けているのを見ると、この二つの原則が充分に理解され、実践されているとは思われません。

自分自身と他者を完全に愛することができるようになった時点で、人間は学びを修了したことになり、地上での訓練をもはや必要としなくなります。

人間のからだは六〇兆もの細胞からなっていますが、人間それ自体が、じつは地球に属する細胞のようなものなのです。あなたのからだの細胞の一つひとつが健康ならば、あなたのからだも健康であり、あなたは快適に生きることができます。地球にとっても、それはまったく同じことでしょう。一人ひとりの人間が健康であれば、地球もまた健康になるのです。ですから、それぞれの人間が、自分を浄化し、肉体的、感情的、精神的、霊的に健康になる必要があります。

そうすれば、あらゆるものが調和して、地球は豊かさに満たされるでしょう。

あなたが地上にいるのは、自分自身の進化に努めるためであり、他人の進化に口出しするためではありません。ですから、あなたのエネルギーを、他者を裁き、他者に指示し、他者を引きずり回すために使わなくてもよいのです。あなたが地上にいるのは、ひたすら自分自身のためなのです。

この本のあちこちに、あなたが**人生の達人**になるための、数多くの方法や道具《ツール》が提供されています。それらを使うことによって、あなたが〈愛〉と〈信仰〉をさらに大きなものにしてゆけば、周囲に対するあなたの反応、あなたに対する周囲の反応が変化し、あなたはいつのまにか大きなエネルギーを手にしていることに気がつくでしょう。

地球上では多くの人が進化しているので、地球は全体としてかなり進化している、と言う人たちもいます。しかし、まわりを見てみるならば、それとはまったく反対だということが分かるでしょう。病院、監獄、不幸な人々のための保護施設等は、増える一方です。病人もまた増える一方です。肉体的な問題を抱えた人たちが無数にいるのです。テレビ、ラジオ、新聞、雑誌、インターネットなどのメディアは、毎日、残酷な事件を報道し続けています……。

それらは進化の結果でしょうか？　いえ、そうではないはずです。そうした状況を見て満足できる人はいません。

あなたも満足して生きているわけではないでしょう？　だからこの本を手にしたのではないですか？　あなたの心の中には、どうしても埋められない空洞があるのではないですか？

でも、その空洞を埋めるには、今までとはまったく違ったやり方をしなくてはなりません。つまり、空洞を埋めるためには、自分のまわりに何かを探すのではなくて、〈自分自身の中〉にそれを探さなくてはならないのです。

あなたの偉大な友人があなたの中にいます。その友人は神聖な存在です。それは、あなたの**内なる神**であり、まさしくあなたのために、あなたを導くために、あなたを助けるために、そこにいます。

この本を読み終わる頃には、きっとあなたは内なる神に出会っているはずです。そして、あなたがすることのすべてに、その内なる神の思いが浸透しているのを知るでしょう。そうなれば、あなたが人生において望むことで、あなたにできないことはなくなります。

でも、あなたはこう自問するかもしれません。「そんなに簡単だったら、どうしてみんなそういうふうにしていないのかしら？」と。そうです。その通りなのです。もし、人間にとってあらゆることが可能であるならば、どうして大多数の人がそれを実現していないのでしょうか？

あなたの疑問は正しいのです。現在、地球上では、全体のたった五パーセントしか、思い通りに生きている人はいません。

でも、希望を失わないでください。というのも、今、人類全体が目覚めつつあるからです。人々は、ますます多くのことをみずからに問いかけるようになり、もっと進化したい、と思うようになっています。というのも、これではおかしい、もっと別のやり方があるはずだ、とひそかに感じ始めているからです。

そうです。**スピリチュアルな時代**がやってきたのです。とはいえ、人間にとって、自分の心の深いところを探求するのは決して易《やさ》しいことではありません。

その第一の原因は、人間が思い上がっているからです。第二の原因は、人間が恐れを持っているからです。自分の心の深いところを見つめたら、〈ばけもの〉が出てくるに違いない、と考えているのです！

この恐れの原因はどこにあるのでしょうか？　もしかすると、今まで受けた教育のせいかもしれません。あるいは、前世の影響かもしれません。でも、どちらであっても大丈夫です。

もう過去のことは気にしないようにしましょう。過去は過去、もう過ぎ去ったことです。過去を変えることは誰にもできません。

大切なのは、今という瞬間です。あなたが今、何を考えているかによって、未来が決まるからです。あなたが、心の成長ということに関心を持ってから日が浅いのであれば、あなたはきっとこれから驚くべき経験を数多くするはずだ、と言っておきましょう。あなたの存在のあらゆる基盤が揺るがされるような経験を、たぶんたくさんするはずです。人生が崩れるような気がするかもしれません。でも、心配しなくて結構です。それは錯覚だからです。人生が崩れ落ちるのではないか、と感じるのは、あなたの内面の奥深くで、何かとてつもなく大切なことが起こり始めたからです。それは、あなたが心のお掃除をしようと決意したから起こったことなのです。

自分の気持ちを敏感に感じ取ってあげる、講演会に行く、研修に参加する、本を読む、こうしたことは心の成長のためにとても大事なことです。そういうことをすれば、自分を浄化することになるでしょう。そして、浄化をさらに推し進めるためには、そうしたことを繰り返し行なうことです。繰り返し行なうことで、浄化がいっそう進むでしょう。

ここに汚れた水の入ったコップがあると思ってください。このコップにきれいな水を一滴ずつ注いで、コップの水をきれいにするとしたら、繰り返しコップに水を注がなければなりません。辛抱《しんぼう》強くその行為を繰り返すことによって、やがてついにコップの水は透明になることでしょう。心の浄化というのも、まったく同じことなのです。

問題が前よりも増えたように思われることもあるでしょう。人生がめちゃくちゃになってしまったと感じられることもあるでしょう。でも大丈夫です。それらは錯覚に過ぎないからです。私たちの努力は、必ず報われることになっているのです。

人間の成長は、ほかのあらゆるものの成長と、まったく同じように進みます。どんな木でも、最初は小さな種から芽を出します。暗い、湿った、冷たい土の中に埋められた種のまわりには、なんだかわけの分からない地中の生物がひしめいています。

それでも、種は芽を出します。自分でもなぜかよく分からないのですが、どうしても太陽の方、光の方に引きつけられるのです。もうこれ以上、地面の中にじっとしていられないと感じるのです。種の殻を破り、少しずつ芽を伸ばし、土の中を上へ上へ、光の方へと伸び上がってゆきます。そしてついに地面から芽を出して光に達するのです。光に達してからは、順調に成長し、やがて大木になってゆきます。

人間にとっても、まったく同じことです。暗い土の中に埋まっている状態の人たちがいます。他のものがいろいろまわりにあるにもかかわらず、その人たちにはそれが見えません。その人たちに、光のことを話しても、光を見せてあげても、そんなものがあるはずはないと言い張ります。

そうした人々とは異なり、心の成長を目指して、地面から顔を出した人たちもいるでしょう。この人たちには、光が見えるので、光の方向に伸びてゆこうとします。伸びるほどに、光の暖かさを感じ、さらに伸びて、さらに暖かくなり、さらに明るくなります。

心の成長を目指すあらゆる人たちと同じく、あなたも時には困難なことに遭遇するでしょう。慢心している時には、他の人たちの方が正しいと認めることができません。他の人たちが答えを持っているなどとは考えたくないのです。そして、自分の正しさを証明するために、その人たちを変えようとします。

まさしくこれが試練なのです。しかし、その試練を通り抜けると、素晴らしい果実を得ることができるでしょう。自分の傲慢さをコントロールできるようになると、環境をコントロールできるようになるからです。傲慢さをなくすように努力すれば、光に近づき、幸福を得られるようになるのです。

心の成長を目指すことは、からだにできた傷を治すようなものです。傷を治すには、そこに薬をつけなければなりませんが、そうするとそれまでの痛みがいっそう増します。でも、この痛みは、傷が治るために必要な痛みなのです。しばらくすると、傷が癒合し始めるのが感じられるでしょう。

成長しようとして、自分を浄化しようとして、自分を発見しようとして、内側に目を向けると、それとまったく同じことが起こります。痛みが〈現実に〉起こるでしょう。でも、その痛みは一時的なものでしかありません。必ず良い結果がもたらされるのです。

もし痛みを感じたとしたら、むしろうまくいっている証拠だと考えてください。それでも、そのプロセスに身をゆだねるのを、ためらうかもしれません。

もしあなたが、自分には望む人間関係が得られない、欲しいと思っている愛も、健康も、必要としているお金も得られない、と言ったとしたら、私は次のように答えましょう。「うまくいかないことがそんなにあるとして、では、あなたは心を成長させることによって、さらに何かを失うでしょうか？」と。そんなことはないはずです。

ですから、抵抗するのをやめて、プロセスに身をゆだねましょう。あなたには得るべきものがあるし、新たに試みるべきことがあります。必ず成長できますし、痛みは必ずやわらぐでしょう。

抵抗すればするほど、痛みはひどくなるのです。あなたが抵抗すればするほど、痛みは長びくでしょう。状況に抵抗すれば、同じ状況を繰り返し経験することになります。

気の強い人ほど、抵抗を続けます。こうした人は、他の人の二倍くらいの時間が必要かもしれません。でも、そういう人は、そういう人。今は、あなた自身を問題にしましょう。

さあ、一緒に歩き始めましょう。辛抱強く内面を見つめ、小さな勝利を、少しずつでいいですから着実に得るようにするのです。そうしていれば、やがて必ず、あなたの望むことが起こってくるでしょう。

**神**という言葉や、**イエス・キリスト**の教えが、この本の中には頻繁に出てきます。でも、安心してください。**これは宗教の本ではありません**。

実際のところ、世界には、たった一つの宗教しかないのです。それは**自分を愛し、隣人を愛すること、他者をありのままに受け入れること**、それだけです。

あなたにはそもそも神を否定することなどできません。なぜなら、他のあらゆるものと同様、**あなた自身も神の表現形態の一つにほかならない**からです。

あなたの人生を思いのままにするためには、あなたはもっと〈意識的〉にならなければなりません。

ほとんどの人は、充分に意識的ではないために、ふだん自分が何を考えているか、何を言っているか、何をしているかさえ意識していません。ただ機械的にそれを繰り返しているだけなのです。

一日のうちで、話す前に、行動する前に、そうすべきかどうか、何回くらい自問していますか？

さあ、自分に対してもっと意識的になるべき時が来ました。

あなたが知覚し、目で見、耳で聞いていることは、すべて錯覚に過ぎません。本当のことは、目に見えないからです。目に見えない世界で起こっているのです。それが目に見えるようになる前に、目に見えない世界でまず起こっているのです。

この地上に存在するあらゆるものは、存在する前に、まずイメージされたのです。考えられたのです。夢見られたのです。それこそが、人間に与えられた偉大な能力にほかなりません。

**あなたは、この地上で、望むものは何でも創り出すことができます。**それなのに、どうして今までそうしてこなかったのでしょう？　実は、それは、そうできると信じていなかったからです。自分の力を受け入れないことが、人間たちにとって最大の問題なのです。

あなたがそれを信じ、その結果、驚くべきことを実現し始めれば、あなたはきっとそのことを理解するでしょう。そして、**人間は、自分が思ったとおりの存在になる、**という言葉の意味が本当に分かるようになります。

あることを考えると、それがイメージとなって、目に見えない世界に送り込まれます。イメージを創り、それをあなたのパワーで育てると、そのイメージに生命が宿ります。その考えは、あなたの気持ちや感情から栄養をもらいます。そして、やがてそれは目に見える物理的次元に現われるのです。

この段階を踏むことによって、あなたは望むものを思いのままに創り出すことができます。まず、精神の次元で創り出す。次に、感情の次元、そして物理的な次元、というふうに下ろしてゆくのです。

でも、その前に、**意識的になる**必要があるでしょう。というのも、あなたは**自分が考えていることのうち九〇パーセント以上を意識していない**からです。

あなたは自分の考えをほとんど意識していないために、知らず知らず、望まないことや不愉快なことを創り出してしまうのです。

それを他人のせいにしても、何も解決しません。そのことに対して、彼らには何の責任もないからです。**あなたに起こることの全責任は、あなたにあるのです**。

良いことであれ、悪いことであれ、自分に起こったことはすべて自分に責任があるのだ、ということが分かれば、あなたは素晴らしい力を手にしたことになります。そのことが分かれば、今度は、自分のエネルギーを、良いことが起こるようにするために使うことができるからです。

自分に起こることはすべて外部に原因がある、と考えた場合、やる気を失うだけではありませんか？ なぜなら、自分の外部のことを私たちはコントロールできないからです。

もし今あなたが不幸であって、その不幸の原因はまわりの人にある、と考えたとしたら、あなたは、その人たちが考え方を変えるまで幸福になれないことになってしまいます！

もし今あなたが病気であって、その病気の原因は遺伝や気候といった外部の要素にある、と考えたとしたら、あなたはそれらの要因が変わるまで、ずっと苦しみ続けなければなりません。それらが変わらなければ、あなたは治らないのです。

そんなふうにして、いつまでも待つつもりですか？　それよりも、自分自身で自分の人生を創ってはいかがでしょうか？

いいですか、幸福な状態を心に思い描くのに、一分もかからないのですよ。そうすれば、すぐ、からだにだって変化が現われます。また、逆に、「誰も私を愛してくれない。かわいそうな私」と考えるのにも、一分もかかりません。そして、そう考えれば、あなたの幸福は、あっというまにどこかへ飛んでいってしまいます。

笑うことをやめるのにも、批判を始めるのにも、愛するのにも、笑うのにも、ほんのわずかしか時間はかかりません。つまり、人生はほんのわずかな時間で変えることができるのです。

本当はあなたの心の目で見る必要があるのに、あなたは肉体の目で見たことに基づいて人生を判断し、その結果、それに見合う人生を創り出しています。

醜《みにく》さの背後に美しさを見ましょう。批判の背後に愛を見て取りましょう。そんなふうにして、一つひとつ学んでゆくのです。

進化するとは、ますますスピリチュアルな存在になるということです。そして、**スピリチュアルであるとは、あらゆるところに愛（＝神）を見ることです。**

しばらく立ち止まり、心の中をのぞいてみましょう。そして、一日のうちで、自分がどんな考えを最も頻繁に持つのかを観察するのです。

いつも「頭が痛い」と考えていませんか？　いつも「腰が痛い」と考えていませんか？　いつも「私の問題」のことばかり考えているのではありませんか？

それらに対して、どれほど注意を払っているかを自覚しましょう。苦痛にエネルギーを注ぎ込めば、その苦痛が続くのは当たり前です。**エネルギーを注ぎ込めば、どんなものであれ、それは必ず大きくなるのです。人間は、自分が考えたような人間になります。**

恋人といる時、あるいは仲の良い人たちといる時、あなたは何を話しますか？　問題それ自体に焦点を合わせますか？　それとも問題の〈解決法〉に焦点を合わせて話しますか？

自由な時間をどうやって過ごしていますか？　ためになる番組を見ていますか？　それとも、くだらない番組、欲望や羨望をかきたてる番組、苦痛を感じさせる番組を見ていますか？　良くない番組は人生に悪影響を与えることを知っていますか？

あなたはどんなものを読みますか？　心を豊かにしてくれるものを読んでいますか？　それとも、暗い気持ちにさせる新聞ばかり読んでいますか？

**あなたの意識、そして潜在意識に入ってきた情報が、あなたの人生を作ります。**

あなたが地上に生まれてきたのは、お金持ちとして、あるいは貧乏人として暮らすためではありません。有名人として、あるいは無名の人間として暮らすためではありません。仕事をして、あるいは失業して暮らすためではありません。

あなたが地上に生まれてきたのは、〈存在する〉ため、つまり〈進化する〉ためです。ほとんどの人が、〈エゴ〉のことばかり気にします。でも、〈エゴ〉とは、目に見える部分、外側から見える部分、社会的な仮面でしかありません。この**〈エゴ〉の奥にある本当の自分**に気づく必要があるのです。

「はじめに」で予告しておいたエクササイズを次にあげておきましょう。これから、各章ごとに、こうしたエクササイズを提供します。本当に心の成長・進化に関心があるのなら、どうかエクササイズを実際にやってみてください。単に読むだけでは効果がありません。必ず実践してくださいね。

**＊エクササイズ＊**

① それでは、次の順序で、この一週間にやったことを思い出して、紙に書いてみましょう。

• 心地よくなろうと思って、幸せになろうと思って、自分のために意識的にしてあげたことはありますか？　それを思い出して書いてください。

• 次に、他の人のためにしてあげたことを思い出して書いてみましょう。そして、それは自分から進んでやったことですか、あるいはそれ以外の理由でやったのですか、それも書いてみましょう。

• この一週間のあいだ、あなたが心の中で、あるいは口に出して、批判した人、裁いた人の名前を全部書き出してみましょう。さらに、あなたにいやな思いをさせた人、またはいやなことを言った人の名前を全部書き出します。そして、本当はどうしてもらいたかったのか、何と言ってもらいたかったのかを書いてください。また、あなたが口に出して、あるいは心の中で批判した〈状況〉も、すべて書き出してみましょう。それが本当はどうなればよかったのでしょうか。

• それ以外に、何でもいいですから、この一週間にしたことで、思い出せることをすべて書いてみましょう。

② 以上の作業が終わったら、一人きりになって、以下のアファメーション（自分への肯定的宣言）を繰り返し言ってください。次の章に進む準備ができた、と感じられるまでそれを続けます。

**私は、神の現われです。したがって、私は神です。**

**ゆえに、私は、自分の望むものをすべて創り出し、大いなるやすらぎを得ることができます。**

**また、私は、内にある真のパワーに到達することができます。**

2章

# 潜在意識と超意識を信頼する

前章のエクササイズを終えてみて、いかがだったでしょうか。意識に関するこの最初のワークをやってみて、いくつか自分自身について発見したことがあったのではないでしょうか。

ふだんの自分は、さまざまな言動をしっかりと意識せずに行なっている、ということに気づいたのではありませんか。しかも、一日のあいだに自分が考えたこと、言ったこと、行なったことを思い出すことは、意外に難しい、ということも分かったと思います。

それをすると自分が嬉しいから、という理由で他人のために何かをしているわけでもないようだ、ということも分かったのではないでしょうか。でも、あまり気にすることはありません。普通、人間は、自分が感じていることや考えていること、話していること、やっていることの一〇パーセントくらいしか自覚しておらず、あとの九〇パーセントは無意識に行なっているのです。

ということは、一日のうちの九〇パーセントの時間を、あなたは〈自動的に〉考え、話し、行動していることになります。驚くべきことではありませんか?

ということで、これから一緒に、その自動的な無意識状態、つまり、何かを言ったり行なったりする時に無意識である、という状態を変えてゆきましょう。

というのも、欲しいものを手に入れ、なりたい自分になるためには、まず、自分が感じていること、考えていること、言っていること、行なっていることをはっきりと意識する必要があるからです。

意識のうち、〈潜在意識〉と呼ばれている部分は、おへその少し上の奥にある太陽神経叢《そう》のあたりに位置しています。潜在意識に刻まれたことは、あなたの感情に働きかけ、その感情があなたの行動を決めます。

大都市で活動的に生きている人の場合、潜在意識は、一日に約一万個のメッセージを受け取ると言われています。潜在意識とは、からだに内蔵された超高性能のコンピュータのようなものだと考えてください。それは、あなたの人生で起こることを〈すべて〉記録します。

お母さんが妊娠してあなたがおなかの中に入った時点から、あなたが経験したことはすべて潜在意識に記録されているのです。生まれてからのことだけではありません。

ここで、あなたの潜在意識がどんなふうに機能するかを見てみましょう。

あなたが仕事場に行くあいだに見た、看板、広告、通行人、街の名前、すべての色、あなたが聞いたすべての音、つまり、あなたが見たものと聞いたものは、すべて潜在意識に記録されます。

表面意識の容量は小さいので（コンピュータのメモリのように）、それらすべてを記録することは、とうていできません。そこで、それらは、巨大なハードディスクである潜在意識に記録されるのです。

こうして潜在意識は、あなたの表面意識がパンクせずに健康を保てるように助けてくれます。潜在意識はあなたの一部ですが、理性的な思考をするところではありません。コンピュータのハードディスクのように、送り込まれたものを〈すべて〉自動的に記録するところなのです。

潜在意識はまた、計算機に似ている、と言えるかもしれません。もしあなたが4×4の答えが欲しかったとしても、間違えて4×3と入力すれば、計算機は16ではなく12という答えを出すでしょう。というのも、計算機は、あなたが間違っているかどうかを判断できないからです。入力された情報に従って自動的に答えを出すだけです。

実は、潜在意識もまったくこれと同じなのです。入って来る情報をそのまま記録し、その情報に従って自動的に演算し、あなたに答えを上げてきます。あなたはその答えに基づいて感じ、考え、行動するわけです。

つまり、あなたがどう感じ、どう考え、どう行動するかということ、つまりあなたの存在の仕方に対して、潜在意識はとてつもなく大きな影響力を持っているのです。

たとえば、新しいタバコの広告を見かけて、そのあと自分でも知らないあいだにそれを買っていた、という経験はありませんでしたか？　あなたはいわば催眠術にかけられているのです。潜在意識がそのメッセージを受信してからしばらくすると、あなたは唐突にその新しいタバコを吸ってみたい、と思うわけです。

世の中には、この手の〈催眠術師〉があふれています。そのうちでも、テレビは最も巧妙な催眠術師だと言えるでしょう。

人々は、自分がどのような情報を受け取り、そしてその後、その情報に基づいてどのように行動しているか、ということを意識していません。

だからこそ、潜在意識に入力される情報について、あなたは大いに注意すべきなのです。潜在意識というのは、善悪については判断できず、ただひたすらあなたに尽くす献身的な奉仕者のようなものだと考えてください。自分の奉仕の結果、あなたが幸福になるのか、不幸になるのかについては、まったく判断できません。あなたが入力した情報に基づいて、自動的に答えを出すだけです。

ですから、あなたがいつも不安について考えたり語ったりしていれば、あるいは、不安について考えたり語ったりする人々に囲まれていれば、やがてその不安は実現するでしょう。あなたの不安についての思いは潜在意識に記録され、潜在意識はそれをあなたに自動的に送り返してきます。そうすると、あなたはまた新たな不安に襲われます。すると、あなたの潜在意識はそれをキャッチして記録し、そしてまた送り返してくるでしょう。これが〈地獄の環〉、つまり悪循環と呼ばれるものです。

あるいは、家の中でラジオをつけっぱなしにして、疑いや不安に満ちた情報を自分の心に流し込んでいませんか。家事をしているあいだは注意が仕事に向いているのでラジオを聞いていないように思われるかもしれませんが、実際には決してそうではありません。潜在意識はしっかりとラジオの内容を記録しています。

また、潜在意識は常に、あなたがいちばん最後に与えたメッセージに基づいて働きます。

話を分かりやすくするために、ここで、潜在意識をタクシーの運転手にたとえてみましょう。タクシーに乗ったあなたは、「パピノー通りの八六七番地に行ってください」と言います。すると、運転手は言われた番地に行くために車を走らせるでしょう。

ところがしばらくすると、あなたは通りの名前を間違えたことに気づきます。パピノー通りではなくてサン・ドゥニ通りだったことを思い出すのです。そこで、そのことを運転手に言います。そうすると、運転手は道を変えてそちらに向かうでしょう。

この運転手と同じように、潜在意識は受け取ったメッセージ通りのことを実行するのです。

この例を使って考えると分かりやすいことがあります。

たとえば、あなたが考え方をしょっちゅう変えていると、潜在意識は混乱してきて、どのメッセージに従えばいいか分からなくなります。これは、あなたがタクシーの運転手に向かって行き先を一〇回も訂正したらどうなるか、ということと同じです。運転手は言うでしょう。

「行き先を一つに絞ってください。本当に行きたいのはどこなのですか?」

これと同じことが潜在意識にも起こります。ですから、願いを実現させて、望む状況、望む出会い、望む出来事を引き寄せるには、同じメッセージを繰り返し潜在意識に伝えなければなりません。

他の例をあげてみましょう。

あなたは一年後に、湖のほとりにある美しい家に引っ越すことにしました。よろしい。あなたはその家のことを考え始めます。その家の様子を想像し、ありありと心に思い浮かべることでしょう。

この場合に大切なのは、潜在意識が〈イメージ〉に対して反応しやすいことを知っておくことです。ですから、来る日も来る日も繰り返して家をありありと思い描き、そしてもう一方で、必要と思われることを実行してください。

そうすれば、望みの家が手に入る確率は非常に高くなるでしょう。どの不動産屋を通して、とか、お金はどうする、というような具体的なことはあまり気にすることはありません。それよりも、まず欲しい家をありありと思い浮かべることが肝心なのです。

ふたたび、タクシーの運転手のたとえに戻りましょう。運転手に一度住所を告げたら、もう変更しないことです。あとは後部座席に座ってリラックスし、行きたい場所に連れて行ってもらうだけです。必ずそこに着くでしょう。

運転手がどの道を通るか、なぜその道を選ぶのか、といったことは問題ではありません。運転手にまかせておけばいいのです。彼は、道をよく知っているので、必ずあなたを目的地に連れて行ってくれるでしょう。

潜在意識に対しても同じようにすればいいのです。潜在意識に目的地を伝えたら、後は完全にまかせ、目的地に連れて行ってもらえばいいのです。

大切なのは、目的地を変えないということです。そのためには、他の人たちの考えに影響されないようにしましょう。

あなたがその計画のことを話せば、いろいろな人がいろいろなことを言ってくるはずです。

「そんなに素敵な家を一年後に手に入れようなんて、ちょっと欲張りなんじゃない?」とか、「お金はどうするの?」とか言ってくるはずです。その時に、心配になって、「計画を立てるのが早すぎたかもしれない」「もう少し待ったほうがいいかもしれない」などと思ってはなりません。

考えを変えると、潜在意識に対する命令を変えたことになるからです。潜在意識は、あなたの最後の命令を実行しようとします。ですから、「もう少し待ったほうがよさそうだ」とあなたが考えを変えれば、それが最後の指示になるのです。

人間は、自然にしていると、頻繁に考えを変えるものです。したがって、一つのことを持続して思い続ける、というのは意識的に努力して獲得すべき目標なのです。

潜在意識は考えることをしませんし、善悪の区別をつけることもありません。潜在意識は、方向性を持たない巨大な力なのです。ですから、〈あなた〉がその方向を決め、そして、その力を使えばよいのです。

誰でも、意識・潜在意識・超意識を持っています。そして、それらをどう使うかは、完全にあなたにまかされているのです。

さあ、今すぐ、なりたい自分をありありと思い描きましょう。
愛にあふれた人でまわりを満たしたいですか?
子どもたちと、もっと理解し合いたいですか?
ずっと夢に見ていた職業につきたいですか?

潜在意識にまかせれば、どんなことでも可能です。そして潜在意識を使いこなすのはあなたなのです。

もし、今の仕事が気に入らないのなら、静かに座り、あなたが新しい仕事を見つけたと友だちに嬉しそうに話しているところを思い描いてみましょう。こう言っているところを、ありありと想像するのです。

「すごい仕事を見つけたよ！　申し分のない条件なんだ。こんな素敵な仕事が見つかるなんて、まるで夢みたいだ！」

そして、その喜びを実感するのです。

もし、左脳を使って、理性的に、これくらいの給料の、こういう条件の、こういう場所にある、こういう上司のいる仕事が欲しい、などと命令したとしたら、あなたはその仕事を得るチャンスを大幅に減らしたことになります。その仕事を手に入れるのは、たぶんすごく難しくなるでしょう。

そうやっていろいろなことを細々《こまごま》と命令するのは、道をよく知っているタクシーの運転手に向かって、道をよく知らないあなたが、これこれの道を通って行ってほしいと指定するようなものです。遠回りになって時間がかかり、おまけに料金も高くなるのがオチでしょう。

それよりも、潜在意識を信頼してすべてをゆだねることです。潜在意識は、途方もない力を持っている超意識とつながっているからです。あなたは、行きたい目的地だけを告げればよいのです。そこにどう行くか、ということを指定する必要はありません。

あなたは結婚相手が欲しいのですか？　だとしたら、身長や容姿、家柄、職業や年収を指定したり、イビキをかくのはいやだ、メガネはかけていないほうがいいなどと、あれこれ指定してはなりません。そんなことをすると、チャンスを狭めてしまうでしょう。そんな人は何万人に一人しかいないからです。

それよりも、〈素敵な人〉と一緒にいるところを思い描くのです。細部はあまり気にする必要はありません。素敵な人で、私にいろいろと教えてくれる人、私と性格の合う人、といった感じでいいでしょう。

もしかしたら、あなたが想像したこともないような人と出会うかもしれません。そして、その人が、あなたにぴったりであるかもしれないのです。

ある理論によれば、たとえば人口三五〇万人のモントリオール市であれば、少なくともあなたの配偶者になりうる人は三五〇〇人もいる、ということになります。心配することはないのです。

また、あなたの中にある、**超意識**と呼ばれる意識についても忘れてはなりません。超意識というのは、神聖な部分とつながっているあなたの一部なのです。

超意識は、あなたのすべての過去世、すべての未来世を知っています。それはあなたの**内なる神**であると言ってもよいでしょう。この超意識は、あなたが神聖な完成状態に至るためにどのような道を通ればよいかを、本当によく知っているのです。

したがって、あなたが潜在意識に願望を伝え、それを実行するように命令する時は、あなたのその望みがあなたにとって本当にいいものなのかどうかを超意識に尋ねるように、と潜在意識に言っておく必要があります。

もし、それがあなたのためにならない望みである場合には、あなたは必ず、しかるべきメッセージを受け取るでしょう。そうしたら、他の望みを設定するようにすればいいのです。

湖のほとりの家は、もしかするとあなたが本当に欲しい家ではないかもしれません。あなたにもっと適した家がほかにある可能性もあります。

その場合、しばらくすると、あなたが思ってもみなかったような家が出現して、あなたも実はそれを望んでいたのだ、ということが分かるかもしれません。

その場合、あなたの考え方は劇的に変わるでしょう。

「そうか、これこそが本当に欲しかったものなんだ！」と思うはずです。目の前に出現したものを見て、それがメッセージであることを悟るのです。

あなたの中に超意識という、偉大かつ驚異的な力があって、それが宇宙の偉大な力、宇宙全体と結びついている。しかも、人間一人ひとりの超意識は、からだのすべての細胞がつながっているようにお互いどうしつながっている、ということを知ると、とても大きなやすらぎを感じます。

この宇宙全体の超意識の一部があなたの中にあって、二四時間、あなたを導き、支えているのです。

この超意識に名前をつけるのもよいでしょう。超意識と話ができるようになれば、まるで偉大な友人に話しかけているような気持ちになるでしょう。どんな名前にするかは、あなたにまかされています。

とはいえ、私は、しばしばみなさんに、ある言葉を推薦しています。それは、今まで誰も耳にしたことがないので、誰の名前とも混同する心配がないし、どんな記憶とも結びついていないので、とても都合がよいのです。

それは〈愛〉という意味のフランス語 AMOUR のアナグラムである ROUMA **ルーマ**です。このルーマに話しかけてみてください。信頼できる、とても偉大な友人です。そうすれば、あなたは、自分が決して一人きりではない、ということが分かるでしょう。あなたの中に存在しているこの偉大な力は、何が、どんなことが、あなたにとって最もためになるのか、完全に知っています。

もしあなたがこの偉大な力の意志に反することを思ったり、言ったり、したりした時は、あなたの超意識が必ず、潜在意識を通じてメッセージを送ってくるでしょう。そして、あなたは今、自分が本当に自分のためになることをしていない、ということを悟るのです。

これは素晴らしいことです。あなたは自分自身のセラピストなのです。あなたは思い通りの人生を生きられるのです。なぜならば、間違った方向に行こうとすれば、必ずストップのサインが来るからです。

あなたは何かを決める時に、もうあれこれ分析したり、考え込んだり、悩んだりする必要がなくなりました。あなたの内なる偉大な力、つまりあなたの**内なる神**が、常に、あなたの代わりに決めてくれるからです。頭で考えることをやめて、ハートに尋ねてごらんなさい。そこには常に、私たちを助けて正しく導いてくれる存在がいるのです。なんて素敵なことでしょう！

あなたが自分自身のためにならないことをやっている、ということを超意識が知らせてくるのには、いろいろな方法があります。なんらかの激しい感情、居心地の悪さ、病気、エネルギーの喪失、体重の増減、事故、アルコールやドラッグに溺れること、眠りすぎ、または睡眠不足、食べすぎ、あるいは食欲減退、などを通してメッセージを送ってきます。

あなたは生まれて以来、これまでに無数のメッセージを受け取ってきたはずなのです。ただ、それらの〈しるし〉を解読することができなかったために、居心地悪く感じたり、落ち込んだりしたのを、外部にある何かのせいにしてきたのです。ほとんどの人がそんなふうにしていますが、それは見当違いだと言わなければなりません。**本当の原因を探す場所を間違えている**からです。

事故が起こったり、居心地の悪さを感じたり、激しい感情を感じた時は、条件反射的に怒るのではなく、その状況をまずそのまま受け入れ、メッセージを送ってくれた**ルーマ**に感謝すべきなのです。ルーマが何をあなたに伝えようとしているのかを理解しなければなりません。それを理解することができれば、あなたは解放されるでしょう。自分自身と調和がとれて、大いなるやすらぎを感じるはずです。

**あなたは神に似せて創られていることを忘れてはなりません**。それは、あなたが**完全である**、ということを意味しています。

もし、完全ではないことがあなたに起こったとしたら、それはあなたの**内なる神**が、あなたに対して、良き道、すなわち愛の道を進んでいないですよ、と警告を発しているのだと気づいてください。

神は私たちに自由意志を与えました。ですから、私たちは、自分が良いと思ったことをすることができます。間違いを犯す自由も与えられています。私たちに不愉快なことがこれほど起こるのは、実はこの自由意志に基づいているのです。

**親が子どもを愛しているように、神はあなたを愛しています。**ただ、人間の親の場合、幼い子どもが旅に出ようとすれば、旅先で大変な目に遭うからという理由で旅に行かせまいとするのに対し、神は本当に子どもを愛しているので、本人が望む通りに冒険に行かせ、旅先で、いやなことも含め、さまざまなことを経験させます。

神があなたに対してしているのは、まさにそういうことなのです。**神は、常にあなたの中にいます。そして、すべてを見ているのです。**でも、あなたがしたいこと、したくないことを、完全にあなたに選ばせます。もしあなたが神の偉大な法則に反したことをすれば、神は必ずあなたの超意識を通じて〈サイン〉を送ってきます。**必ずです。**でも、それを感じ取るかどうかも、あなたの自由意志にまかされています。あなたは完全に自分の思い通りに振る舞うことができるのです。どんなことでも選べます。

あなたは今日から、今までよりはるかに意識的になって、自分の人生をコントロールしたいと思っているはずです。だとしたら、神からの、つまり超意識からのメッセージを理解して、**自分のためになることだけをする**ようにしてください。

## ＊エクササイズ＊

① それでは、次の章に進む前に、紙に、これまでの人生で潜在意識から届いたと思われるメッセー

ジャサインを、すべて書き出してみてください。もっとも、あなたはそんなことが起こっていたとは知らなかったはずです。ですから、ものごとに対して今までとは違った見方をしてください。快適だったメッセージも、不快だったメッセージも、両方思い出してください。あることが起こるといやだな、と思っていたら、それが実際に起こったはずです。また、何かを強く願い、実際にそれを手に入れたこともあるはずです。つまり、それとは知らずに、あなたは潜在意識に命令を与えていたのです。自分自身で引き寄せたと考えられる出来事を、可能な限り思い出して書いてみてください。そうすれば、今まで自分が、それと知らずに、どれほど大きな力を行使してきたかということが分かるはずです。

② 以上の作業が終わったら、今度は、近い将来に起こったらいいな、と思われることをありありと思い描いてください。ビジュアライゼーション（視覚化）を行なうのです。ほんの些細なことでいいでしょう。複雑なことを想像する必要はありません。一日のうち、何回か時間をとって、それをありありと思い描いてください。それがすでに起こったところを想像するのです。その結果、自分の望むものを引き寄せる力を自分がどれほど持っているか、ということを実感できるようになるでしょう。潜在意識には時間の観念がありません。ですから、潜在意識に向かって「私は、いつかそれを手に入れるだろう」と言っても、潜在意識はそれが何のことなのか理解できないでしょう。それよりも、それを手に入れたところをありありと思い描くことが大切です。潜在意識は、それが実現したイメージしか受けつけません。ですから、望むものや望むことを手に入れた場面を思い描くのです。

③　望むものを引き寄せられない場合には、それを引き寄せることができるまで、この章を何度でも繰り返し読んでください。

④　次の章に進む前に、以下のアファメーションを、毎日、可能な限りたくさん繰り返して言ってください。

**私の〈からだ〉は、この世でいちばん大切な友人です。また、私の最も偉大なガイドです。私は〈からだ〉を受け入れ、大切にし、愛することを、ここで新たに誓います。**

## 3章　人生における唯一の責任

**責任**と**約束**は、区別しなければなりません。辞書を見ると、責任とは、「自分の選択の結果を自分で引き受けること」とあります。

ところで、私たちは、他者の選択の結果を引き受けざるを得ないと感じる時があります。たとえば、家族の誰かが不幸を感じている場合、その理由が何であれ、私たちはどこかで自分にもまずい点があるのではないか、と感じるものです。その人を助けるために何かしたいと思い、自分を変えようとしたりするでしょう。でもそれは、責任を取る、ということとは無関係なのです。

**私たちの地上における唯一の責任とは、自分自身を進化させるということです。**つまり、**自分で選択をし、決意をし、そしてその結果をみずから引き受ける、ということなのです。**

あなたは、誕生以来の自分の人生に全責任があります。「いや、そんなはずはない」と思うでしょうか？　でも、生まれる国を選び、両親や家族を選んだのは、実はあなた自身なのです。それは受け入れがたいことかもしれません。でもそれは**責任ということを考えるための大前提**なのです。

以上の意味における責任に関して、あなたがほんの少しでも受け入れたくないという気持ちを持っているとしたら、**あなたは自分の人生の責任は完全に自分にある、**ということを受け入れなければならないのです。**あなたは、自分の人生を変えることができません。**自分で決めたことの結果が気に入らないのなら、自分の選択と決意を変えるしかないでしょう。あなたの人生の作り手はあなた自身だからです。あなたの人生の責任を取るのは、あなた自身なのです。

当然のことながら、他の人の人生の責任は、その人自身が取るべきものです。親が子どもにあげられる最も素晴らしいプレゼントは、以上の意味での〈責任〉ということを教えることです。

たとえば、ある朝、子どもが学校へ行きたくない、と言ったとしましょう。特別な理由はありません。ただ行く気にならないというだけのことです。そして、その子は母親に向かって、連絡帳に「病気なので学校を休ませます」と書いてくれとせがみます。

こういう場合、この子に、〈責任を取る〉とはどういうことかを教えてやらなければなりません。

こういう時、母親は、連絡帳に、「この子は学校をサボりたいと言っていますので休ませます」と書かなければなりません。こう書けば、きっと子どもはふくれるでしょう。でも、その時は、こう答えればよいのです。

「あなたが休むことに決めたのでしょう？　だったらお母さんがウソをつく必要はないわ。お母さんはウソを書くといやな気持ちになるから、ウソは書きません。自分が決めたことなのだから、その結果は自分でいさぎよく引き受けなさい」

また、小さな子どもというのは、薄着のまま外に遊びに行きたがるものです。母親は、外が寒いと分かっているので、上着を着るようにと言います。そういう時、子どもはたぶん「いやだ」と言うでしょう。無理に着せるわけにもいきませんから、そのまま出すことになります。もし、母親が、「そんな薄着で外に行ったら風邪をひきますよ！」などと強い口調で言おうものなら、たぶん子どもは、その言葉の影響を受けて風邪をひくでしょう。

こんな場合は、子どもの責任を尊重して、こう言えばよいのです。「外に出てみて、寒くなかったらそれでいいけど、もし寒かったら、服を取りに戻ってらっしゃい」

たぶん、子どもの反応は、「風邪をひきますよ」と言った場合とは、まったく違ったものになるでしょう。もし、子どもが寒くないと判断してそのまま外で遊ぶなら、おそらく風邪をひくことはないでしょう。風邪のことなど、ぜんぜん頭にないからです。もし、本当に寒いと感じたら、たぶん戻ってきて服を着るでしょう。

子どもというのは、親が頭ごなしに言うことに反発して、自分が必要としていることとは反対のことを、しょっちゅうするものなのです。

多くの親が、自分は人生を台無しにしてしまったと嘆きます。なぜでしょう？　それは、彼らの子どもが勉強をしないから、あるいは盗みを働いて逮捕されたから、またはドラッグに走ったからです。

確かにそうした親は、不幸になる理由があるでしょう。でも、それは本当はおかしなことなのです。というのも、そういう親たちは、自分以外の人間がした選択と決意の責任を引き受けているからです。

それは、人生を統御する基本的な法則に反しています。

そんなふうにして、人生の法則、つまり自然の法則に反したことを行なえば、まずい結果を手にすることになるでしょう。つらくなったり、病気になったり、感情が不安定になったりするのです。《人生の法則》は、地球をうまく機能させるために創られています。それは、物理法則でもあり、宇宙の法則でもあります。また、心理的な法則でも、スピリチュアルな法則でもあります。

一人ひとりの人間は、地上において、自分自身に責任を持っています。自分のあり方、自分が手に入れるものに、全面的に責任を持っているのです。

ですから、他者の責任を引き受ける必要はありません。他者が幸福になるか不幸になるかの責任が自分にあると思うと、私たちはたちまち〈罪悪感〉にとらわれることになります。

もしあなたがそんな人だったとしたら、つまり、他人に起こることに対して責任を感じるタイプの人だったとしたら、それがどんなにつらいことか、すでに身にしみて知っているはずです。

しかもあなたはそのように振る舞うことによって、あなた自身、他人に対して過剰な期待を抱くようになるでしょう。私たちは、自分が他人の手足になって動くことで、他人もまた自分の手足になってくれるはずだ、と期待するものだからです。そして、他人がその期待通りに振る舞わない時は、失望したり、怒りに駆られたり、フラストレーションを抱え込んだりするのです。

あなたが選んだ両親は、どんな両親でも、必ずあなたに対して何か教えることがあります。このことが心から受け入れられないと、あなたはこれからも数々の不愉快な出来事に出合うことになるでしょう。

もし、あなたに子どもがいるとすれば、それは、あなたが彼らを選んだからなのです。彼らを支配するためではなく、彼らを導き、また彼らから学ぶためです。どんな出来事も、どんな人も、あなたに必ず何かを教えてくれます。それらのことを通してあなたは〈進化〉することができるのです。

ですから、あなたはなるべく早く、彼らに〈責任を取る〉ということの本当の意味を教えてあげる必要があります。

もし子どもが、「もう勉強なんかしたくないから、学校をやめたい」と言ったとしたら、その子に対してこう答えるといいでしょう。「分かったわ。だけど、学校をやめるとどういうことになるか、ちゃんと分かっているのかな？　これから働くことになるけど、学校を卒業していないと、自分が働きたいところで働けない可能性がすごく高くなるわよ。その覚悟はきちんとできているの？」

もし、覚悟はできている、と子どもが答えたのなら、そしてそれが子ども自身の考えなら、子どもの思う通りにさせるといいでしょう。そして、その結果を自分自身で引き受けさせるのです。

そうしない限り、その子は、あなたを挑発しようとして、あらゆることを試みるに違いありません。

親は、子どもを導いたり、子どもにアドバイスをしたりしますが、そのアドバイスに従うかどうかは、あくまでもその子にまかせなければならないのです。

もし今、あなたに小さな子どもがいるとしたら、あるいは子どもが生まれる予定だとしたら、それぞれの人間がそれぞれの責任を引き受けるべきである、ということの考え方を前にして、あなたは、なんらかのためらいを感じるはずです。たぶん、こんなふうに言いたくなるでしょう。

「確かにその考え方には一理あると思うわ。でも、それでは、なんだか冷たい感じがするのよ。やっぱり子どもの責任は、親である私が取るべきだと思うの」

しかし、**あなたの親としての責任は、子どもを愛し、子どもを導くところまでなのです。**

人間一人ひとりが地上で望むことは、**愛し、愛されて生きる**ということです。それこそが、この波動の低い厳しい世界で、全員が望むことなのです。次の章では、愛とは本当はどんなことなのかを説明することにしましょう。

地上に生まれてくる人間の中で、他者の幸福あるいは不幸の責任を引き受けなければならない人は、ただの一人もいません。あなたは、あなた以外の人——たとえそれがあなたのお父さん、お母さん、子ども、配偶者、友人、身内であろうとも——の幸・不幸の責任を取る必要はないのです。

ただし、あなたは、それらの人があなたに対して取る態度に関しては責任があります。というのも、その人が、あなたに対してやさしいか、批判的であるか、暴力的であるか、思いやりに満ちているか、ということに関しては、あなたにも原因があるからです。よく考えてみてください。きっと思い当たることがあるはずです。

たとえば、あなたに会うたびに、あなたに対して批判的な言葉を浴びせる人がいるとしましょう。とにかくその人（Aさん）は、あなたのことが気に食わないのです。あなたがどんなことを言っても、必ず辛辣《しんらつ》な言葉を返してきます。

あなたがAさんのことを批判的な人間だと決めつけているので、Aさんもまたあなたを批判的だと考え、あなたにきつい言葉を投げつけてくる、ということは考えられませんか？

逆に、別のある人（Bさん）はAさんのことが大好きで、Aさんのことをうちとけた誠実な人だと感じているとします。この場合にAさんはどう振る舞うでしょうか？　あなたを批判してばかりいるAさんが、Bさんに対しては、ものすごくやさしく振る舞うかもしれないのです。

実は、ある人があなたに対して取る態度は、あなたの発している波動に基づいています。その人は、あなたが心の深いところで何を感じているかをあなたに教えてくれる役割を果たしているのです。

あなたが自分の考え方を変えると、まわりの人が変わったように感じられる、という経験をするでしょう。でも、実際には、まわりの人は変わっていないのです。変わっていないけれども、あなたの考え方が変わったので、その人たちの別の面をあなたが引き出すようになったのです。

どうですか？　〈責任〉の範囲はそこまで広がっているのですよ。だからこそ、あなたは、自分が感じ、思い、言い、することを、はっきりと意識化する必要があるわけです。さあ、今この瞬間から、そうするように努力してみませんか？

さて、それでは次に、〈約束〉とは何でしょうか？　〈約束〉とは、誓いの言葉や契約などによって、人に対して深い関わりを持つことにする、ということです。たとえば、ある人が、ある会社で、何時から何時まで働き、これこれの役を果たし、これこれの給料を受け取る、というのは〈約束〉によっています。

子どもに対して、両親は〈約束〉をしています。私が子どもを生む決心をした時、私は、彼らが自分自身で生活できるようになるまで面倒を見ようと決意しました。彼らが、屋根の下で食べることができ、また着るものもある、というのは〈約束〉の一部です。ただし、それは、彼らが望むものをすべて与えるということではありません。

あなたは子どもたちに、少なくとも必要なものは与える、と約束するのです。それ以上に与えるとすれば、それはあなたがそうしたいと思ったからそうするのであり、そうしなければならないと思ってそうするのではありません。

会社で従業員が雇い主に対してするのも、こうしたたぐいの約束です。もし従業員が決められた以上のことをしたとすれば、それはそれで結構なことです。でも、それは彼が〈選択〉した結果でなければなりません。大切なのは、まず最低限の〈約束〉を守る、ということです。

私が、ある人と、ある時間に、ある場所で会う約束をしたら、私はその約束を守らなければなりません。というのも、人生には、「蒔いたものを刈り取る」という別の法則があるからです。ですから、あなたが他の人に対して約束を守らなければ、今度はあなたが他の人からそのようにされるでしょう。

**あなたは自分の〈責任〉を免れるわけにはいきません。その責任は、本来あなたのものだからです。**

でも、前にした〈約束〉を果たさないことはできます。ただし、約束を果たさないことによって引き起こされる結果については、あらかじめよく知っておく必要があるでしょう。

約束を果たさない人は数多くいます。また、約束を忘れてしまう人たちもいます。そういう人たちは、その結果どうなるか、ということをまったく気にしていません。

しかし、約束を果たさないと、あなたは対人関係で多くの問題を引き起こすことになるでしょう。「蒔いたものを刈り取る」という原則を忘れてはいけません。

したがって、**約束を果たさないことにする場合には、まず立ち止まって、次のように自問してください。「そうした場合、私の対人関係、健康、幸福、愛情に、どのような影響が生じるだろうか？」**

もし重大な影響が出そうもなかったら、そしてその結果を充分に受け止めることができそうであるのなら、そのまま進んでくださって結構です。

たとえば今、あなたには約束が一つあるとします。外出して誰かと会う、ということになっているのです。ところが、それよりももっと重要な用事が出てきました。どっちに行くべきでしょうか？

あなたは、最初に約束をした人に断ると、その人を不愉快にするのでは、と不安になります。あるいは、その人から、いやなことを言われるのでは、非難されるのでは、と不安になります。その結果、その人と会うという、あまりやりたくないことをやるはめになるのです。

人は、こんなふうに、よく考えないで簡単に約束してしまい、後になってから後悔することが結構あります。でも、そういう時は、約束を解消してもらえばよいのです。

誰かに対して、都合が悪くなったので約束の場所に行けない、と電話することは、そんなにまずいことではありません。ただし、誠実に、本当のことを伝えるべきです。「ごめんなさい。行けると思っていたんだけれど、緊急の用事ができてしまったの。またにしてもらえる？」

自分に対してもまったく同じことが言えます。あなたは、ある日、これから毎日運動をしようと決めました。自分自身に対して約束をしたわけです。

何日かはうまくいくでしょう。でも、だんだん約束を守らなくなるかもしれません。時間がなかったり、忘れたり……。そして、ついに、投げ出してしまいます。

そうすると、それ以降、罪悪感を持つようになり、不満足感が残るでしょう。そして、何を始めてもいつも最後までやれない、と自分を責めることになるのです。そのままでは気持ちが晴れないので、自分にこう言ってあげましょう。

「OK。私は確かに自分と約束をしたわ。毎日運動をするって決めた。だけど、途中で考えが変わったの。約束するのは、もう少し待つべきだったかもしれない。運動する時間が本当にないんだもの。しばらくしてまた始めることにしよう」

**こんなふうに自分との約束を解消すれば、罪悪感を持たずにすむでしょう。**

でも、それには注意が必要です。約束を解消することに喜びを感じ始めたら、蒔いたものを刈り取る、という法則を思い出してくださいね。今度は他の人が、あなたとの約束を解消し始めるでしょう。その覚悟はできていますか?

## ＊エクササイズ＊

① これまでの人生で、あなたに起こったことの責任が他の人にあると思われる例を一つ書いてく

ださい。そして、そのことに関して、あなたにも責任がなかったかどうかをよく考えてください。そして、もし、あなたにも責任があったと思われた場合、その人に連絡を取って、その人もあなたに責任があると思っているかどうかを確かめてください。

② 次に、他の人に起こったことの責任があなたにあると思われる例を一つ書いて下さい。そして、その人もまた、自分の人生、自分の選択、自分の決意、自分の反応に責任がある、ということを受け入れてください。①と同様、その人に連絡を取って、実際はどうだったのかを確かめてください。

③ あなたがこの一年間でした約束を、少なくとも五つ書き出してください。あなたはそれらの約束をすべて守ることができましたか？　あるいは、途中で、約束を解消することができましたか？　本当はそうしたくないのに、相手のために仕方なくやったことはありませんか？　もし、あったとしたら、それをしなくてもよかったのかどうか、その人に連絡を取って、確かめてください。

④ 次の章に進むまでのあいだ、なるべく頻繁に以下のアファメーションを言うようにしてください。

**私の人生の責任を取る人は、私以外にいません。また、家族のそれぞれの責任は、それぞれが取らなければなりません。私は、以上のことをここで確認して、彼らの人生を彼ら自身にゆだねます。**

# 4章　ハートで愛するということ

愛という言葉は、なんという偉大な言葉でしょう！　私は、これまで何千人もの人々と一緒にワークをやってきましたが、全員が「自分は人を愛している」と言いました。そして、「自分は愛しているのに、人が自分を愛してくれない」と言うのです……。

それを聞いて、あなただったらどう思うでしょうか？　あなたは子どもを愛していますか？　配偶者を愛していますか？　両親を愛していますか？

おそらくあなたは「イエス」と言うでしょう。でも、あなたの中には何か物足りない感じもあるのではありませんか？

たぶん、こう言いたいのではないでしょうか？「私はあの人たちを愛しています、でも……自分の思い通りの関係が築けないのです。何かを変えなくては、と思うのですが……」

実は、ほとんどの人がそういうふうに考えています。本当に長いあいだ、そんなふうに感じながら生きてきたのです。そして、どこか別なところに行けばもっと素敵なことがあるはずだ、と考えているのです。

《愛の法則》は、法則の中では最も偉大な法則です。それは万物を統御する、スピリチュアルな法則だからです。この法則にきちんと従えば、驚くべきことが次々に起こるでしょう。問題は、それを**本当に自分の人生に適用できているか**、ということなのです。

ところで、〈愛〉とは何でしょうか？　真実の愛とは、ハートから出るものであり、完全な、無条件の愛こそが、本当の愛と言えるのです。

**愛とは、他者に、すべての〈空間〉と、すべての〈自由〉を与えることです。**また、**自分自身に、すべての〈空間〉と、すべての〈自由〉を与えることです。**

**愛とは、他者がやりたいと思っていることを尊重し、受け入れることです。**

**愛とは、他者の願望と意見を――たとえあなたがそれらに同意しなくても、あるいはそれらを理解できなくても――尊重し、受け入れることです。**

**愛とは、また、いっさいの期待をせずに、与え、導くことです。**

さあ、今日から、ハートで愛する、ということを学びましょう。私たちは、頭で愛そうとするから間違うのです。あなたも、頭で愛そうとしているのではありませんか？　私にはあなたがそうしていることが分かります。なぜなら、**みんなそうしているから**です。**愛とは、他者を自分の思い通りにコントロールすることだと錯覚しているのです。**他者に対して、「こうすべきだ」と押しつけることが愛だと思い込んでいるのです。

みんな、人を変えることばかり考えています。その人が、考え方を、言い方を、行動の仕方を変えさえすれば、自分の人生はもっとうまくいくのに、と思っているのです。そして、自分は何も変えようとしません。でも、注意してください。**他の人の人生の中身は、あなたとは何の関係もないのです。**

あなたが地上にいるのは、自分を成長させるためであって、他人を成長させるためではありません。私たちは、いつも他者の行動を分析し、判断しています。というのも、他者に対して期待をしているからです。でもそれは、〈愛〉ではなくて〈所有〉だと言うべきでしょう。それこそが、〈頭で愛する〉ということなのです。

**本当の愛というのは、何の見返りも期待せずに、与え、そして導くことです。**

ほとんどの人が、この意味で人を愛したことがありません。そして、どうして人生はうまくいかないんだろう、と頭をかしげるのです。

あるご婦人が私に、「夫がおかしなことを始めようとしたんです」、と言って話し始めました。二人の会話は次のように展開したそうです。

「ねえ、僕はガーデニングをしようと思っているんだけど」
「ちょっと待って。あなた、いま仕事で忙しいんでしょう？　毎晩、帰ってくるのは八時か九時じゃないの。ガーデニングをする時間なんてないわよ」
「だけど、僕はどうしてもやりたいんだ。もし僕に時間がない時は、息子に頼めばいいと思うよ」

「何言ってるのよ。あの子はもう一八なのよ。手伝ってもらいたい時に家にいたためしがないじゃないの。まったく何を考えているんだか……。ただでさえ、いつも時間がないと言っているじゃないの。その上さらに、ガーデニングをやろうと言うの？」

というわけで、この話はとりやめになりました。この日の夜のあいだじゅう、ずっと、この婦人はなんだかすっきりしない気分で過ごしました。ご主人は、不機嫌そうに、居間の隅に座ってずっとテレビを見ています。

すると彼女は、どこかが満たされなくて……その辺にあるものを食べ始めました！

いったいどうしたというのでしょう？　実は、彼女が、夫の考えを自分の思い通りに変えさせたことがよくなかったのです。**人間は、他人の考えを強制的に変えさせると、自分の気分が悪くなるように創られているのです**。それが、愛の法則に反しているからです。

彼女が、そんなふうに振る舞ったのは、自分は夫を愛している、と思っているからです。そして、彼に〈余計な〉仕事をさせたくない、と考えたからでしょう。しかし、まさにそれこそが、**頭で考えている**、という状態なのです。彼女は、ハートでご主人を愛しているのではありません。もし、ハートでご主人を愛しているのであれば、彼女は次のように言ったはずです。

「あなたが、ガーデニングをやったら楽しいだろうと思うのなら、ぜひそうしたらいいと思うわ」

もしご主人にガーデニングをやる時間がなかったとしたら、いったいどうなるでしょうか？　それが彼女の人生に何か影響を及ぼすというのでしょうか!?

いいですか、**愛する**というのは、他者の願望を——あなたがたとえそれを理解することができず、それに同意することができなくても——そのまま受け入れる、ということなのですよ。

奥さんが賛成していれば、たぶんこの男性はなんとか時間をやりくりして、もうちょっと早く家に帰り、ガーデニングの時間を確保しただろうと思います。期待した通りの成果が出なくて、あるいは時間不足のために、彼がガーデニングをほったらかしにするという可能性はあるでしょう。それでも、少なくともしばらくのあいだは、自分がやりたいと思っていたことをやることができたのです。大切なのは、そのことではないでしょうか。

こうした例は無数にあります。愛する、というのは、他者の〈空間〉を尊重することなのだということを思い出しましょう。私たちが、他者の考え、言葉、行動をコントロールしようとし、変えようとするたびに、私たちはその人の〈空間〉に侵入することになるのです。

あなたが他人の空間に侵入する時、自分自身も他人も空間を失います。この時、両者の空間は入り混じり、お互いに息苦しくなるでしょう。

地上に存在するものは、すべて、成長し、進化するために、それ自身の〈空間〉を必要とします。同じ鉢の中に木を五本も六本も植えたら、それらの木はちゃんと育つでしょうか? 人間にとっても同じことなのです。自分が生きるための空間が絶対に必要なのです。ある人々は特に大きな空間を必要とするでしょう。たとえば、自立的な人、性格が強烈な人などは、それが子どもであっても大人であっても、他の人たちよりはずっと大きな空間を必要とします。

子どもたちは特に大きな空間を必要としている、ということに、あなたは気づいていますか？　新しい世代の子どもたちは、とても進化しており、愛するということをよく知っています。けれども、私たちが彼らに**所有**ということを教え込んでしまうのです。もっと彼らを見習ったほうが良いというのに……。

どうでしょう。愛する、ということがどういうことなのか、分かったでしょうか？

ただ、ここで、〈同意する〉ということと〈受け入れる〉ということの違いを明らかにしておく必要があると思われます。

**同意する、というのは、相手と同じ意見になる、ということです。それに対して、受け入れる、というのは、相手が自分と違う意見を持っていることを認める、ということです。**

愛する、ということの本当の意味は、**自分のとは違う相手の意見を受け入れる**、ということなのです。そして、実はこれが人間にとっていちばん難しいことだと言えるでしょう。なぜかといえば、それは、私たちが傲慢だからです。

たとえば、親にとって、子どもがドラッグに溺れているのを認めることは難しいでしょう。普通は次のように思うはずです。

「息子がドラッグをやっているなんて、とてもじゃないけど認められないわ。そんなことは彼のために良くないもの。絶対に同意できるはずがない。同意したところで、何の意味もないわ。何の意味もないどころか、かえってドラッグを助長するだけよ」

人はそれぞれ、自分なりに幸福になりたいと思っているものです。もし、子どもがドラッグをやりたいと思っているのなら、彼はそのことを通して何かを学ぶ必要があるのでしょう。その息子を裁き、非難し、彼の人生をコントロールしようとすることは、親にも、誰にも、決して許されてはいないのです。彼の人生の責任はすべて彼にあるからです。

充分にドラッグをやったと思えば、彼はそれをやめるでしょう。学ぶべきことを学べば、それをやめるのです。彼自身の選択の結果を受け入れなければならないのは、あなたではなく、あくまでも彼自身なのです。

この息子にとって最も良くないのは、まわりの人たちが、それは絶対に正しくないと言って、彼がドラッグをやるのを強制的に阻止しようとすることです。そんなことをすれば、その子は、ますますドラッグに溺れることになるでしょう。彼は、まわりの人たちの押しつけに反発して、腹いせのために、さらにドラッグに溺れるようになるはずです。

彼に対する、本当に愛ある態度というのは、彼に次のように言ってあげることでしょう。

「私は、個人的には、君のやっていることに賛成できない。ドラッグが危険だということをよく知っているからね。でも、君の人生は君のものだし、その責任を取るのも君だ。君がドラッグをやって幸せなら、それは君の選択なのだから、私には何の口出しをする権利もない。でも、ドラッグをやるということには必ずそれに伴う危険がある、ということは分かっているね？　君の選択の結果は、君自身が引き受けなければならない、ということを知っておいてほしい。結果については、充分考えてみたんだね?」

こう言えば、その子どももまた親を受け入れるでしょう。**他者に空間を与える、ということは、他者を尊重し、他者の選択を受け入れる、ということです。彼らの生き方を尊重するということなのです。**

大切なのは、**存在する（在る）**ことと**所有する（持つ）**ことを区別することです。子どもを愛するとは、子どもを**在る**がままに認めることであって、子どもが欲しがるものをすべて**持たせる**ことではありません。大切なのは、子どもの存在それ自体を慈《いつく》しむことです。

子どもが、髪を長くしたり、勉強しなくなったり、親とは別なものを食べたがったり、親とは違う考え方をしたりするのは、すべて彼らの選択です。そのことに対して、親が強制的に介入することはできません。

私はこういう考えのもとに、ワークショップや研修をしてしており、そして、毎週毎週、**奇跡**が続出するのを見ているのです。これはとても素敵なことです。

この考え方を人生に取り入れて**実践**すると、その相手が、配偶者であれ、両親であれ、子どもであれ、友人であれ、従業員であれ、上司であれ、驚くべき結果が出始めるでしょう。**愛は、関わる全員にとって最も望ましい変化をもたらす**からです。

愛についてのこうした考え方を、できるだけ早い時期から子どもたちに教えたいものです。おなかにいる時期から教えられたら最高でしょう。

お母さんが、子どもに対して、「あなたの人生はあなたのものだから、お母さんはそれを尊重します。

あなたの人生を決めるのは、あなた自身なのよ」と言ってあげれば、子どもは伸び伸びと自分の人生を生き、思い通りの花を咲かせるでしょう。生まれた時から、「あなたに起こることはすべて、あなた自身が引き寄せているのよ」というふうに教えてあげましょう。

ある人がある選択をする時は、その選択が自分にとって一番いいと思ってするものです。だからこそ、その人が決めたことを尊重する必要があるのです。

もし家族の誰かが、あなたに、「私はこれこれのことがしたいんだけど」と言って、そのことがあなたの気に入らない場合、その考えを変えさせようとすべきではありません。むしろ、こう言うべきなのです。

「そうすることであなたが幸せになると思うのなら、それをするといいわ。私はあなたを愛しているので、あなたに幸せになってもらいたいの。あなたは自分がやろうとしていることに、確信があるのね。どんな結果になるかについても、きちんと考えてみたのね。もしそうだったら、思うようにするといいでしょう」

**〈もしそうすることであなたが幸福になるのなら、そうすればいいと思います〉**

人間関係において、こうした態度がどれほど素晴らしい効果をもたらすか、あなたは知っているでしょうか？　子どもが親に対して、夫が妻に対して、あるいは妻が夫に対して、無理難題を吹きかける時は、相手を操作しようとしているのです。そういう時は、次のように言うとよいでしょう。

「なるほど。本当にそうしたいのね？　そしてそうすることによって、あなたは幸福になるのね？

だったらそうすればいいわ」

それを聞くと、たぶん相手は一人になってから、いろいろと考えるでしょう。そして、しばらくすると、かなり高い確率で次のように言うはずです。

「考えてみたんだけど、やっぱりやめることにする。本当にそうしたいわけじゃない、ということが分かったから」

どうですか？　これこそが、愛の力なのです。

〈空間〉という考え方を理解することがとても大切です。ある人々は、誰かに頼らなくては自分が幸福になることはできない、と考えています。もしそういう人があなたの前に姿を現わしたとしたら、面倒なことにならないようにするのはあなたです。あなたは、その人が、あなたの〈空間〉に土足で踏み込まないようにしなくてはなりません。

たとえば、ある人があなたのところに来て、「今晩、映画に付き合ってくださらない？　そうしたら、私はとても嬉しいのだけど」と言ったとしましょう。でも、あなたにはすでに予定があります。その場合には、次のように答えればよいのです。「ごめんなさい。もう今晩の予定は決まっているの。悪いけど、今度また誘ってくださらない？」

あなたは他人の幸・不幸にまったく責任がない、ということを思い出しましょう。

もしあなたに予定がなくて、しかも映画を本当に見たいと思ったのなら、そして一緒に行くのが嬉しいのなら、その人と一緒に映画に行けばよいのです。ただし、そのことで相手に対し、何かを期待すべきではありません。

誰かに対して何かをしてあげる時、ほとんどの人は見返りを期待します。だから、失望することになるのです。

例をあげてみましょう。金曜日の夕方、夫が妻に電話をかけています。

「もしもし、今日はすごく気分がいいんだ。今週は仕事が本当にうまくいった。それで、今日これから一緒に出かけようと思うんだ。出かける用意をしておいてくれないか。迎えに一度帰るから。素敵なレストランに連れて行ってあげよう」

二人は楽しく食事をします。夫は、その店で最も高いメニューを注文しました。

一方、妻の方は、その夜自分が本当は何をしたいのか、考えたわけではありません。ただ単に夫が喜ぶだろうと思ってレストランについて行っただけなのです。

夫の方は、妻においしい食事をさせた見返りに、その夜たっぷりセックスを楽しもうと思っています。ところが、妻の方には全然その気がありません。

どうでしょうか？　相手に対して勝手な期待をすると、ほとんどの場合は失望に終わる、ということが分かりましたか？

では、次に、ハートで愛する、というのがどういうことなのかを示す例をあげてみましょう。

「もしもし、ああ、君かい？　今日は君が好きなように過ごしたいんだけど、何かプランはある？　どうすれば君は嬉しいのかな？」

もしかすると、妻の方は、ゆっくりと家で過ごし、夫からたっぷりやさしくしてもらいたいと思っているかもしれません。

もしお祝いをしたいのなら、次のように言うとよいでしょう。

「もしもし、ああ、君かい？　今日は気分がいいので、レストランにでも行っておいしいものを食べようと思うんだけど、どうだろう、付き合ってくれるかな？」

こう聞けば、彼女は自分で考えて、自分で選ぶでしょう。

「ええ、いいわ。行きましょう」あるいは、「ごめんなさい。今日はゆっくり家で過ごしたいの」と答えるかもしれません。

夫の方も特に何かを期待しているわけではありません。こういうふうにすれば、無用な誤解は生まれないでしょう。

以上で、どういう場合に問題が生じ、どういう場合にうまくいくかが分かったと思います。

お互いのコミュニケーションがなく、〈所有〉と〈支配〉しかない時、そこに平和は存在しません。

他人の幸・不幸に対して責任を負わなければならない人は一人もいない、ということを、ここで、もう一度確認しておきましょう。

あなたを幸福にする義務が他の人にある、と考えるのは絶対にやめなければなりません。

配偶者が変わりさえすれば問題が解決するのに、とあなたは思っていませんか？　でも、その配偶者を選んだのはあなたです。あなたがその配偶者を選んだのは、その人があなたに何かを教えてくれるからなのです。その人とうまくいくように努力しないでその人と離婚したとしても、必ず次の人とのあいだにまた同じ問題が持ち上がるでしょう。あなたが別の人とのあいだで同じ問題をクリアしなければならなくなるのは、目に見えています。しかも、相手を変えるごとに、問題はいっそう難しくなってゆくでしょう。その人のありのままを愛し、その人の生き方を受け入れることを学んだ方が、はるかに賢明だと思いませんか?

夫婦のそれぞれが自分の行くべき道を持っているということで、よく話し合って離婚する場合は問題ないでしょう。つまり、それぞれが離婚することに合意し、それが最良の選択だと思っている場合は、それでよいのです。

お互いに相手を受け入れることができず、耐えがたい思いをしているので離婚する、という場合、その離婚は逃避でしかありません。離婚したとしても、別の人とのあいだで、いずれ必ず同じ問題にぶつかるでしょう。私たちは、人生において解決すべき問題から逃げることは絶対にできないからです。愛する、ということがどんなことかを身をもって学ばない限り、必ず同じ問題にふたたび出合うでしょう。なぜなら、人生というのは愛することを学ぶための学校だからです。

次にあげるのは、自分では心からの愛を与えているつもりでいながら、実際には頭で考えた愛を与えているに過ぎず、したがって当然のこととして見返りを求めていた、という例です。その人をCさんとしましょう。

Cさんの親友の誕生祝いがありました。Cさんは、店を何軒も回って、ようやくプレゼントを探し出して買ったのですが、それは、自分が長いあいだずっと欲しかったものでした。それがきっと相手に喜ばれるだろうと思ったのです。

Cさんがプレゼントを渡すと、その人は、Cさんが期待していたほどには喜びませんでした。それを見て、Cさんはがっかりしました。というのも、店を回るのにすごく時間がかかったし、プレゼントはとても高価なものだったからです。

**そうです、これが頭によって愛する、ということなのです。**

もしも、プレゼントをしてその人を本当に喜ばせたいのならば、その人に何が欲しいかをあらかじめ尋ねるべきでしょう。「誕生日のプレゼントをさせていただきたいのだけれど、何を差し上げればよろしいかしら？　予算はだいたいこれくらいなのですが」と。

たとえ予算がわずかであっても、贈るという気持ちが大切なのです。その人から、欲しいもの、あるいは、こんなものがいい、ということを教えてもらえれば、あなたは、無用な期待も手痛い失望もせずにすむでしょう。

もしかしたらその人は、プレゼントをもらいたがらない人かもしれません。そして、「プレゼントは結構よ。何も買わないでちょうだい。あなたがパーティに出席してくださるだけで嬉しいの」と言うかもしれません。その場合には、その考えを尊重すればよいのです。

「分かったわ。私はあなたが喜んでくれればそれでいいの。プレゼントはいらないのなら、買わないことにするわ」と言えばよいでしょう。

もし、彼女が本当はプレゼントを望んでいたにもかかわらず、遠慮してそのことを言い出せなかったとしても、あなたが彼女の言ったことを文字通りに受け取ったのを見た彼女は、次からは別の反応をするようになるでしょう。

一方、あなたが誰かを驚かせようとして何か贈りものを買う場合、それはまず何よりも自分が嬉しいからだ、ということでなければなりません。お店を回り、贈りものを選び、包んでもらうことが、あなたにとっての喜びでなくてはならないのです。

「あなたに贈りものがあるの。気に入ってくれればいいんだけど、そうでないかもしれないわね。でも大丈夫。領収書を取ってあるので、もし気に入らなければ他のものに代えてもらえるから。あなたがびっくりするところを想像するのが楽しかったの」

これなら、まったく期待もなく失望もありませんから、相手も自分も、とてもさわやかな気持ちになれるでしょう。

誰かがあなたに自分の計画のことを話すとしたら、その人は、あなたに話すという選択をしたわけであり、その選択自体によって大切な経験を得たと考えられます。もしその人が特にあなたに意見を求めないのであれば、あなたは計画をそのまま認めればよいのです。

その人には特に意見を聞きたい様子はないけれど、あなたがどうしても何か言いたい場合には、次のように尋ねればよいでしょう。

「あなたが決めたことに対して、ちょっと考えるところがあるんだけど、それを言ってもいいかしら?」

もしその人が聞きたがらない場合には、決して言うべきではありません。そういう時は、くちばしを突っ込まないほうがよいのです。いずれにしても、その人の人生なのですから。

ただ、他人の決めたことがあなたの〈空間〉に触れる場合には、あなたも黙っている必要はありません。たとえば、あなたの子どもが夜中の二時に友だちを部屋に呼んでロックをガンガンかけたとしたら、それは当然あなたの空間に触れます。その場合には言うべきことを言わなければなりません。

「悪いんだけど、お母さんは寝ているの。家はみんなのものなのだから、お互いに尊重し合いましょうね」

そして、あなたのいない時に自分のしたいことをしてもらえばよいでしょう。

さて、その息子が、しばらくして、あなたが帰ってきてほしい時間よりも遅く帰ってきたとしましょう。あなたはイライラするわけですが、それはあなたが無用な期待をしていたからです。息子は息子の生き方をしているのです。彼のからだは彼のからだなのです。もし明日の朝起きるのがつらくても、その結果を引き受けるのは彼だということを忘れてはなりません。

他者を変えたくなったり、操作したくなったら、どうか次のように自問してみてください。

「もしその人が変わったとして、いったいどのような変化が私自身の人生、私自身の生き方に生じるだろうか？　息子が遅く寝て、そして次の朝起きるのがつらかったとして、さて、それで私の人生にどんな影響があるだろうか？」

**実は、何の影響もないのです**。あなたはその日、いつもと同じことをするだけです。息子の行動は、あなたの〈空間〉には何の影響も与えないのですから。

子どもが髪型を変え、変な服を着て、あなたと別の考え方をするからといって、それであなたの人生がどうにかなるわけではありません。でも多くの人は、他人のことを気にして自分のためのエネルギーを使い果たし、その結果として自分の〈空間〉を狭めてしまうのです。

本当に自分を愛することを学べば、あなたの対人関係はとても楽になるでしょう。他者を無条件で受け入れたように、自分自身も無条件で受け入れるのです。自分を変えるのは、変えることによって自分が幸福になれる場合だけでいいのです。

何かをする代償があまりにも大きく、しかもあなたがそれをする気にならない場合、あなたは無理をしてそれをやる必要はありません。あなたは、あなたに必要なことだけを経験すればよいのです。どんな結果も、あなたの選択と決意から生じます。あなたは、学び続けようという気持ちさえ忘れなければ何を選択してもよいのです。

**大切なのは、他者を愛し、自分自身を愛すること、つまり、他者を尊重し、自分自身を尊重することなのです。**

あなたは自分の蒔いたものを刈り取ることになるでしょう。ですから、愛を刈り取りたいのなら、愛の種を蒔けばよいのです。

自分だけ努力するというのはおかしい、と言いたいようですね。あなたは、他の人たちがもっと、やさしくなり、忍耐強くなり、あなたに対して好意的になりさえすれば、あなたも態度を変えないわけではない、と思っています。でもそれは、他の人たちがトマトの種を蒔いてくれれば、私はトマトを食べることができるのに、と言っているようなものです。すごく虫がいいと思いませんか？

あなたはどうなりたいのですか？　人から愛されたいのでしょう？　でも、それならば、そのための種を蒔かなくてはならないのです。トマトが食べたいのなら、トマトの種を蒔かなくてはなりません。ですから、愛が欲しいのなら、まず愛の種を蒔く必要があるのです。

愛には大きな癒《いや》しの力が備わっています。愛は波動なのです。あなたが愛で満たされていれば、その波動はおのずとあなたから発散されますので、まわりの人たちはそれを必ず感じ取ります。

その時、彼らのあなたに対する態度が変わるでしょう。あなたは、まわりの人たちが変わったと感じるでしょう。でも、本当はあなたの波動が変わっただけなのです。

他人を無理やり変えようとしないでください。自分を無理やり変えようとしないでください。そのことを、**手放す**、と言います。

あなたがすべてを手放したとき、驚くべき変容が始まります。そして、愛が奇跡を起こすところを目《ま》の当たりにするでしょう。

あなたが愛を実践すればするほど、小さな成功を収める回数が増えるでしょう。小さな成功が重なれば、それはますます簡単になるでしょう。それがますます簡単になれば、今度は大きな成功が起こり始めるでしょう。

あなたが他者を裁き、批判している時、あなたは、自覚しないまま、「**私は神だけれど、この人は神ではない**」と思っていることになります。どんな人でも、たとえどんな凶悪犯でも、愛し、愛されるために、地上に生まれてきているのです。

世の中には、〈意地悪な人〉は一人もいません。〈傷ついて苦しむ人〉がいるだけです。

自分自身の苦しみをよく理解し、他人の苦しみをよく理解すれば、暴力的な人、意地悪な人は、単に苦しいだけなのだ、ということが分かるでしょう。

犯罪者はみな苦しんでいる人たちなのです。そのことが分かれば、犯罪という行為自体は許せないとしても、その人自身は受け入れられるようになるでしょう。

犯罪者もまた、みずから蒔いた種を刈り取らなければならないのです。充分に苦しめば、自己変容を始め、自分の人生の全責任は自分にある、ということに気づくかもしれません。同じ〈生き方〉を続けることがどれほど高くつくことになるかが分かれば、自分から進んで生き方を変えようとするでしょう。

自分を愛し、人を愛することができるようになれば、愛をたくさん収穫することができるようになるのです。

**＊エクササイズ＊**

① ある状況で、あなたが次のように思うことがこれから出てくるでしょう。「どうすれば、今この瞬間に、私は幸せになれるだろうか？」

② その時に、あなたが本当に幸せになれることを、ためらわずに実行してください。

③　大切な人と一緒にいるときに、あなたが次のように思うことがこれから出てくるでしょう。「どうすれば、今この瞬間に、この人は幸せになれるだろうか?」その時は、相手に向かって、次のように尋ねてみてください。「どうすれば、今、あなたは幸せになれるの?」もし、その人が〈存在（在る）〉のレベルで答えたとしたら（たとえば「あなたと一緒に静かな時間を過ごしたい」と答えたとしたら）、それは正解です。相手が理解できなくても、あるいは、相手の言っていることに同意できなくても、相手の要望を受け入れてあげましょう。でも、〈所有（持つ）〉のレベルで答えたとしたら（つまり、何かを買ってほしいなどと言った、ということですが）、あなたがそれに費やせる金額と、それを買うのにかかる時間をはっきりさせましょう。ただし、いずれの場合でも、あなたは、自分のニーズの限界を最大限に尊重する必要があります。真の愛は、まず、自分に対する真の愛から始まるのですから。

④　一人になったら、次の章を読む準備ができたと感じるまで、繰り返し、以下のアファメーションを行なってください。

**私は、他者の願望と意見を理解できず、またそれらに同意できないとしても、それらを尊重し、受け入れます。その結果として、私はますます多くの愛を受け取ることになります。**

## 5章　原因と結果の法則

**《原因と結果の法則》**は、**《作用・反作用の法則》**とも言われ、その意味は「人は、蒔いた種を刈り取る」ということです。それはまた**《ブーメランの法則》**とも呼ばれています。というのも、あなたが発したものは、すべてあなたのところに返ってくるからです。

この法則から逃れることは誰にもできません。一方、この法則をマスターすれば、あなたは運命を支配することができるでしょう。この法則は、物理的世界にも、精神的世界にも、宇宙にも、スピリチュアルな世界にも適用されます。この法則を変えることは、誰にもできません。

この法則を否定してそれに従わないことは、重力の存在を否定して六〇階のビルの最上階から飛び降りるようなものです。あるいは、コップに入った毒薬を、それがおいしそうだからという理由で飲むようなものです。原因と結果の法則をくつがえすことは誰にもできません。ニンジンの種を蒔けば、ジャガイモではなくてニンジンがとれる、ということなのです。

人生でも、それとまったく同じことが起こります。あなたは自分の蒔いたものを収穫するでしょう。

人生におけるあらゆる結果は、あなたが蒔いた種が実ったものだということです。あなたが収穫するものは、過去のあなたの思考――それが意識的なものであれ、無意識的なものであれ――が原因となっているのです。そのことを証明する例は、それこそ何千でも、お示しすることができるでしょう。

あなたは今、豪邸に住んでいますか？　住んでいませんね。「豪邸は金持ちが住むところであって、私が住むところではない」からですね？　そうです。まさに、あなたが考えた通りになっているのです。

でも、お城のような豪邸に住んでいる人はたくさんいます。それはどういうわけなのでしょうか？　億万長者は何千人、何万人といます。どうして彼らであって、あなたではないのでしょうか？

答えは簡単、彼らは、億万長者になれる、と考えたのです。

一年間かけて、ゆっくりと世界一周旅行をするというのはどうでしょう。あなたもそうしたいですか？「とんでもない！」が答えですよね。「そんなこと無理に決まっています。お金も時間もないのですから」

ではその結果どうなりますか？　あなたは旅行には行きません。あなたが思った通りになります。

あなたには遺伝病はありますか？「はい、あります」そうですか、分かりました。選択の余地はなかった、というわけですね。一族のみんなが糖尿病なのですね？

でもそれは、糖尿病が遺伝病だとあなたが信じたからに過ぎない、ということを知っていますか？

現代医学は、遺伝病がほんのわずかしかない、ということを証明しています。むしろ、遺伝しているのは、病気そのものではなくて〈考え方〉なのです。

「そんなことはできません」とか「私には無理です」と、あなたはいつもこんなことを言っていませんか？　そう言っていれば、成功からどんどん遠ざかるでしょう。

《原因と結果の法則》は、地上のあらゆる存在に適用されます。あなたが、貧乏であれ、お金持ちであれ、男であれ、女であれ、子どもであれ、若者であれ、年寄りであれ、この法則から逃れることは絶対にできません。この法則に違反すれば、その結果を引き受けるのはあなた自身です。

**ある原因がどのような結果を引き起こすかを見抜けるようになれば、あなたは偉大な叡智を獲得したということなのです。**

もしあなたが怠け者で、棚からボタモチが落ちてくるのを待ってばかりいるとしたら、その人生は、自己を律し、勤勉に働く人の人生とは、おのずから違ったものとなるでしょう。

他人の成功をうらやんでばかりいる人たちもいます。そういう人たちは、成功する人たちは運が良いのであって、自分は運から見放されている、と考えています。彼らは、彼らなりに蒔いたものを収穫しているのです。つまり、**不運**です。でも、そう考えることをやめさえすれば、彼らも成功することができるでしょう。

もしあなたの人生に愛が不足しているとしたら、いったい誰が種を蒔き忘れたのでしょうか？　あなたが愛情に恵まれていないとしたら、愛の種を蒔き忘れたのはいったい誰なのでしょうか？

ただ、愛の種を蒔けば必ず豊かな実りをもたらすとは限りません。たとえば、もしあなたが見返りを求めて愛の種を蒔いたとしたら、結果はあきらめなければならないでしょう。

あなたが与えたのが、〈本当の愛〉であったか、〈偽りの愛〉であったか、ということが問題なのです。それは、見返りを求めない、ハートから出た愛でなければならないのです。頭で愛を与えたとしても、ハートからの愛を受け取ることはできません。

もしあなたが結果を変えたいのなら、まず、原因を変えなければいけません。あなたが収穫したものを注意深く調べてごらんなさい。そうすれば、あなたが何を蒔いたかが分かるでしょう。結果を調べれば、必ず原因をつきとめることができます。

次の簡単なテストをしてみてください、原因と結果の法則がどのように働くかが分かります。

焚き火に手を突っ込んでごらんなさい。手がヤケドをするでしょう。

ドライアイスを握りしめてごらんなさい。凍傷になるでしょう。

こんなに単純なことなのです。原因と結果の法則というのは、これほどシンプルなのです。

あなたがどんな行動を取ろうとも、その結果は行動に見合ったものとなります。つまり、蒔いた種を必ず刈り取ることになっているのです。

宇宙を統御している法則は実に単純です。ややこしくしているのは人間の方です。人間は、疑ったり、恐れたり、心配したりして、道からそれ、最後にはまた振り出しに戻るのです。そして、その旅のあいだ、まず最初に自分の内側を探求していれば避けられたはずの、ありとあらゆる困難に出合うわけです。

繰り返し同じようなつらい状況に遭遇し、しかもその理由が分からないとしたら、それは幼い頃から蒔き続けてきた種が今、実りをもたらしている、と考えるべきでしょう。

あなたは自分の思考パターンにたぶん気がついていないでしょう。というのも、それは無意識的に行なわれるようになっているからです。とはいえ、理解しようとして、遠い過去にまでさかのぼる必要はありません。また、理解しようとする必要さえ、実はないのです。**過去はもうすんだことですから、次のページをめくり、今この瞬間から新しい人生を生きさえすればよいのです。**

今この瞬間に原因を変えれば、これからあなたが人生で刈り取るものも変わるのです。決めるのはあなたです。これからは愛を収穫したいと思うのであれば、今すぐ愛の種を蒔き始めればいいのです。

過去のこと、そして過去に蒔いた種のことはもう忘れてください。どんな状況が起こりやすかったか、どんな結果を刈り取りやすかったか、もう気にする必要はありません。あなたは人生をやり直す決意をしたのです。過去はもう忘れましょう。これ以上、引きずる必要はありません。

あなたが収穫したいものを蒔いてください。**豊かに生きたいのであれば、豊かなことを考えてください**。豊かな人のように振る舞うのです。欲しいお金はすべて手に入った、と思って生きるのです。次のようなアファメーションを繰り返すことによって、自分の中にあるプログラムを書き変えましょう。

「私は豊かです。私のまわりは豊かさにあふれています。宇宙の素晴らしい豊かさが、私のために、そこにあります」

でも、あまり極端なことを言う必要はありません。むしろそれだと逆効果になるかもしれませんので、小さなことを少しずつ着実に収穫して、徐々に自信をつけてゆきましょう。それでは、実行に移す用意はできましたか？　望む結果を得るには、まず実行に移すことがとても大事です。部屋に閉じこもって白昼夢にひたっているだけでは、決して良い結果は得られません。エネルギーを投入して、行動しなければならないのです。

もし素敵なドレスが欲しいのであれば、これまで買った洋服の中でもう着ないものを処分して、新しいドレスのために場所を作りましょう。そして、本当に欲しいものを探すために外出するのです。たぶん、あなたはこう考えているでしょう。「そんなに素敵なことが、本当に実現するはずはない。そんなすごいことが私に起こるはずはないわ」

ところで、あなたはその時点で既に種を蒔いている、ということを自覚していますか？　**人生は、いつも本番**なのですよ。考えることの一つひとつが種になることをもう一度思い出しましょう。

この章を読んでいて、あなたは何を考えましたか？　ここに書かれていることを信じましたか？　そういうことが本当に起こると思っていますか？　それとも、まだ疑っていますか？　疑っているのなら、そのままずっと疑い続ければいいと思います。あなたは、決して望むものを手に入れることができないでしょう。

あなたが望んでいるのが、素敵な友人たちに囲まれてエネルギッシュに生きることであるのなら、その方向で行動を開始してください。まず、友人たちを見つけるのです。あなたの方から積極的に人々に接近するのです。どこにいても、チャンスがあったら、人々に話しかけましょう。それを毎日続けるのです。行動して種を蒔く、というのはそういうことです。

また、ビジュアライゼーション（視覚化）も大切です。望むことを、ありありとイメージするのです。そうすれば、おのずと行動が始まるでしょう。本当にやりたいことをありありと思い描けば、そのための行動をどうしても起こしたくなるからです。とはいえ、すぐに収穫がある、というわけにはゆかないでしょう。人間にとって忍耐心が大切なのは、そのためです。

この《原因と結果の法則》は、どんな人にも適用されます。法則ですから、自動的に作用するのです。法則それ自体が、蒔いた種を収穫させるように作られています。

だとすれば、あなたに害をなした人に復讐をしたり、そうした人を罰したりする必要はありません。恨んだり、話しかけることをやめたり、ふくれたり、不愉快になったり、怒ったり、怒鳴ったり……そんなことをする必要はいっさいないでしょう。もしそんなことをするとしたら、あなたはこう言っていることになるのです。「**私は神。でも、あなたは神じゃない**」

**でも、もしあなたが神ならば、相手もまた神なのです。**

だれかがあなたにひどいことをしたとしても、その人を罰する必要はありません。むしろ、人間にはそうする権利がないと言うべきでしょう。それをするのは原因と結果の法則だからです。**あなたに対して誰かが何かをした場合、その意図に応じて、原因と結果の法則が自動的に適用されます。**

原因と結果の法則は、その人が蒔いたものを必ず刈り取らせるのです。

だからこそ、私たちは、自分のことだけに専念しつつ、他者をありのままに認めればよいのです。他者のあり方にくちばしを突っ込む必要はいっさいない、ということになります。

**＊エクササイズ＊**

① あなたが引き寄せたいと思うもの、あるいは状況を、できるだけたくさん書き出してください。期限は、明日、三カ月後、来年、で設定してください。どんなことを書いてもかまいません。こんなことは私には無理、などと思わなくてもよいのです。どんなに大きなことでもかまいません。

② 書き終えたら、それらを引き寄せるためにはどうすればいいかを考え、それらを確実に実行に移してください。

③ これから三日間、自分が、それらを引き寄せるのをさまたげるようなネガティブな考え方をしていないかどうか、注意深くチェックしてください。ネガティブな考え方は、あなたの望みをさまたげたり、その実現を遅らせたりします。ネガティブな考え方に気づいたら、ただちにそれをポジティブな考え方に置き換えましょう。

④ 次の章を読む準備ができたと感じるまで、一人になった時に繰り返し、以下のアファメーションを行なってください。

**今この瞬間から、私は、良き思い、良き言葉、良き感情、良き行動を通して良き種を蒔き、良き結果のみを刈り取るようにします。**

6章

# 恨みと憎しみからの解放

生まれてからずっと、私たちは、父親、母親、兄、姉、祖父、祖母、隣人、先生といった、なんらかの権威を持つ人物に反発することによって、彼らとのあいだに**目に見えないロープ**を作ってきました。

あなたが彼らのうちの誰かの生き方に反発し、どんなにささいなことであっても拒否すると、その時にこの目に見えないロープが生じて、あなたとその人を結びつけるのです。

あなたが○歳から七歳までの時に、あなたに対して最も権威的に振る舞ったのは誰ですか?

○歳から七歳までのあいだ、子どもは原則として動物的な本能に従いながら生きます。批判的な精神がまだ働かないので、動物がそうするように、目の前に現われたものをそのまま受け入れるのです。

ただ、本能が優勢であるとはいえ、自分の意識を通して何かを決めることはできます。

あなたは生まれる前に両親を選んでいます。選ぶ時、彼らのありのままの姿を愛していました。ところが、地上に生まれると、彼らの生き方の中にあなたの気に入らない部分が見えてきます。

彼らの態度を拒否するたびに、彼らとあなたを結びつける、目に見えないロープが一本作られます。

そして、そのロープは、あなたを刺激していらだたせます。実は、そのことによって、あなたが拒否しているその部分こそ、まさにあなたの中にあるものなのだ、ということをあなたに教えようとしているのですが。

あなたが反発して拒絶した態度は、無意識のうちにあなたの中に取り込まれ、そのうちいつかあなた自身が、そのように振る舞うことになります。例をあげてみましょうか。

あなたのお父さんが感情を押し殺すタイプの人だったとします。彼は決して感情を表現せず、部屋に引きこもって誰とも話をしないで過ごすことが多かったとしましょう。あなたとのあいだにも、ほとんど会話がなく、あなたに対して「愛しているよ」と言うことができませんでした。その態度を受け入れることができず、あなたは不平不満をからだの中にため込んできたのです。

ところで、あなたは今、どんな生き方をしていますか？　人々に対して心を開いていますか？　まわりの人たちに、自分の考えをありのままに話していますか？　どうですか？　まさにお父さんと同じ生き方をしているのではないですか？

お母さんは、どんな人でしたか？　あれこれとあなたのことに口出しする人でしたか？　あなたの空間を圧迫する人でしたか？　あなたに過剰に干渉して、こうしなさい、ああしなさい、といつも命令していたのではないですか？　その態度はうっとうしくて、我慢できなかったのではないですか？

それでは、今あなたがどうしているか考えてみましょう。お母さんとまったく同じことをしているのではありませんか？　そんなことはないと言うのなら、あなたの家族があなたのことをどう考えているか、聞いてみてください。きっとあなたはお母さんにそっくりだということが分かるはずです。あなたがお父さんの威圧的な態度に反発していたとしたら、あなたは必ずその態度を自分の中に取り込んでいます。表現の仕方は異なっているかもしれませんが、同じ態度は必ずあなたにもあります。あなたの両親のどちらかが、もう一方に服従していませんでしたか？　そして、あなたは、そのことがいやで、たまらなかったのではないですか？　では、あなたが今どんな生き方をしているか、考えてみましょう。あなたが何かをするのは、あなた自身が本当にそれを望むからですか？　それとも誰かにそうしなさい、と言われたからですか？

あなたのお母さんは潔癖症ではなかったですか？　では、あなたの部屋はどうなっていますか？　散らかっていますか？　汚いですか？　お母さんとまったく同じことをしていませんか？

こうした例を見てきて、もしかするとあなたは、「いいえ。確かに私は母のある面を受け入れなかったけれど、その面は、今の私にはまったく見られないわ」と考えているかもしれません。そして、「むしろ、母とは逆の生き方をしているわ」と言いたいのではないでしょうか。

それなら言いましょう。あなたは、お母さんと反対の生き方をしようとするあまり、あなた自身の一部を抑圧してしまい、本当にあなたらしい生き方ができていないのです。

あなたは、逆の意味でお母さんの生き方に支配されているのです。そういう場合、目に見えないロープを断ち切るのは余計に難しいでしょう。

そういうふうに振る舞うのは、まさに《愛の法則》に反していることになるのです。あなたに影響を与えた人たちに似るのがいやで、彼らとは反対の振る舞い方を選んだとすれば、あなたが内なる平和に達することは決してないでしょう。あなたは、混乱した内面を外界に投影してばかりいるので、あなたの人生はまさに迷路のように混乱しています。

暴力を振るわれて育った人の場合は、さらに深刻です。暴力を振るわれたことをいまだに恨んでおり、それは絶対に不当なことだったと考えているとしたら、からだに〈毒〉が回らないうちに、その人とのあいだの目に見えないロープを断ち切らなければなりません。

あなたは今まで、暴力を通して自己表現する必要性は感じなかったかもしれません。でも、心の中をよく見つめてみれば、機会さえあったら爆発することになる暴力性が、あなたの心の奥にわだかまっていることに気づくはずです。遅かれ早かれ、それは爆発して、あなたを後悔させるでしょう。

あなたはそれを外に出さないようにと必死になっているかもしれません。そうすると、その内なる戦いは永遠に続き、あなたは犠牲者の役をいつまでも続けることになります。あなたがそれに対して勝利を収めるには、目に見えないロープを断ち切るしかないのです。

よいですか？　あなたが反発して拒絶したことは、必ず人生で繰り返し立ち現われることになっているのですよ。

あなたの上司、配偶者、子ども、友人などが、絶えずあなたをいらだたせるのは、そのせいなのです。その原因はあなたの中にあるのです。それは、あなたが見えないロープの存在に気づいて、それを断ち切るまで続くでしょう。

ここでぜひとも思い出していただきたいのは、**あなたに起こることはすべて、あなたに何かを教えようとしている**、ということです。

あなたは、見捨てられようと、過干渉にさらされようと、暴力を振るわれようと、無視されようと、それでもなお〈愛する〉ということを学ばなければならないのです。

なぜでしょうか？

あなたが幼い時に見捨てられ、拒否され、愛されなかったということで、それをいまだに恨んでいるとすれば、あなたはこれから一生のあいだ、自分が〈拒否されている〉と感じ続けなければならないからです。あなたはこれからもずっと、まわりの人から拒否されている、と感じ続けなければならないのです。そうすると、あなたは〈進化・成長〉することができません。

もし、あなたに子どもがいるとすれば、あなたは子どもたちに対して、どんな態度をとっていますか？　子どもたちといさかいを繰り返し、彼らを罰し、彼らにひどいことを言っているのではありませんか？　それは、愛に基づいた行為でしょうか？　あなたは彼らを愛していると思っています。そして、彼らがそれを理解しないのがよくないと考えているはずです。

すぐにイライラしてしまう親がいますが、彼らは振る舞い方が適切ではありません。彼らの親が、ハートで愛することを学んでいなかったので、彼らもまた、ハートで愛するのがどういうことなのかを学べなかったのです。

両親とあなたを結びつけている目に見えないロープを断ち切って、あなた自身を取り戻すには、両親は両親なりにその時に最善と思われることをしていた、自分たちができる範囲で最良のことをしようとしていた、という事実を受け入れることです。彼らは、自分たちにできる範囲で最善を尽くしてあなたを愛そうとしていた、という事実を知ることです。

その時点では、それ以上のことはできなかったのです。なぜなら、それこそが彼らが学習した唯一の〈愛の形〉だったからです。

両親が子どもに対して無関心だったとしたら、それは彼らが子どもを信頼していたということではないでしょうか。子どもをすごく愛していたので、子どもの自由にまかせたのではないでしょうか。子どもをすごく信頼していたので、何でも彼らに決めさせたのではないでしょうか。

このようなたぐいの無関心は、愛しているということの証明でありえるのです。だったら、放っておかれたと思う必要はありません。私たちは現実を自分なりにねじまげて解釈していることが非常に多いのです。そのことを自覚すべきでしょう。

子どもを批判する親というのは、だいたい子どもを過大評価しているものです。自分たちよりも子どもの方がはるかに優れていると思っているのでしょう。ですから、子どもが何かを中途半端にすることがどうしても許せないわけなのです。彼らは子どもに過剰な期待を寄せています。ですから、実は、そうした批判の影には愛が隠れているのです。彼らは、自分の子どもが何でもうまくできる、と考えているのですから。

多くの親は、自分たちが経験してきたいやなことを、子どもたちには経験させまいとします。

自己主張できない弱い父親が暴力を振るうことがよくありますが、それは、自分の子どもたちに、自分がそうなりたかったようになってもらいたい、つまり、強く、そして鈍感になってもらいたい、と考えてのことなのです。ですから、それは、その父親なりの精一杯の愛し方なのです。

娘に過大な要求を押しつけてばかりいる母親も、同じ理由からそうしています。つまり、彼女は、自分の娘に、あらゆることにおいて成功してもらいたいのです。自分のようには生きてもらいたくないのです。自分よりもはるかに良い人生を送ってもらいたいのです。

大部分の親は、子どもたちが自分よりも豊かになり、幸福になることを望んでいます。そのために、しばしば、非現実的とも言えるような期待を抱いてしまうのです。

過保護も、異常な厳しさも、根っこは同じです。いずれの場合も、**親は、子どもを自分の所有物だと考えているの**です。

愛の定義を思い出しておきましょう。親は、**恐れれば恐れるほど、頭で愛するようになります。愛とは、理解できなくても、また同意できなくても、それでも相手を受け入れる、ということです。**

両親は両親なりに子どもを愛しているのですが、それが子どもの願う愛し方であることは、まずありません。というのも、私たちは、全員が異なった存在だからです。

どんな階層の家の子どもでも、自分はもっと違ったふうに愛してもらいたかった、と思っているものです。もっと愛情が欲しかったとか、もっと関心が欲しかったとか、いろいろなことを思っているでしょう。しかし、私たちは他者を変えることはできません。親は親なりの生き方をしており、自分が習ったようにしか生きられないのです。

あなたは幸運にも、今、子どもを自分の所有物として愛するというのとは違った、もっと高度な愛し方がある、ということを学ぶ機会に恵まれました。

人間は、長いあいだ、自分の内に偉大な愛という力があることを知らずに過ごしてきました。そのため、愛について学ぶとしたら、まわりの人たちから学ぶしかありませんでした。でも、その人たちも、自分の知らないことは教えることができなかったのです。

もしあなたが両親の欠点をずっと数え続けてきたとしたら、また両親から受けた非難をすべて覚えているとしたら、両親とのあいだにできた目に見えないロープは、はかりしれないほど太いものになっている、と考えなければなりません。

でも、今後、愛に基づいた言葉を発し、行動し続けるなら、そのつながりは少しずつ断ち切られ、やがてついにあなたは両親に対するあふれるような愛を感じるようになるでしょう。両親に対するあなたの見方は完全に変容し、両親がどれだけあなたを愛しているかを、実感することができるようになるでしょう。

あなたに影響を与えた人たちに対して、あなたが向けている恨みの一つひとつが、目に見えないロープとなってあなたを縛りつけています。あなたが心の中に満たされない思いを抱いているのは、それらのロープのせいであるのです。

あなたがそれらの人に対して感じているネガティブな感情などとは比較できないほど素晴らしい

愛という崇高な感情が存在することを知った今、そうしたネガティブな感情を捨てて、あなたのハートに成長することを許してあげたらどうですか?

そのロープを断ち切るには、親を理解する必要はありません。そんなことをしようとすれば、頭で考えることになってしまいます。親がその時、あなたに対してどんな愛を感じていたかを、あなた自身が感じ取ればよいのです。**この愛の感情は、あなたの頭の中ではなくて、ハートの中にあります。理性は脇において、ハートで感じてみてください。**

ですから、次のように頭で考えることには意味がありません。「そうだわ、両親の人生も大変だったのよ。大家族で、しかも貧しかったんだもの。ママはつらい思いをたくさんしたんだわ」

人間は、頭を使ってばかりで、ハートを使うことを忘れています。両親がどれほどあなたを愛していたかが感じられれば――その両親の愛がたとえ頭による愛でしかなかったとしても――あなたは両親に対して、あふれんばかりの愛を感じるようになるでしょう。

あるいは、あなたは小学校の低学年の時の先生と、目に見えないロープで結びつけられているかもしれません。あなたはその先生とそっくりだったのではありませんか? あなたはその先生のどこがいやだったのでしょうか? 思い出してみてください。

小学生の頃から、そうした人たちに強い反発を感じて、絶対あんなふうにはなりたくない、と考えてきたため、あなたは自分自身であることができなくなってしまったのです。あなたの中に潜んでいるその素晴らしい存在が、あなたに認めてもらいたくて叫んでいます。あなたには、その魂の叫び声が聞こえないのでしょうか?

その存在を鎖から解き放つことができるのは、ただ一人、あなただけなのです。あなたの魂は、空間を持ち、楽に呼吸して、進化したいと願っています。

あなたが他の人に似てしまったもう一つの理由は、あなたがその人に自分を支配させてしまったということです。

あなたが権威を認められないのは、実はあなたが権威に支配されているからなのです。権威的な態度に対して恨みを持っていたにもかかわらず、あなたは、他の人たちを圧倒して生き延びるためには、権威的に振る舞わなければならないと信じ込んでしまったのでしょう。もちろん、無意識のうちにです。そして、その信念が、あなたを心の中の牢獄に閉じ込めているのです。

あなたが両親や、また他の人に対して恨みを抱き続けているのは、あなたが傲慢だからです。あなたは思い上がっているために、彼らを受け入れることができなかったのです。あなたはおそらく、相手が全面的に悪いと考えたのでしょう。

でも、そのツケは非常に高いものになるでしょう。なぜなら、そのことによって、あなたは同じ状況に繰り返し直面することになるからです。あなたはそのせいで、対人関係において苦しみ、愛をもらうことができず、不幸になり、健康をそこなっています。

あなたのからだとあなたの超意識は、あなたが愛の法則に反した生き方をしているということを教えるために、何度も何度もサインを送ってきているはずです。どうかそのサインを受け止めてあげてください。

**心の牢獄から解放される唯一の方法は〈許す〉ことです**。まず、自分がその人を裁いたことを許しましょう。それから、その人があなたにしたことを許しましょう。

また、あなたがその人を恨んだこと、そしてその人がどれほどあなたを愛していたかに気がつかなかったことに関して、その人に許しを乞う必要があります。

まずは心の中でそれを行なってください。そして、**本当に**それができたと感じたら、今度は、実際にその人に会いに行き、あなたが感じたことを話して、それを分かち合ってください（細部まですべてを話す必要はありません）。そして、こう言うのです。「どうか私を許してください。私は、あなたがどれほど私を愛してくださっていたかに気づくことができず、あなたが〇〇だと思っていたのです（〇〇の部分には、あなたが受け入れられなかったことを入れます）」

もしその人がすでに亡くなっている場合には、次のようにしてください。

一人きりになれる静かな場所に行き、背すじを伸ばして座り、全身をリラックスさせます。充分にリラックスできたら、その人があなたの正面に座っているところを想像してください。そして、その人にあなたが感じたことを話し、許しを乞うてください。もうその人には肉体はありませんが、魂はそこに来ています。

恨みを持つと、あなたは心の中の牢獄に閉じ込められることになります。その恨みがロープとなってあなたをその人に縛りつけ、またその人もあなたに縛りつけられるのです。

そしてそのことによって、お互いにエネルギーを消耗します。ですから、あなたがロープを断ち切れば、相手もまた自動的に解放されるのです。その人はエネルギーを取り戻し、空間も取り戻して、自分の進化に専念できるようになるでしょう。それはあなたも同じことです。仮にその人が亡くなっていたとしても、その人はその後、あの世での進化が順調にできるようになります。

しかし、その人があなたに同情してくれるだろうと考えてその人に会いに行くのだとしたら、ロープは半分しか切れません。あるいは、その人が、「ごめんなさい。あなたがそんなに苦しんでいたなんて知らなかった」と言ってくれるのを期待して会いに行くとしたら、あなたはまだハートの真実に達していません。なぜなら、あなたはまだ、あなたが感じたことの責任はその人にある、と考えているからです。

その人があなたを愛していない、と考えることにしたのは、あなた自身であることを忘れてはなりません。その人に話している時、自分が何を感じているか、よく注意してください。あなたが自分のことを語るのは、その人を愛することを学ぶためですか、それともその人から理解してもらいたいからですか?

**自分を表現するというのは、自分が感じていることを言う、自分の内面を語る、ということです。**その人が理解してくれるかどうか、その人が同意してくれるかどうかは、本質的には問題ではありません。あなたが自己表現をするのは、自分から解放されるためであって、他人から解放されるためではないのです。

その人を傷つけるのではないか、あるいは、その人から笑いものにされるのではないか、理解されないのではないか、と思ってためらうのは、あなたのプライドが優勢になっている証拠です。そうして、あなたはまた自己処罰を行なおうとしているわけです。あなたは自由になりたいのですか？　それとも自由になりたくないのですか？

もしあなたが兄弟の中で最年長であれば、他の兄弟に比べて、たぶんあなたのロープは一段と太いはずです。最初に生まれた子どもというのは、他の子どもに比べて〈空間〉をあまり持っていません。というのも、完璧であることを要求されるからです。ですから、非常に多くのことを強制されるわけです。

両親の一方が、女の子よりも男の子を望んでいた場合、あるいは男の子よりも女の子を望んでいた場合に、もし反対の性の子どもが生まれたとしたら、その親は、男として、あるいは女として、人生に失敗したと思い込んでしまいます。

そうすると、その子どもは親に拒絶されていると感じるものです。それは、親がその子を愛していないからではなくて、親自身が自分の人生を愛していないからです。

さあ、勇気を出して進みましょう。一度に一つずつ解決してゆけばよいのです。そうすれば、やがて、必ずすべてのロープを断ち切ることができるでしょう。

多くの人が、お金に対する態度に関わるロープを持っています。私たちの親にとって、お金のことは大問題でした。まず食べなければならなかったからです。

幸福はどれだけ物質的に恵まれているかで決まる、と彼らは思っていました。そのため、**お金は安全の同義語だったのです**。幸福になるためには、貯金をしなければならない、というわけです。

両親は、あなたがお金をたくさん稼ぐことを望んでいます。なぜなら、彼らは、あなたが幸福になることを望んでいるからです。それが、彼らなりの愛し方なのです。

もしあなたが極端な倹約家で貯金のことばかり考えていたり、逆にとんでもない浪費家だったりした場合、それはおそらく両親のお金に対する態度へのリアクションなのです。

お分かりでしょうか？　どんな状況であれ、その根底に両親の愛を発見することが可能なのです。《自然の法則》によって、両親が子どもを愛さないということは不可能であり、また子どもが両親を愛さないということも不可能なのです。この愛が、人間にとっては何よりも大事なのです。

あなたは地上に生まれる前に、今の両親を、最も愛する親として選んだのです。それはあなたの魂の選択でした。あなたの魂は、あなたが両親から何を学ぶべきかをその時点でよく知っていたのです。あなたが両親を許し、そして彼らに許しを乞うた時の感動、ロープを断ち切った時に感じる喜び、あなたが両親を愛することを学んだ時の至福、こうした素晴らしい体験を、すでに魂は予測していたのです。

さて、こうしてあなたは自由になりました。その自由があまりにも素晴らしいので、何かとてつもなく重い荷物を降ろしたような気がするでしょう。空に向かって飛び立とうとする小鳥のように身が軽いのではありませんか？

恨みが憎しみにまで変わっているとしたら、今すぐにでもそれを癒さなければなりません。憎しみは、人間が持つ感情のうちで最も破壊的なものだからです。

憎しみのエネルギーの大きさは、愛のそれに匹敵するものですが、愛のエネルギーが癒すために使われるのに対して、憎しみのエネルギーはもっぱら破壊するために使われます。憎しみの中で生きている人は、重大な病気になる可能性が非常に高いと言ってよいでしょう。憎しみは、それが宿っている人のからだを破壊するのです。

怒っている人の息をネズミに吸わせると、一瞬でネズミは死ぬ、という実験結果が報告されています。つまり、憎しみの思いが一つ浮かんだ時は、毒を一服飲んだのと同じなのです。

憎しみによって作られたロープはものすごく太いので、それを断ち切るためには大変な努力と忍耐力が要請されるでしょう。

## *エクササイズ*

① いかなる理由であれ、あなたが恨みを感じている人を、三人あげてください。

② その人たちを恨んでいる理由を、はっきりと書いてください。

③ あなたがその人たちを恨んでいるのと同じ理由で、その人たちはあなたを恨んでいるはずです。そのことを自覚してください。これまで、あなたは、そんなことなどあるわけがないと思っていたでしょう。

④　あなたが、それらの人たちと共同してそれらの状況を引き寄せた、ということを認めてください。それは、あなたが受け入れていない、自分のある面を意識化するためだったのです。

⑤　あなたはその三人と同じように、限界、恐れ、苦しみを持った人間です。そのことを心静かに受け入れましょう。

⑥　将来のある日、あなたが自分について発見したことをその三人と分かち合い、三人と仲直りをしているところを思い描いてください。それを強く思い描けば思い描くほど、それは現実となってあなたの前に現われるでしょう。

⑦　以下のアファメーションを、機会があるたびに言ってください。

**私は、私がかつて裁いた人を全員許します。そして、私が調和した生き方をするのをさまたげていた、目に見えないロープを断ち切って自由になります。私は、これからますます、ハートで愛するようにします。**

# 7章　自分の未来を信じる力

信仰とは何でしょう？

多くの人が、**信仰**と**信じること**を混同しています。

**信じる**とは、それを**真実と見なす**、ということです。

もしあなたがあることを真実と見なしたのであれば、その真実を生きるようにしてください。そしてそれを広めるとよいでしょう。それを受け入れる人は、それを自分のものとするはずです。それを拒絶する人は、それを無視するでしょう。信じる対象は、人によって異なります。それぞれの人が、自分なりの真実を信じているのです。

**〈信仰〉は、〈信じること〉よりも、ずっと深いものです**。聖書では、信仰は次のように定義されています。

「希望することが実現すると確信すること。見えないものが存在すると確信すること」

あなたが信仰を持っている時、あなたは望むものが得られると確信するでしょう。これが信仰ということなのです。

イエス・キリストは、**愛**と**信仰**を教えるために地上にやってきました。私たちは、今こそイエスの教えを実践すべきなのです。

イエスを理解し、イエスの偉大さを信じるのに、私たちは二〇〇〇年もかかりました。

**信仰を持つとは、自分の内部に神がいると確信することです。**

「神様、私を助けてください」と祈るように私たちは教えられてきました。実は、こういうふうに祈るということは、神が私たちの内部にいるということを前提にしています。

だって、もし神が私たちの外、どこか遠くの方にいるのなら、祈ってもそれが届くかどうか分からないではありませんか。

**あなたの内部にあなた自身の神がいる**ということ、つまりあなたのハートの中に父なる神がいるということ、あなた以外のすべての人のハートの中にも父なる神がいるということ、そして**あなたは神の現われであるということをあなたが認め、その内なる神の偉大な力をあなたが信じる時、あなたは望むものをすべて自分のもとに引き寄せることができるでしょう。これこそが、**信仰**なのです。

信仰とは何かということをよく教えてくれる、私の大好きな話があります。

ある小さな村が、旱魃《かんばつ》に襲われました。このままでは作物の収穫が非常に危ぶまれます。日曜日のミサの後で、村人たちは神父に相談しました。

「もう、ひと月も雨が降っていません。何か対策を立てないと、このままでは作物が全滅です」

それに対して、神父はこう答えました。

「信仰とともに祈りなさい。信仰とともに祈る必要があるのです。いいですか、信仰なき祈りは、祈りのうちに入らないのですよ」

農民たちは、一日に三度集まって、雨が降るように祈りました。

次の日曜日に、みんなは一緒に神父に会いに行きました。

「神父様、どうもうまくいきません。毎日みんなで集まり、雨が降るように祈っているのですが、なかなか雨が降らないのです」

すると、神父が尋ねました。

「あなた方は、本当に信仰を持って祈っていますか？」

「はい、そうしています」、とみんなは答えました。

神父は、それを聞いてこう言いました。

「私は、そうは思いません。あなた方が本当に信仰を持って祈っているとは思えないのです。その証拠に、あなた方のうちの誰も、今日、ここに傘を持って来ていないではありませんか」

この話は、信仰を持って祈るとはどういうことか、信仰を持って行動するとはどういうことかを、実によく教えてくれていると思います。

信仰を持っている時、私たちは望むものが必ず得られると確信しています。私たちは、しばしば信仰の行為をしているのですが、そのことに気づいていません。たとえば、明かりをつけるとき、スイッチを押しますが、このとき私たちは信仰とともに行動しているのです。なぜなら、スイッチを押せば必ず明かりがつくと確信しているからです。

新車を買う時、あなたは販売店に行って、車種、色、オプションを言い、契約書にサインします。相手はこう言うでしょう。

「ご心配なく。六週間後には車が届きます。届いたらさっそくご連絡を差し上げましょう」

これもまた信仰の行為なのです。六週間後には、注文したとおりの新車が手に入ることをあなたは確信しているからです。

待っているあいだに、注文した新車と同じ型の車が走っているのを目撃すると、あなたは、「これはもうすぐやってくる私の車と同じ型の車だぞ」と思って、その車に乗って運転している自分の姿をありありと思い描くことができます。

ようやくその時が来て、販売店から電話連絡が入り、あなたはついに自分の車を手に入れます。これもまた信仰の行為ではないでしょうか?

同じやり方をすれば、あなたは望むものを何でも手に入れられます。結果がもうそこにあると思って、一度だけ頼めばそれで充分なのです。何度も頼むとしたら、あなたはそれが手に入るということを疑っていることになるでしょう。

あなたの内にある**偉大な力**、すなわち**神**は、あなたが望むものは何でも引き寄せることができます。ほんの数秒を費やして、自分が何を望んでいるかを表明するだけで充分なのです。

一般的なアファメーションを、エネルギーをそこに投入せずに唱えるとしたら、それは普通の祈りに過ぎません。あなたがさらに、その内容をありありと視覚化するとしたら、あなたは信仰を持って祈っていることになります。

あなたが望んでいる結果をありありと視覚化しましょう。あなたの欲しいものをありありと思い浮かべるのです。そうすれば、必ずそれを手に入れることができます。

イエスはそのことを、マルコ福音書の中で次のように言っています。

**「あなたが祈りによって頼んだことは、すべて、すでに手に入れたと思いなさい。そうすれば必ず、それは手に入るのです」**

自分の願いがかなえられたところを**ありありと見る**ことが大切です。**「信ずるものにはあらゆることが可能です」**

信仰は、山をも動かすのです。あなたの内なる神は、宇宙全体にあるすべてのもの、あらゆる惑星にあるすべてのもの、地球にあるすべてのものを統御している、普遍的で偉大な力とつながっています。まわりをちょっと眺めてみてください。人間の手が触れていない大自然の調和された美しさを見れば、神を信仰する気持ちはますます増大するでしょう。

星のきらめく静かな夜空、無限に広がる大海原、夕日の荘厳な美しさを前にして、あなたは敬虔《けいけん》な気持ちにならないでしょうか？

宇宙は完全に調和されています。朝日が毎日昇り、月が姿を現わし、惑星が空間を整然と運行し、潮はリズミカルに干満を繰り返しています。神の大いなる計画がこうした大調和をかもし出しているのです。あなたもまたその大調和の一部をなしていることに、ぜひとも気づいてください。

すべてはすでにそこにあります。それは私たちが神から受け継いだものであって、あなたはただ、それを要求しさえすればよいのです。

神はあなたに自由意志を与えました。ということは、あなたは思い通りに人生を生きることができる、ということなのです。あなたは、他人に属するもの以外なら、どんなものでも、自分が望むものを要求する権利があるのです。他人が持っているものが欲しい場合には、それとよく似たものを要求すればよいわけです。宇宙はとても気前がよいので、全員の要求を満たしてくれるでしょう。

私たちは、全員が太陽や空気の恩恵をこうむっており、電気の恩恵をこうむっている人も無数にいます。このとてつもない豊かさは、存在するあらゆるものに与えられているのです。衣服、宝石、大きな家といった地球上の豊かな資源、また、忍耐、心の美しさ、愛といった内面の美しい資質が、どうして一部の人だけのものだなんて思うのですか？

〈持つ〉こと、〈在る〉ことにおいて限界などないのです。それらが欲しければ要求するだけでよいのです。何も恐れることはありません。他者から何かを奪う必要はありません。神からの贈りものは全員に与えられるからです。

素晴らしいものをあふれるように持っている人と、そんなものを持つのは不可能だと思い込んでいるあなたとの違いは、ただ一つ、それらを手に入れられると信じているかどうかという点だけなのです。

あなたは決意して次のように言うだけでよいのです。「ええ、私にはできるわ。私は必ず成功できる。だって、すべてをすでに心の中に持っているんだもの」

あなたが興味を持たないものは、他の人のところに行くでしょう。あなたが欲しいものは、すべてあなたのものとなるでしょう。必ずそうなります。

信仰は、頭からやってくるものではありません。信仰は、あなたと神をつないでいる超意識からやってくるのです。

神というのは、巨大な太陽のごときものです。信仰は、この太陽から射してくる光線のごときものです。この光線が、あなたと神をつないでいます。

理性とは異なり、信仰は〈なぜ〉ということを問題にしません。理由を問題にしないのです。信仰を持つのは、理由があるからではありません。理由がなくても、確信があるのです。理由がないにもかかわらず、望むものはすべてそこにあると信じ、どんなものでも手に入れられると信じるのです。

すべての発明・発見、すべての偉大な作品は、こうした信仰から生まれました。それを目の前に見せてくれたら信じよう、と言う人は、信仰を持っていないのです。もし人類全体がそういう人ばかりだったとしたら、この地球上は、ずいぶん貧しく、さびしい場所になっていたことでしょう。

あなたが、「これこれのものが手に入れば、私は幸福になるでしょう。そうなったら、私は行動できるでしょう」と言うとすれば、あなたには信仰がないのです。

信仰においては、〈持つ〉よりも〈在る〉ことの方が先なのです。まず、それがあれば幸福で〈在る〉だろうと思い、その結果行動し、そしてそれを〈持つ〉ことができるのです。

もし、家族でバカンスに出かけることによってあなたが幸福になれるのであれば、そのために必要なお金があるかどうかに関係なく、まず家族にそのことを話すようにしましょう。

まず決意し、そして場所を確保するために内金を払えば、あなたはバカンスに向かって一歩を踏み出したことになるでしょう。これが信仰に基づいた行為です。

朝起きれば太陽が出ているだろうと信じること、ソラマメの種を蒔けばソラマメを収穫することができると信じること、これらは易しいことですね。それは、自然現象だからそうなのですか？

あなたが欲しいものを引き寄せることだって、同じくらい自然なことなのですよ。あなたは、神と同じ力を持っています。それは、あなたが神の現われだからです。もし、神が、毎朝太陽を昇らせることができるとしたら、また、ソラマメの種からソラマメをならせることができるとしたら、どうしてあなたの人生をすばらしい出来事で満たすことができないでしょうか？

神は宇宙を満たす偉大な力ですが、私はこの力を電気にたとえるのが好きです。

私たちには、電気を見ることはできません。電気がどこから来るのかを知ることもできません。でも、電気が存在することは知っています。部屋に入って暗かったら、電気がないと言いますか？　そんなことはありませんね。ただ、明かりのスイッチを押していないだけのことです。

あなたがする信仰の行為は、明かりをつけるためにスイッチを押すのと、まったく同じことなのです。信仰の行為を行なうたびに、明かりが一つつきます。明かりをつければつけるほど、光は強くなります。すべてはますます明るく、ますます容易になります。

とてもシンプルでしょう？　ボタンを押すたびに、明かりがつくのです。

この明かりはあなたから出ているのですか？　いいえ、どこだか分からないところから来ています。人生においても、まったく同じことが起こっているのです。

あなたが信仰を行使するたびに、神がその信仰という通路を使って創造を行ないます。そして、そんなふうに信仰を行使するのは、すべての人間に可能なのです。あなたの内なる神を受け入れれば、神があなたを通してみずからを現わすでしょう。

目に見える世界に存在するものは、すべて、まず目に見えない世界に生み出されました。ホテルであろうと、飛行機であろうと、あなたが着ている洋服であろうと、すべては、現実になる前に、誰かの心の中で思い描かれたのです。人間が偉大であるのは、この普遍的な力を使って創造することができるからなのです。

私たち人間は、存在しないもののことを考えることはできません。というのも、人間の思考は、普遍的で偉大な思考に結びついているからです。それはちょうど、人間のからだの細胞の一つひとつが、からだ全体と結びついているようなものです。

あなたが目を閉じて、美しい海岸を思い描いたとすれば、それはすでに地上のどこかに存在しているか、あるいはいつか地上に必ず存在するようになるはずの海岸なのです。目に見える世界に存在したことのないもの、あるいは目に見えない世界で思い描かれたことのないものは、私たちには想像することさえできないのです。

あなたがすべきなのは、思い描くこと、そして、行動することによって望むものを引き寄せることです。どんな考えも、目に見えない世界で形を取ります。あなたがそのことを考えれば考えるほど、あなたはそこにエネルギーを注ぎ込むことになり、あなたがエネルギーを注ぎ込めば注ぎ込むほど、それは物質世界に形を取りやすくなるでしょう。

心の中に何かを創り出すと、あなたは良き協力者に出会ったり、適切な行動を取ったり、それを具現化するために最も適した場所に行ったりすることになります。

よろしいですか。もしあなたが困ったことに遭遇したとしたら、それはあなたがあらかじめ心の中で作ったものなのです。

ですから、あなたの信仰を、良きものだけが生じるように使いましょう。宇宙には巨大な貯蔵庫があって、そこにはあらゆるものの材料が詰まっています。あなたはそこに行って、あなたの分を探し出し、それを要求するだけでよいのです。

ためらっている場合ではありません。あなたの内にあるこの偉大な力を今すぐ使い始めましょう。

信仰を強化するのです。

あなたが良きものを創り出すことができるようになれば、あなたの人生は大きく変わり始めるでしょう。あなたはもっともっと幸せになり、しかもその幸せを多くの人と分かち合うことができるようになるのです。

**私たちは、持っていないものを与えることはできません。**あなたが、疑い、不安、心配でいっぱいなら、あなたは他の人たちに幸せをあげることはできません。

まずは自分のことを考えてください。そして、良きことをたくさん自分に引き寄せましょう。そうすれば、自動的にそれらをまわりに広げることが可能となるのです。

旅行に出かける時、あなたは、目的地がどこなのか知っています。そのことに関して疑う余地はありません。交通手段は、車、電車、飛行機といろいろありますが、いずれにしてもまかせておけば目的地につきます。

それでは、あなたの人生の目的とは何でしょうか？　それは、幸福、愛、やすらぎです。そこに至るには、いろいろな交通手段と道順がありますが、いったん目的地を定めたら、あとはまかせっぱなしでよいのです。そうすれば、放っておいてもそうした目的地につくでしょう。あなたは、細かいことにこだわらず、悠然と、まかせきって楽にしていればよいのです。

あなたの中にはすべてがあります。どんなことでも引き寄せることができます。どんなものでも創り出すことができるのです。求めてください。そうすれば与えられるでしょう。

自分を信じれば、他者を信じることもできるようになります。なんて素晴らしいことでしょう！ もう、「人生とはつらいものだ」と信じている人たちの影響を受けなくてよいのです。あなたが思うことはすべて実現するでしょう。

信仰を持つ人にも困難なことがまったく起こらないわけではありません。でも、彼らは、必ず愛に出会うことになっています。

イエスは信仰について次のように語りました。

「あなた方の人生について、あれこれと心配する必要はない。食べるもの、飲むもの、着るものをどうやって探そうかと思いわずらってはならない。

生命の方が食べものよりも大事であり、からだの方が衣服よりも大事なのではないか？

空を飛ぶ鳥たちを見るがよい。彼らは種を蒔くことも収穫することもしない。蔵を持っているわけでもない。しかるに、天の父が彼らを養ってくださる。

あなた方は、鳥たちよりも劣った存在だろうか？ あれこれ心配したところで、一センチでも背が伸びるだろうか？ どうして何を着ようかと悩むのか？

野に咲くユリを見るがよい。彼らは、畑を耕すわけでもないし、糸をつむぐわけでもない。それにもかかわらず、あの栄華を極めたソロモンよりも、はるかに美しい衣装を与えられているではないか。

神は、明日には摘まれるかもしれない野の花をあれほどかわいがっておられる。だとしたら、あなた方の衣服の面倒を見てくださらないということがあるだろうか？　おお、汝《なんじ》ら、信仰薄き者たちよ。もうこれからは、『何を着ればいいのだろうか？　何を飲めばいいのだろうか？　何を食べればいいのだろうか？』と思って悩んではならない。

未来のことを心配するのは、信仰を持たぬ者たちだけである。天にいらっしゃる父は、あなた方の必要とするものは、すべてお見通しである。

まずは**神の国**と**神の正義**を求めよ。さすれば、あとのことは、おのずから与えられるであろう。明日のことを思いわずらうことなかれ。明日のことは明日が心配するからである。今日一日のことだけを考えよ」

イエスのこの言葉は、**今という瞬間を生きる**大切さを私たちに教えています。明日のことを思いわずらっても何の役にも立ちません。必要なものをすべて手に入れる偉大な力を、あなたは持っているのです。いつでもそうなのです。

老後のために、ちまちまと財産を貯める必要はありません。保険をかける必要もないのです。そんなことをするのは、今はまだ必要なお金を引き寄せることができるけれども、六〇歳、あるいは七〇歳になると、それができなくなると信じていることになります。

あなたは神が自分の中にいると信じていながら、それがずっとそこにいるはずはない、と思っているのですか？

それよりも、年齢が高くなればなるほど経験と知恵が増えるので、より簡単に必要なものを引き寄せることができるようになる、と考えるべきでしょう。どうして過剰にため込むのですか？　大切なのは、必要なものが今すべて手元にある、ということではありませんか？

食料が詰まった大型の冷蔵庫が四つあったとしても、とても全部は食べきれないでしょう。当然のことです。

美しいものに取り囲まれて楽しく生きる、そして日々の必要性を満たす、これこそが大切なことなのです。日々与えられるものに感謝をし、一日一生の思いでその日を生き切る、そうすれば、必要なものはすべて必ず手に入るでしょう。

明日は、今日の結果としてやってきます。明日のことを心配すれば、不愉快なことを呼び寄せるだけです。いつも良いことを考えていれば、あなたの人生には良いことだけが起こるでしょう。

## ＊エクササイズ＊

① 何か、信仰に関わる行為をしましょう。前からずっと望んでいた、あなたを幸せにしてくれることを一つ選び、それを引き寄せるための力が自分にあると確信するのです。

② その思いを、ためらわずに行動に移すようにしてください。これから数週間のあいだに、少なくとも三つのことを実際に行なってください。

③ 人生においては、〈持つ〉前に、〈する〉前に、心の中でまず心地よく〈在る〉状態を作る必要が

あります。あなたが、もし、「宝くじにでも当たってお金が充分手に入ったら、あこがれの家を買って幸せになれるのになあ」と思っているとしたら、自然の法則に完全に反していることになるでしょう。

④ まず、あなたがどんな人で〈在る〉ことを望んでいるのか、意識化してください。あなたの望みが最初にあって、それから結果がやって来るのです。あなたがどんな人で〈在る〉ことを望むかを、心にはっきりと思い描きながら行動していってください。どうすればそれを実現できるかを考えながら行動すべきではありません。

⑤ 次の章に入る前に、できるだけたくさん、以下のアファメーションを行なってください。

**私は、自分の内に大いなる豊かさがあることを知っています。そして、いかなる時も、いかなる場所にいても、私はその大いなる豊かさから、必要なものをすべて引き出すことができます。**

# 8章　チャクラとエネルギー

あなたは充分なエネルギーを持っていますか？　それとも、もっとエネルギーが欲しいですか？　エネルギーについて長年研究してきたカリフォルニアのある専門家によると、人間のからだは途方もないエネルギーを持っており、そのエネルギーを使えば、モントリオールやニューヨークといった大都市の照明を、一カ月間は軽くまかなえるといいます。驚きましたか？

自分が本当にやりたいことをやろうとする時、私たちの中では自動的にエネルギーが高まるものです。そして、このエネルギーによって、その計画が実現されてゆくのです。

例をあげてみましょう。若い女性が、一日の仕事を終えて家に帰って来ました。あまりにも疲れているので、夕食を食べる気にもなりません。

ベッドに倒れ込んで休んでいると、突然電話が鳴りました。大好きな恋人が、三〇分くらいしたらやって来るというのです。

この女性が、あっというまに汚れた食器を洗い、部屋を片づけ、ベッドを整え、ワインを買いに走るのが容易に想像できるでしょう。

三〇分後には予告通りインターフォンが鳴ります。この女性は優雅に身なりを整え、お化粧も見事に仕上がっています。どこから見ても非の打ちどころがありません。

このエネルギーは、いったいどこから来たのでしょうか? 〈彼が来る〉という思いが、このエネルギーを生んだのです。

エネルギーが不足している時というのは、あなたのからだと超意識が、あなたにサインを送ってきている時なのです。つまり、あなたの考え方、行動の仕方、生き方が、あなたのためになっていませんよ、そのため、あなたには生命力と動機が欠けていますよ、というサインなのです。

自分のエネルギーを不適切に使っている場合も、活力の不足を招くでしょう。

物理的な肉体、つまり〈物質体〉は、目に見えない、精妙な、別の〈体〉、つまり〈エネルギー体〉あるいは〈活力体〉と呼ばれるもので包まれています。この〈活力体〉は無数の細い線、経絡《グリッド》で構成されており、それが肉体をおおっているのです。

肉体の七カ所で、それぞれ二一本の経絡が交差しており、エネルギーのセンターを作っています。このエネルギー・センターには特にエネルギーが集中しており、「チャクラ」と呼ばれます。

いちばん下のチャクラは尾骨のところにあり、いちばん上のチャクラは頭頂部にあります。この二つのチャクラを結んだ線の上に、残りの五つのチャクラが位置しているわけです。

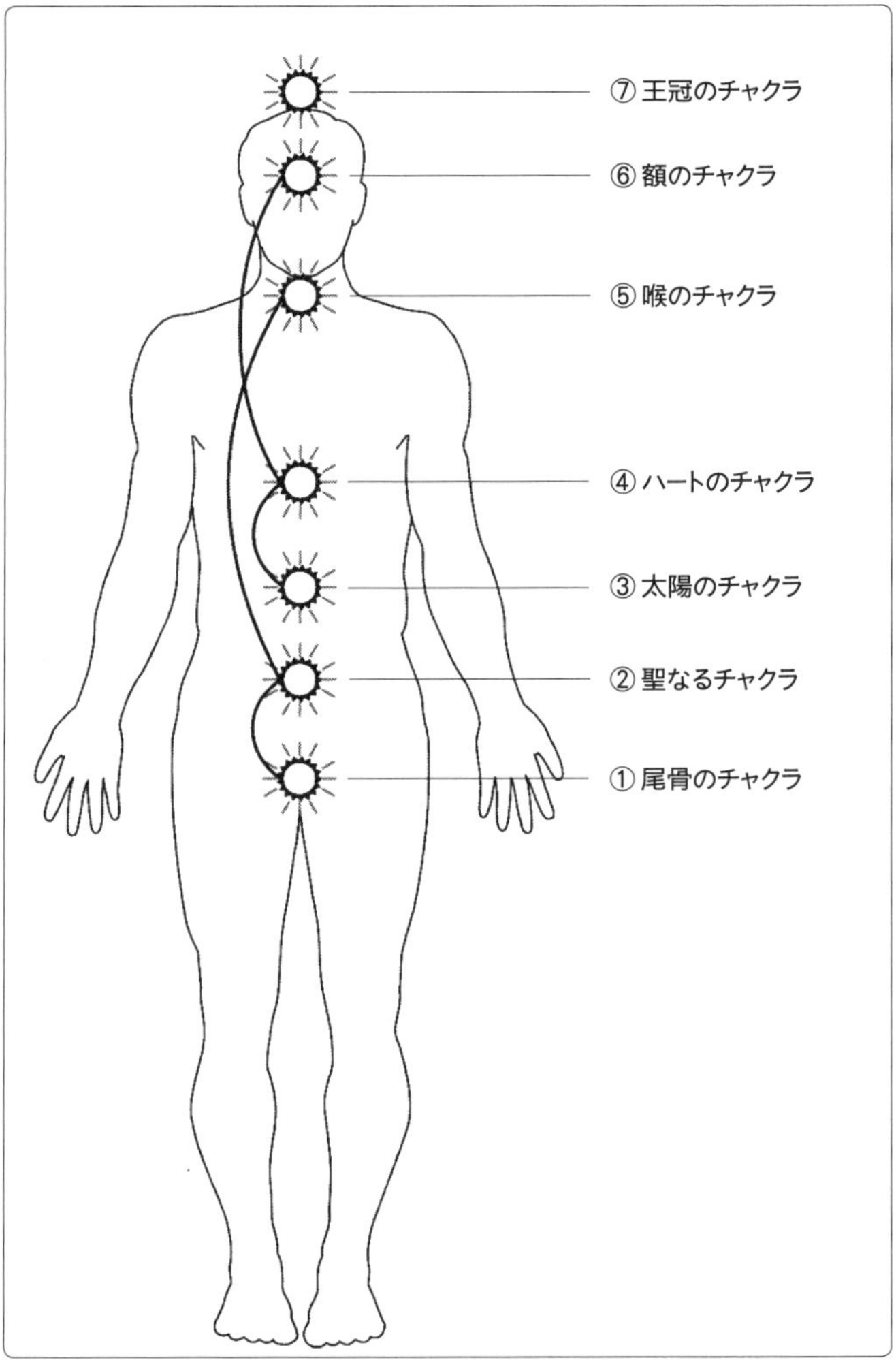


エネルギー・センター／チャクラ

①第一のチャクラは**尾骨のチャクラ**と言い、脊椎の基底部にあります。

このチャクラは、肉体的な力や生き延びる力をつかさどっています。怒り、苦しみ、いらだち、不安などを感じている時は、このチャクラからエネルギーが供給されています。危険にさらされて生き延びなければならない時も、このチャクラのエネルギーを使います。

このチャクラにエネルギーがたまりすぎると、背中が痛くなったり、尾骨周辺にトラブルが発生したりするでしょう。この尾骨のチャクラは副腎に作用して、からだが必要とするコルチゾンやアドレナリンを作り出します。危機的な状況にさらされた時、その状況に対して建設的な仕方で対応できず、不安、怒り、いらだちなどに捕らわれると、あなたはこのチャクラのエネルギー・レベルを下げてしまうでしょう。

②第二のチャクラは、**聖なるチャクラ**と言い、恥丘とおへそのあいだの奥の方に位置しています。二一本の経絡が交わる点は、脊椎の背後、背中の方にあります。

このチャクラは、あなたが望む人生を創り出すための力を提供しますが、一方でその力は性的活動にも回されます。性的器官は、種の存続を目的としています。つまり子どもを作るためにあるわけです。

このチャクラは、創造性をつかさどる喉のチャクラに影響を与えることもあります。

この聖なるチャクラが活発になりすぎた時、あるいは逆にエネルギー不足になった時は、性腺や喉に影響が現われるでしょう。

このチャクラのエネルギーは、性的活動にエネルギーを供給するほか、情熱、憎しみ、怒り、傲慢、嫉妬、エゴイズム、所有欲などにもエネルギーを供給します。

所有欲、嫉妬、怒り、憎しみなどに駆られている時、あなたは他者に対して支配力を振るいたいと思っているのです。そういう時は、性的活動、創造活動に回されるエネルギーが不足します。そして、男性でも女性でも、性的器官にトラブルが生じやすくなるでしょう。

考え方や生き方を変え、そうした破壊的な感情から自由になり、傲慢さを制御できるようになると、多量のエネルギーがこの聖なるチャクラから喉のチャクラまで上昇して、あなたの才能を目覚めさせ、創造性を豊かに発揮させることになります。

③第三のチャクラは**太陽のチャクラ**と呼ばれており、おへそと心臓のあいだ、太陽神経叢のあたりに位置しています。このチャクラは、感情と欲望をつかさどっています。

激しい感情や欲望を持ち、しかもそれらを適切に表現することができないでその感情に翻弄される時、あなたはこのエネルギー・センターにブロックを作ってしまいます。

そうすると、そこにエネルギーが停滞してしまい、からだ全体にエネルギーが流れなくなります。罪悪感、失望、敵対心、あるいはこれまであげたネガティブなエネルギーが生じた後で、からだ全体のエネルギーのレベルが低下するのはそのためです。

このチャクラは膵臓《すいぞう》に直接影響を与えます。また、消化活動全般を受け持っています。

尾骨のチャクラ、聖なるチャクラ、太陽のチャクラという三つのチャクラは、人間の活力をつかさどっています。危険にさらされている時、また感情に翻弄されている時、エネルギーはこの三つのチャクラが存在するからだの下方に流れ込みます。

人生の目的は、そうしたエネルギーを、からだの上方にあるスピリチュアルなチャクラに充当できるようになることである、とも言えるでしょう。

尾骨のチャクラと聖なるチャクラは、人間の動物本能の部分を担当しており、太陽のチャクラは、動物的存在からスピリチュアルな存在への橋渡しをしています。この最初の三つのチャクラは〈持つ〉ことを担当しており、残りの四つのチャクラは〈在る〉ことに関わっています。

④第四のチャクラは、**ハートのチャクラ**と呼ばれ、心臓のところに位置しています。

このチャクラは非常に重要です。なぜなら、愛と思いやりをつかさどっているからです。また、このエネルギー・センターは胸腺をつかさどっており、胸腺は病気に対する免疫性を担当しています。

残念なことに、現代社会においては、このハートのチャクラへのエネルギーがブロックされている人が増えています。感情に翻弄されること、知性を偏重することが、このチャクラへのエネルギーのブロックを引き起こすのです。ハートのチャクラへのエネルギーがブロックされると、心が閉ざされ、すべてが停滞してしまうでしょう。

責任ということの本当の意味を知って、自分の感情を統御できるようになり、人々を愛することができるようになれば、下半身にある感情のチャクラのエネルギーが、ハートのチャクラに向かって、すこやかに流れ始めます。

こうしてエネルギーが下から上へ、上から下へと自由に流れるようになると、そのエネルギーを使って、あなたは人生における望みをどんどん実現できるようになるでしょう。人に愛を与えるたびに、エネルギーの通路が開かれ、ハートのチャクラにエネルギーが流れ込みます。

⑤第五のチャクラは**喉のチャクラ**と呼ばれ、まさしく喉のところに位置しています。このエネルギー・センターは、神経組織、代謝、筋肉のコントロール、からだの熱の発生などを担当している甲状腺に直接影響を与えています。

このチャクラは、創造性と表現力をつかさどっています。

喉のチャクラは、性エネルギーが集まる聖なるチャクラとつながっています。周知のように、聖なるチャクラがつかさどる性的なエネルギーは、人間のエネルギーの中で最も大きなエネルギーです。そして、この性エネルギーは、絶えず喉のチャクラに向かって上昇しています。

もし日常生活において、あなたの創造性が充分に発揮されていないとしたら、また真の自己表現ができていないとしたら、あなたはこのチャクラのエネルギーをうまく使っていないことになるでしょう。

このチャクラがエネルギー不足を起こすと、喉が痛くなったり、声が出にくくなったり、また咽頭炎にかかったりするでしょう。甲状腺が影響を受けることもあります。

このエネルギー・センターを調和させるには、自分の創造性を大いに発揮する必要があるでしょう。創造性は、芸術、文学、音楽などの分野で発揮されるかもしれません。あるいは、仕事において、余暇の時間を過ごす際に、また、これが最も大事なのですが、人生を思い通りに創造するときに、あなたの創造性が発揮されるかもしれません。

このチャクラのエネルギーをさらに調和させるためには、思いと言葉と行動が常に一致することが必要です。どうか、日常生活において、そうなれるように努力してみてください。得られるものは非常に大きい、と言っておきましょう。

一〇〇パーセント本当の自分である人というのは、そんなにいるわけではありません。でも、それは実現可能なことです。まず、そうしようと思うことが大事です。思い、言葉、行動において、始めから終わりまで一貫していることが大切なのです。

喉のチャクラは、また、〈自由への門〉とも呼ばれています。ハートで愛することができるようになり、常に本当の自分であることができるようになると、エネルギーがさらに上にある二つのチャクラに向かって流れ始めるでしょう。

⑥第六のチャクラは**額のチャクラ**と呼ばれており、眉間《みけん》に位置しています。このチャクラは**第三の目**を発達させるチャクラでもあります。

ここは、霊能力の座でもあり、ここが発達すると、直観、霊視、霊聴などの超常的な力が発現します。その主要な機能は、人間の真の個性を発達させることです。

個性は、喉のチャクラを通して形づくられます。太陽のチャクラ、ハートのチャクラ、喉のチャクラは、一般的な人間性に関わっています。

もし、人間が、尾骨のチャクラや聖なるチャクラのレベルにとどまっているとすれば、一般的な人間性までしか発達させられなかったことでしょう。あなたが他人のまねをしているあいだは、あなたは、一般的な人間性は持っていても、まだ真の個性を持つに至っていないことになります。真の個性を持つには、自分自身になること、自分自身の主人《マスター》になることが必要なのです。

⑦第七のチャクラは、**王冠のチャクラ**と呼ばれており、頭のてっぺんの部分にあります。

ここは、悟りのセンターです。聖人たちや、高度にスピリチュアルな人たちの頭の周りには輝くオーラが出ていますが、その出所はこの王冠のチャクラなのです。宗教画にはよくこのオーラが描かれています。

このチャクラが最高度に発達すると、人間は**真我**を生きることになります。つまり、**神**と完全に一体化して生きられるようになるのです。イエス・キリストはこのレベルに達していました。

他者への奉仕と瞑想を続けていると、額のチャクラと王冠のチャクラを通して、上位の次元にアクセスできるようになります。

ただし、他者への奉仕を行なう場合、その奉仕は、まったく見返りを求めない、無私の愛に由来するものでなければなりません。こうした大いなる愛を発揮できる人は、スピリチュアルな面から見て本当に偉大な人物であると言うことができるでしょう。

人間の肉体を流れるエネルギーは、いくつかの源泉から得られます。飲み水、空気、食物、思考、そして〈エネルギー体〉の活動からエネルギーが生み出されるのです。特に、エネルギー体から生み出されるエネルギーは、最も量が多いと言えるでしょう。

昔の人々は、思考によってエネルギーが得られるという事実を知りませんでした。彼らは、とにかく食物の獲得ということに専念せざるを得なかったのです。

思いのレベルが高まれば、その分だけ人間は浄化され、食べものに対する欲求が低くなります。エネルギー体が調和すれば、チャクラを通して大量のエネルギーが自由に流れるようになるので、水や空気からエネルギーをとる必要がなくなるでしょう。

すべての存在がエネルギーからできています。そして、このエネルギーを公正に分かち合うことが大切なのです。つまり、与えることと受け取ることのあいだで、適正なバランスが取られるようにする必要があるのです。

あなたがもし、エネルギーを他者に与えてばかりで受け取ることをしないとすれば、あなたは内的なバランスを失うでしょう。エネルギーの循環がうまくいけばいくほど、人間は、より良い生き方ができるようになります。願望を達成するためにより大きなエネルギーを投入すればするほど、その願望は早く達成されるでしょう。

自分では与えることをせずに、受け取ろうとしてばかりいる人は、《エネルギーの法則》が存在することを知らないのです。エネルギーは与えたり受け取ったりすべきものであり、一方的に受け取ってばかりいるのは、エネルギーの法則に反しています。

エネルギーの授受のバランスがうまく取れていないカップルは長続きしません。一方ばかりが奪っている状態は、いつまでも続かないのです。したがって、お互いにうまくおぎない合う必要があるでしょう。助け合ってお互いに成長するために一緒にいるのですから。

親と子の関係も同じことです。お互いにエネルギーを与え合う必要があります。あなたもご自分の家庭のことを思い出してみれば、そのことがよく分かるはずです。

同じ家にいくら一緒に住んでいたとしても、お互いにエネルギーを与え合わないとしたら、一緒に暮らしている意味がありません。何かのためにエネルギーを注げば注ぐほど、それは価値を増して、大切なものとなるのです。

ある人たちは、自分では何もせずに、人からもらってばかりいますが、これはまことに残念なことです。世の中のバランスがこんなに崩れているのは、そのせいだと言えるでしょう。

例をあげてみましょう。ここに今、車椅子に乗った、からだに障害を持つ若い女性がいるとします。彼女は、手に入れられないものがあまりにもたくさんあるせいで、社会に対して深い恨みを抱いています。彼女はすべてを手に入れたいのです。そして、政府と社会が協力して、彼女の面倒を見るべきだと考えています。

彼女は、車椅子の上で孤立しています。それ以外にどうしたらいいのか分からないのです。状況にエネルギーを注げば、その同じ状況が内面的な豊かさを生むきっかけとなる、ということが、どうしても分かりません。社会と**神の計画**を恨み、憎むばかりで、他のことがまったく考えられないのです。

そういうわけで、彼女はますます不幸になっていくでしょう。このままでは、病気をあれこれと引き寄せ、からだの障害もさらに重篤なものとなっていくことは間違いありません。

## ＊エクササイズ＊

① これから数日のあいだ、一日の終わりに、自分のエネルギーのレベルに関して、どんなふうに感じているかを確かめてください。

② エネルギー不足を感じる日には、次の質問に答えてください。「他の人たちのために、エネルギーを使いすぎたのではないだろうか？」もし、そうだったら、「それは誰のために使ったのだろうか？」「他の人たちのためにエネルギーを使いすぎた結果、自分のためのエネルギーがなくなってしまったのではないだろうか？」だとしたら、あなたは、自分に対する愛のためではなく、他の人から愛されることを期待して、自分のエネルギーを使ったことになります。

③ あなたの感情を乱し、あなたのエネルギーを浪費させた状況に直面した時、あなたが本当に望んだのは何だったのでしょうか？　じっくり考えて、答えを書いてください。

④　あなたが本当に望んだことを、その時の相手と分かち合ってください。その際に、なぜそれを分かち合いたいのかを、きちんと説明してください。最初のうちは、自分が本当に望んだことが分からなかったり、相手に対する説明がぎこちなかったりするでしょうが、そういう自分を許してあげましょう。

⑤　以下のアファメーションを、できるだけたくさん、繰り返して行なってください。

**私は、自分の内にある偉大なエネルギーにもっと意識を向けます。そして、自分に対する愛をはぐくむことにより、そのエネルギーを、知恵をもって使うことができるようにします。**

第二部

# 〈精神体《メンタル・ボディ》〉の声を聞く

9章 エゴと傲慢さに向き合う

この本で、私は、しばしば〈エゴ〉に言及しています。では、〈エゴ〉の本当の意味とは何でしょうか？ それを以下に示しておきます。

〈エゴ〉は、時に〈小さな自分〉と呼ばれますが、要するに、私たちが〈自分〉だと思い込んでいる存在のことです。エゴは、私たちの〈記憶〉、特に私たちの〈思い込み〉から作られています。

〈エゴ〉とは、私たちの〈思い込み〉の総体からなっており、まことに多様な現われ方をしますし、私たちのためになるかならないか、ということを、いっさい気にしません。

エゴは、私たちの思い込みが増えるにしたがって大きくなっていきます。それらの思い込みは、私たちをコントロールしようとし、私たちの人生を自分の思いどおりにしようとします。そう、エゴはまるで、私たちの主人、私たちの神であるかのごとく振る舞うのです。エゴは、私たちをしっかり守り、そして、私たちに最高の振る舞い方を指南しているつもりなのです。

ところが〈エゴ〉は、私たちの〈思い込み〉に基づいて判断しており、しかもこの思い込みは、そのほとんどが、私たちの不快な経験に基づいて作られていますので、エゴは、私たちのニーズを聞いた上で、愛に基づいて判断するというよりも、むしろ恐れに基づいて判断することの方が多いのです。〈エゴ〉は、私たちの〈存在〉に由来するニーズを理解することができません。というのも、エゴは精神のレベルに属しており、〈存在〉のニーズはスピリチュアルなレベルに属しているからです。両者は、もともと次元が違うのです。

**〈エゴ〉は、私たちの問題を解決することができません。なぜなら、エゴとは、そもそも、私たちの問題そのものだからです。**生育の過程で、エゴはどんどん大きくなり、私たちはやがてエゴに飲みこまれてしまいます。そして、いつしか自分がエゴそのものだと思い込み、人生の決定権をすべてエゴにゆだねてしまうのです。

エゴがあなたの人生を支配し始めると、あなたはもはや自分自身ではなくなってしまいます。あなたは自分のニーズに耳を貸さなくなり、今という瞬間を生きることができなくなるからです。あなたは、過去を悔やむか、未来を心配するか、そのどちらかしかできなくなり、まったく身動きが取れなくなるでしょう。そうなれば、あなたの進化にはブレーキがかかり、あなたは新たなことに対して心を開くことができなくなります。

ネガティブな感情にとらわれている時、人生が難しく感じられる時、居心地が悪くて仕方ない時、あなたはエゴに支配権を譲り渡しているのです。ですから、できるだけ早くそのことに気づき、人生の主導権を取り戻さなくてはなりません。それを自覚することさえできず、いつまでもエゴに振り回されていてはいけないのです。

あなたがエゴに支配されればされるほど、あなたは自分だけが正しいと思い込むようになるでしょう。エゴは、みんなよりも自分の方が素晴らしい、自分の方が優れていると思うため、そこから徐々に〈傲慢さ〉が形づくられていきます。〈傲慢さ〉は、〈エゴ〉それ自体よりも有害なのです。あなたは傲慢な人たちを見たことがあると思いますが、彼らは強大なエゴに操られているのです。


ここで、〈エゴ〉と〈傲慢さ〉を区別するための例をあげてみましょう。

予定していた仕事を全部片づける前に休憩を取るのは悪いことだ、と思い込んでいる女性がいるとします。この女性が、すごく疲れたために、仕事の途中で休んだとしましょう。彼女は、たぶん罪悪感にかられ、休んでいる現場を誰かに見つけられるのをひどく恐れるでしょう。こうした状況はエゴが作り出したものです。エゴに主導権を渡してしまったために、彼女は恐れと罪悪感にとらわれ、居心地が悪く、幸せではありません。

さて、この〈エゴ〉が〈傲慢さ〉に姿を変える時があります。それは、彼女が、自分の〈思い込み〉を他者に押しつけ、自分の行動様式を他者に強要する時です。さらに、仕事の途中で休憩している他の人たちを批判し始めるときです。その時、彼女は、自分が良いことをしている、正しいことをみんなに教えてあげているのだ、と思い込んでいます。

これで、〈エゴ〉が〈傲慢さ〉に変わる時のことが分かったと思います。傲慢さは、エゴ以上に人間関係を破壊するのです。

さて、〈傲慢さ〉について語ろうとすると、いやがる人がほとんどです。私は今まで、傲慢さを本当に克服した人に会ったことがありません。

傲慢さは恐れの裏返しであるわけですが、また同時に、人間がもともと完全であるという事実からも来ています。人間は、自分の中に、神に由来する完全さが存在していることをどこかで知っているのですが、その完全さを必ずしも適切に表現しているとは言えないのです。むしろ、他者を攻撃することによって自分の正しさを証明しようとすることの方が多いでしょう。

傲慢さは、また、特に左脳的知性を発達させた人によく見られます。傲慢な人は、常に自分が正しいと考え、まわりの人が間違っていると考えるものです。勝利者は自分のみ、と考えるのです。

傲慢さが付与すると考えられているパワーは、本当は幻想に過ぎません。なぜなら、傲慢な人は、最後には必ず失敗するからです。

傲慢さは、人間にとって最も手ごわい疫病神なのです。傲慢さから、恨みや憎しみが生じ、人と人がいさかい、民族間の争いが生じ、国家間の戦争が始まります。傲慢さが権力への志向を生み、心を硬化させ、同胞への愛を失わせるでしょう。

傲慢な人は、常に自分だけが正しいと考えます。他者を変えようとするのは、一種の傲慢さだと考えられるでしょう。

あなたがもし、心の中で、自分の方が正しくて相手は絶対におかしい、間違っている、と考えているとしたら、おかしいのはあなたの方です。そのままでは必ず痛い目を見るでしょう。

もしあなたが傲慢さをそのままにしておくとしたら、あなたは必ず多くを失うことになるでしょう。**傲慢な人は、人を愛せないがゆえに人間関係で失敗し、さらに健康と幸福を失います**。ですから、傲慢さは絶対に、割に合いません。

傲慢な人ほど、自分が傲慢であることを知りません。うぬぼれがはなはだしいため、傲慢な人に傲慢であることを教えようとする試みは、すべて、必ず、失敗するでしょう。傲慢な人は、絶対に自分の傲慢さを認めようとしません。

傲慢な人は、自分に異議を唱える人を容赦せず、自分におもねる人だけをそばに置きたがります。傲慢な人が良いことを行なう場合、心ひそかに人にほめられようと思って行ないますので、必ず悪い結果がもたらされます。これほど多くの人が、最初は良き意図をもって物事を始めるにもかかわらず、最後は成功せずに落ちぶれてゆくのは、その途中で傲慢さが勝利を占めるからなのです。

傲慢さには二種類あります。**精神的なレベルの傲慢さ**と、**スピリチュアルなレベルの傲慢さ**です。

精神的なレベルの傲慢さは、自分はすべてを知っていると考える人に特有の傲慢さです。誰かがその人の知識を疑おうものなら、さっそく傲慢さが浮かび上がってきて、その人は自分の見解を押しつけるための果てしない戦いを開始するでしょう。

傲慢な人を見分けるのは簡単です。傲慢な人は、押しつけがましい感じで、早口に、そして声高に語ります。絶対に自分が正しいと相手に認めさせようとします。そのためならどんな手段でも取るでしょう。そして、相手が「そうですか、分かりました」と言うまで執拗に食い下がるので、本当に手に負えません。

傲慢な人を見分けるもう一つの指標は、「ああ、それなら知っていましたよ」というセリフです。彼は何でも知っているのです。でも、もし本当に何でも知っているのなら、どうしてそれを強調するのでしょうか？

あなたはどうでしょうか？「ああ、それなら知っていましたよ」と言っていませんか？　その場合に興味深いのは、知っていたかどうかを知っているのは、あくまでもあなただけということです。

もし、「ご存じでしたか？」と聞かれてそう答えたのなら、それはまた別のことです。あなたは質問に答えただけなのですから。ただ、聞かれもしないのに、「ああ、それなら知っていましたよ」と言うとすれば、それは傲慢さの証拠にほかなりません。

また、傲慢な人は、自分を変えることができません。傲慢な人は、私たち一人ひとりの中に神がいることを認めようとしません。人を許すことができず、気持ちや感情をありのままに表現することができないのです。自分に対して誠実であることができないため、つまり素直であることができないために、霊的な成長の道を進むことができません。もちろん、そうしたことに関する本を読むこともないでしょう。

あなたが人を恨んでいる時、また恨んだことをその人に謝れない時、その人の言葉や態度に愛を見ることを怠った時、そういう時、あなたは傲慢になっているのです。

その時、あなたの心の中では、こんなセリフがつぶやかれているに違いありません。「もし私が謝ったら、相手が正しくて、私が間違っていたということになってしまう！」

傲慢さというものを、あなたの外側に存在している、人格を持ったエネルギーだと考えてみましょう。そのエネルギーは絶えずあなたを支配しようとしています。

あるいは、あなたの頭の中で、常に、あなたにささやきかけて邪魔しようとしている声だと考えてみましょう。そして、今後は、この〈エネルギー〉や〈声〉に主導権を渡さず、あなた自身があなたの人生の主人公になるのだ、と固く決意するのです。

あなたに絶えずささやきかけ、あなたの生き方を邪魔してくるこの声に、超意識につけたのと同じように名前をつけてみましょう。**カンタ**（CANTA）というのはどうでしょうか？

あなたの心の中に傲慢さが姿を現わすたびに、こう言うのです。「**カンタ**よ、出て行きなさい。君を呼んだ覚えはない！」そして、「さっさと帰りなさい！」と言うのです。

これは効果絶大です。傲慢さが頭をもたげ始めると、あなたは自分自身ではなくなるでしょう。あなたは内なる神を表現することができなくなるからです。ですから、決して傲慢さに負けてはなりません。

あなたの傲慢さは、あなたの中に居座り続けるためなら、どんなことでもするでしょう。傲慢さをコントロールしようとし始めた瞬間に、それはあなたに襲いかかるでしょう。何週間にもわたって、執拗にあなたを攻撃し続けるに違いありません。私の個人的経験から言うと、あなたがもし今日、傲慢さをなくそうとし始めたなら、これから三週間は大変なことになるでしょう。でも、それ以降は、だいぶ楽になり、すべてが良い方向に向かうはずです。

あなたの傲慢さは怖がっているのです。それはちょうど、いつもトラブルを持ち込んであなたを悩ませる隣人のようなものです。今までは、一日のうちいつでも、その人が来ればドアをあけていましたが、もう今日限りでそれをやめることにしました。そして、こう言ったのです。

「もう、あなたの話は聞きたくありません。明日からは、うちに来ないでください」

すると、その人はパニックになります。ストレスを解消する場がなくなってしまうからです。その人は、あなたからもう来てくれるなと言われたにもかかわらず、なおもしつこくやって来るでしょう。あなたが本気なのかどうかを確かめようとするのです。

傲慢さに関しても、まったく同じことが起こります。しばらくのあいだは、あなたの中に居場所を確保しようとするでしょう。でもそれも時間の問題です。やがて来なくなるでしょう。でも、それには、あなたは一歩も引き下がることなく戦い続ける必要があるのです。

傲慢さをやっつけるには、ものすごく意識的にならなければいけません。それほど、傲慢さというのは手ごわいのです。きわめて意識的にならなければ、自分が傲慢であるということすら分かりません。

何世代にもわたって続いてきた傲慢さは、そう簡単には引き下がってくれません。毎日、小さな勝利を重ねることによって、最終的な勝利を得るしかないのです。それには、〈愛〉を実践するのがいちばんでしょう。

**傲慢さ**というのは、あなたの〈低位の自我〉、つまり〈エゴ〉から出るものです。それに対して、

**思いやり**というのは、あなたの〈高位の自我〉、つまり〈魂（＝真我）〉から出てきます。あなたが魂とのコンタクトを深めれば深めるほど、傲慢さは消えてゆくでしょう。

さて、次に、スピリチュアルなレベルの傲慢さについて語ってみましょう。スピリチュアルなレベルの傲慢さには、本当に注意する必要があります。なぜなら、あなたがスピリチュアルな面で成長すればするほど、そして意識を拡大すればするほど、実はスピリチュアルなレベルの傲慢さに、足をすくわれる危険性が高くなるからです。

人間は、スピリチュアルな面で成長すると、どうしても他人よりも自分の方が優位に立っていると思いがちです。自分は特別な人間だと思い始めるのです。

「私は彼女よりも優れている。彼女は、まだ私ほど悟っていない」

こんなふうに考え始めるのですが、これこそが、スピリチュアルなレベルの傲慢さと言われるものなのです。

私は、スピリチュアルな面で非常に進んだレベルに達した人たちを数多く見てきました。しかし、彼らが、自分は特別な人間なのだ、まわりの人間とは違うのだ、と思い始めた瞬間から転落が始まるのを、しばしば目撃してきました。

意識が拡大して気づきのレベルが一段と上がった時が危ないのです。あなたの心境が高まったからといって、それで他の人の存在があなたより劣っている、ということにはなりません。

もしあなたが、自分よりも他人の方が人間的に小さい、と考えたとすれば、あなたは、他人がネズミで自分はゾウだと考えているのです。

でも、動物として、ゾウの方がネズミよりも優れているのでしょうか？　もし、優れている、と考えたとしたら、あなたはきわめて危険な領域に足を踏み入れつつあります。それは、「**自分は神だが、他の人は神ではない**」と言っているのと同じだからです。《自然の法則》は、**人間一人ひとりが神である**、と言っているはずなのに。

傲慢さがなぜ、やっかいであるかといえば、あなたが傲慢になると必ず、相手の中に隠れている傲慢さを引き出すことになるからです。傲慢な人間が二人向き合ったらどうなるでしょうか？　結果は常に、〈二人の敗者〉の出現です。

自分の傲慢さを統御したいと思うのであれば、相手が自分の正しさを強固に主張し始めた時に、あっさりとこだわりを捨てることです。その時、その人は、自分が正しいことを確信しているのです。あなたが自分の真実を良しとしているように、その人も自分の真実を良しとしているのです。どちらが正しいのでしょうか？　二人とも正しいのです。ですから、争うだけ無駄でしょう。

あなたがその人の〈真実〉を心の中で認めればよいのです。そして、自分の〈真実〉も同様に心の中で認めればよいのです。その上で、もし可能ならこう言うとよいでしょう。

「分かりました。あなたの見解は私のとは異なっており、私にはうまく理解できませんが、それでも私はそれを受け入れます。あなたにとって、その見解はとても大切なものだと思うからです」

こう言えば、いさかいは避けられるでしょう。傲慢な人は、常に自分が勝ちたいのです。自分が正しいと思いたいのです。負けたのは相手だと考えたいのです。今、あなたも相手もそう考えているはずです。だとしたら、そのように言うのがいちばんでしょう。そういうふうに言えば、相手は少なくとも自分が負けたとは思いません。また、あなたも負けたわけではないのです。これで、血みどろの戦いは避けられるでしょう。

あなたがもし、相手に合わせようとして無理に自分の考えを変えたとしたら、それは、あなたが相手に服従したことになり、やはり二人とも〈敗者〉になります。あなたは、無理に相手に服従したことで相手にエネルギーを奪われ、相手は不当なやり方で〈権力〉を手に入れたことになるからです。不当な方法で権力を手に入れた人は、決して〈勝者〉とは言えません。

私たち人間は、他者からエネルギーを奪い取るべきではないのです。エネルギーは自分自身の内部から得るべきなのです。傲慢さによって他者を服従させた人は〈自動的に〉敗者になります。

傲慢さの対極にあるのが謙虚さです。でも、気をつけてください。多くの人が、恐れをカムフラージュしているだけなのに、自分を謙虚だと考えています。彼らは、実際には弱いだけなのです。

彼らは負けることを恐れるあまり、自分から進んで屈服しているのです。ためしに彼らに権力を与えてごらんなさい。たちまち狂暴な専制君主と化すでしょう。彼らは謙虚なのではありません。自己卑下を謙虚さと取り違えているだけなのです。

また、自分を無価値と見なし、自分の長所も才能も認めない人たちがいますが、彼らをほめると面白いですよ。それこそ、必死になって否定しますから。彼らも一見すると謙虚に見えますが、それはやはり本物の謙虚さではありません。それは傲慢さの裏返しなのです。傲慢さはしばしば、偽善、虚栄、権力志向、その他、人間のためにならない多くの煩悩を生み出します。

偽善には二つのタイプがあるでしょう。一方は、本当は偉大なのに凡庸な人間として振る舞うタイプ。もう一方は、本当は凡庸なのに偉い人間として振る舞うタイプ。一方は自己卑下、もう一方は虚栄です。

傲慢な人間が死んだ後にどうなるかを、ぜひとも傲慢な人に知っていただきたいものです。霊界に帰ったらどうなるか、そして次の転生でどうなるかということを知ったら、とてもではありませんが傲慢であり続けることなど不可能です。

詳細は、フランスのアラン・カルデックが創始した〈霊実在主義《スピリティスム》〉（フランス・スピリチュアリズムの中心的な流れで、『天国と地獄』、『霊との対話』という本に死後の世界のことが非常に詳しく語られている——訳者注）にゆずりますが、傲慢な人は、死んでから、本当に過酷な経験をするのです。だからこそ、今すぐにでも傲慢であることをやめなければなりません。

今、仮にあなたが誰かを助けたとします。でも、その人はあなたに感謝しているようには見えません。あなたには、ありがとうの〝あ〟の字も言わないくせに、みんなに向かって、自分の力でその苦境を脱したのだ、そして見事に人生を立て直したのだ、と言いふらしています。

さあ、あなたの反応はどうでしょうか？　失望しましたか？　あなたのおかげです、と言ってもらいたかったですか？　でも、感謝されたいと思うのも、ある意味では傲慢さの現われなのです。

ここまで読んできて、あなたは自分がどれほど傲慢であるかに気づき、たぶんものすごく驚いたことでしょう。でも、私の目的は、単にあなたを驚かせることではなく、あなたにもっと〈意識的〉になっていただくことなのです。

もし、自分が傲慢な人間だと気がついたとすれば、あなたは素晴らしいチャンスを手にしたことになるでしょう。なぜなら、あなたが人を愛することができなかったのは傲慢だったからだ、という事実に気づくことができるかもしれないからです。

人間というのは、心が固くなると、肉体的にはさまざまな〈硬化症〉に見舞われます。現在、ますます多くの人がこの硬化症にかかるようになっています。心が固くなるのは、傲慢だからなのです。

こうした人たちは、ハートを開いて人を愛する、ということを学ぶ必要があるでしょう。自分自身に対して、また他者に対して、もっとやさしくなっていただきたいのです。

〈精神体〉は、自分や他者を低めるためではなく、高めるためにこそ使うべきなのです。正しいか正しくないか、ということばかりを気にするのではなくて、単純に、誠実に、素直に生きてみてください。その結果得られる幸福の素晴らしさに、たぶんあなたは驚くことになるでしょう。

あなたと誰かがいまだに目に見えないロープで結びつけられていることに気づいていながら、それを切るのをためらっているとしたら、それはあなたが傲慢だからです。

許しを乞い、相手に愛の行為をほどこすというのは、決して勝ち負けの問題ではないのです。ロープで結びつけられている者どうしは、お互いに完全な存在であり、それぞれ、自分にできる最大級のことをしたのです。ただ、愛が、うまく表現されなかっただけなのです。

前に進むためには、当事者のいずれかが心を開き、傲慢さを手放さなければなりません。それこそが、私たちが他者に対してなしうる最高の善なのです。

頭で考えて話をする、というのは傲慢な人間のすることです。こちらが頭で考えて話せば、相手も必ず頭で考えて答えを返します。ハートからの反応は決して期待できません。

すべては、結局、愛があるかどうかということに行き着くのです。愛のこもった行為は、すべてを良い方向に変化させ、必ず問題を解決するでしょう。愛には素晴らしい癒しのパワーがあるからです。愛は、〈物質体〉、〈精神体〉、〈感情体〉、〈霊体〉のすべてを癒します。

傲慢さの背後には必ず恐れが潜んでいます。愛されないのではないかという恐れ、見捨てられるのではないかという恐れ、裁かれるのではないかという恐れ、批判されるのではないかという恐れ、何かを、または誰かを失うのではないかという恐れ、そうしたさまざまな恐れが原因となって、私たちは傲慢に振る舞うのです。

傲慢な人の相手をすることになった場合、その人のそうした振る舞いの原因になっている恐れや苦しみを、すべて理解してあげるようにしましょう。もしかすると、その人は、あなたを強引に変えようとするかもしれません。あるいは、権威的かつ断定的な態度であなたを圧倒しようとするかもしれません。でも、そうした表面的な態度にまどわされないでください。その人は、本当は、たぶんあなたよりずっと怖がっているのです。頭を使って同じような調子で返事をしないようにしましょう。相手の苦しみが分かれば、そのハートにやさしく接することが可能となります。

## ＊エクササイズ＊

① この章を終えるにあたって、この数日間を振り返ってみましょう。あなたの家族、またはごく親しい人に対して、どのような接し方をしたかを、思い出せる限り書き出してみましょう。どんな思いを持ったか、どんな言葉を発したか、どんな態度を取ったかを思い出すのです。どうか正直に書いてください。だれもそれを見ないのですから（もしそうしたいのなら、この作業が終わった時点でその紙を破り捨てても結構です）。

② 書き終えたら、その項目を一つひとつよく検討して、あなたがどれくらいの回数、傲慢に振る舞ったかを確認します。「私の方がよく知っている」というのは精神的なレベルの傲慢さ、「私の方が優れている」というのはスピリチュアルなレベルの傲慢さです。ただし、これらの二つの傲慢さが、右にあげた言葉の通りに現われるということは、すごくまれです。むしろ次のような言葉として現われるでしょう。「あなたはこんなことも知らないの？」、「どうしてそれができないの？　すごく簡単なことなのに」

③ このエクササイズは、あなたに罪悪感を持たせるために作られたのではありません。そうではなくて、あなたに、より意識的になってもらうためです。そして、自分が今、どの辺にいるのか、したがってどの方向に向かうべきなのかを、あなたに知ってもらうために作ったのです。

④ 自分の傲慢さゆえに、健康、心のやすらぎ、対人関係、幸福、他者に対する愛などが、どのく

らいそこなわれたかを自覚しましょう。あなたはそうしたツケをこれからも払い続けるつもりですか？　あなたがここまでページを読み進められたのであれば、あなたはきっと、自分と正面から向き合い、自分が本当に必要としていることをつきとめようと決意しているはずです。

⑤　スピリチュアルな面で向上しようとしたら、傲慢さと向き合うことは、どうしても避けて通れない道です。あなたの変化が人生に何をもたらすかを注意深く観察してください。リストが完成したら、その中から一つ項目を選び、そして、相手の人に謝る必要があるのなら、勇気を出して謝るようにしましょう。あなたがそのとき傲慢になっていた、ということを率直にその人に説明するのです。そのとき話をしていたのは本当の自分ではなかったこと、傲慢さに支配されていたために本心から話していたのではなかった、ということを正直に言いましょう。そして、これからは自分を変えるように努力するので、すぐにその効果が出るかどうかは分からないけれど、どうか暖かく見守ってほしい、とお願いするのです。これは愛に基づいた行為なので、必ずあなたに良い結果をもたらすでしょう。どうか、その点に関しては、私を信じてください。

⑥　以下のアファメーションを、できるだけ繰り返して言うようにしてください。

**私は、まず自分の傲慢さを受け入れます。そして、今日から少しずつその傲慢さをなくすように努力します。**

**毎日、私の中に、そして、私のまわりの人たちの中に、神を見るようにします。**

## 10章　善悪の価値観にこだわりすぎない

はるかな昔から、善・悪の図式が世界を支配してきました。

しかし、残念なことに、善・悪の区別がなされたのは、人間の神聖な面によってではなく、人間の人間的な面によってでした。つまり、**悪**というのは、人間の**恐れ**に由来するのです。

**ある人が何かを悪と見なすと、それは自動的にその人にとって悪になります**。だから、〈人間は、自分が思うところのものになる〉と言われるのです。

しかし、別の人から見れば、その悪は善と見なされるかもしれません。つまり、それぞれの人間の認識の仕方によって、同じことが善にも悪にもなりうるのです。

**実際には、悪と見なされるものも、すべて、神の計画に含まれています。それは、地上において人間が進化するための方便として、その存在が許されているのです**。

例をあげてみましょう。ここに男性がいます。彼は、冬の朝、太陽の光を浴びながらジョギングすることを習慣としています。その時、上半身は裸になりますが、彼は、それをからだに良いことだと思っているのです。

空気は冷たいのですが、からだの底から元気が湧いてきます。太陽の光をからだに浴びるのが好きなのです。走っているあいだ、寒さは全然気になりません。ジョギングをした後、一日じゅう、活力に満ちて過ごします。

ところが、彼がジョギングしている最中に、散歩している人に出くわしたとしましょう。散歩をしている人は、彼が上半身裸なのを見て、びっくりします。そして、たぶんこう思うでしょう。

「なんてことだ！　あんなことをしていたら風邪をひくぞ」

この散歩者が同じことをしたら、きっと風邪をひくに違いありません。この人は、上半身裸でジョギングすることを悪と見なしたのです。

こうした善・悪に関する例は、枚挙にいとまがありません。

たとえば、普通、食べることは善とされています。私たちは、肉体を養い、肉体にエネルギーを与えるために、いろいろなものを食べます。

では、食べるのが善ならば、すごくたくさん食べるのも善なのでしょうか？　いいえ、そうではありません。食べすぎは誰にとっても良くないのです。肉体に過度の負担をかけるからです。

善・悪の区別は、人間が考えたことに過ぎません。あなたは一日のうち、どれくらいの時間を、善・悪を気にしながら過ごしていますか？　本当はそれをしたいのだけれども、他人に何と思われるかが気になって、それをするのをしぶしぶやめる、ということがずいぶんあるのではないですか？

自分にとって楽しいと思われることをしない時、私たちは〈習慣〉の奴隷になっています。そういう時、私たちは、外側にある基準で自分の行動を規制しているのです。

たとえば、朝食を食べるのは良いことだと考えられています。それは良いことだと、**みんな**が言っているからです。しかし、朝、食事をするのが、どうして良いことなのでしょうか?

たしかに昔の人たちにとって、それは良いことだったのでしょう。私たちの先祖たち、祖父母たちは、農業をしていたので朝早く起きていました。三時か四時には起きていたかもしれません。したがって、八時ごろになればおなかがすごくすくので、その頃に充実した朝食をとるのは理にかなったことだったのです。

その時代の人たちは、エネルギーは食事によってしか得られない、と考えていました。〈考え方〉によってもエネルギーは得られる、ということを知らなかったのです。まだ意識のレベルがそれほど高くなかったからでしょう。

朝、食事をとるというこの考え方は、私たちの両親に引き継がれました。確かに、起きてすぐ朝ごはんを食べるというのは、ある人々にとっては大切なことでしょう。でも、そうではない人たちもいます。朝起きた時、昨晩の食事がまだ充分に消化吸収されていない人にとって、さらに朝ごはんを食べるのは、からだに余計な負担をかけることになるのです。からだが欲してもいないのに、さらに消化し、吸収し、排泄することを強《し》いるからです。

ところであなたは、不安や罪悪感など、ネガティブな感情を引き起こす状況に、ずっと身をおいていたいですか？　そうではありませんね。そして、あなたは、そういう状況を〈悪〉と見なすはずです。あなたは、自分が〈悪〉と見なす考えや行動を避けようとしますが、それは、それらを避けないと自分が苦しくなるからです。

**罪、サタン、悪魔、悪霊**といった言葉は、人間の精神のレベルの問題です。一方、**神は愛であり、神は完全であり、神は遍在しています**。

**悪魔**や**罪**のことをあなたに吹き込もうとする人がいたら要注意です。あなたに恐れを教え込もうとしているからです。いったい、神が、あなたを怖がらせようとすると思いますか？

神は正義なので、そういうことはしません。**神は、あらゆる人間を愛している**のです。

私たちは、恐れから解放され、やすらぎに満たされて生きることを望んでいますし、またそのように生きるべきでしょう。

人間が代償を支払う必要があるのは、大宇宙を支配している《自然の法則》に反した時だけです。**善・悪**の問題ではなく、**《原因と結果の法則》**が働いているだけなのです。

この原因と結果の法則のおかげで、私たち人間は、いろいろと学び、意識を進化させることができます。私たちが〈失敗〉を犯すことはありえません。あるのは〈経験〉だけなのです。

**失敗**という言葉も、人間が発明したものです。

もし、サタン、罪、悪、失敗、ごまかし、といった言葉が存在せず、辞書に載っていないとしたら、どれほど素晴らしい世界になっていたでしょうか？　人間によって発明されたこれらの言葉は、もうずいぶん長いあいだ、人間に受け入れられてきました。

ある人々は、自分の方が神よりも自然の法則を知っていると思って、自分自身で法則を創り出しました。しかし、もちろん、それは権力への意志につき動かされてのことでした。それ以来、人類は、そうした法則＝言葉に毒され続けてきました。

しかし、現在、意識のレベルが上がってきたために、人類は、時の始めに存在していた、すべてが無垢で完璧だった時代に戻りたいと願っています。その頃、人類は自然と調和して、完璧な意識状態にあったのです。そして、完全な調和こそ、唯一のあるべき姿なのです。

私たちの外にある価値観、方法論、習慣、原則といったものをあまりにも重要視した結果、私たちはそうしたものに生き方を支配されるようになりました。でも、そろそろ立ち止まって、自分自身の内にある価値観に従って自分を判断してみてはどうでしょうか。

外側の価値観は、あなたのやりたいことを支援してくれますか？　外側の価値観は、あなたを本当に幸せにしてくれますか？　あなたは本当に外側の価値観を信じているのですか？

私たちの外側にある価値観、方法論、習慣、原則は、私たちを善・悪の基準に従わせようとします。それらは、私たちの欲求を制限し、そのために、心の中にさまざまな葛藤を頻繁に生じさせるでしょう。「それは良くないことだから、やってはいけない」と考えて、自分の欲求を抑えるのです。でも、それで欲求が消えて心がやすらぐわけではなく、いっそう激しい葛藤状態におちいるだけです。

これは、〈我《が》の強い人〉たちに特有の、やっかいな症状です。彼らは自分の中の、子どもらしい、生き生きした面を抑圧してしまうのです。

我の強い人たちに共通していることがあります。それは、思い込みが激しいという点です。そして彼らはとにかく人を変えようとします。彼らは善・悪の観念に非常に強く支配されており、だからこそ、他の人をありのままに受け入れることができません。

真実は、各人の意識のレベルに応じて異なるでしょう。そして、それぞれ、自分の考えていることこそが真実だ、と思い込んでいるのです。でも、それぞれが自分の進化のレベルで生き、考えている〈真実〉というのは、とても相対的なものです。これもまた、人間が創り出したものだからです。のですから、誰が良くて誰が悪いということは一概に言えないのです。

一人ひとりが、自分自身の進化の道を進んでいます。ですから、人を変えようとするのではなく、人をありのままに受け入れるようにしましょう。一つひとつの経験が新たな学びをもたらし、したがって、変容を、進化をもたらすのです。あなたも、自分の人生を進むに従って、変容を経験することになっています。

あまりにも善・悪にこだわりすぎると、あなたは、自分自身に対しても、また他人に対しても、厳しすぎる接し方をするようになります。もしかしたら素晴らしい時間を過ごすことができたかもしれないチャンスを、逃してしまう可能性もあるでしょう。

あなたは他人を裁き、批判してばかりいるので、自分自身の生き方がなおざりになり、自分のために何か楽しいことをしてあげることができずにいます。そんな人はどうなると思いますか？　そんな人は、やすらぎを感じることができず、しょっちゅう激しい感情にさらされ続けるでしょう。

あなたが他人をこうしたいと思っている時、実は、自分をそうしたいと思っているのです。

あなたは自分が何か悪いことをした時、どんなふうに感じますか？　自分を受け入れられないでしょう。自分に対して怒りを感じるでしょう。自分を非難し続けるでしょう。

あなたはその時、《自然の法則》、つまり《愛の法則》に反したことをしているのです。なぜなら、**愛の法則は、自分自身をありのままに受け入れなさい、と言っている**からです。

あなたは、それが自分のために良いと思ったから、今の生き方や習慣を受け入れてきました。でも、それは、本当にあなた自身が決めたことですか？　それとも、何か、外部の要素に影響されてそう思うようになったのですか？

たとえば、**睡眠**について考えてみましょう。

一般的に、八時間は眠るべきだ、と言われています。しかし、誰がそう決めたのですか？

あなたは、本当は何時間眠ることを必要としているのでしょうか？　あなたのからだは眠りたい時に眠るのであって、時計の針に従って眠るのではありません。

ある人々は、毎晩、同じ時間だけ眠らなければならない、と思い込んでいるので、決まった時間に寝るようにしています。

しかし、変化の激しい現代においては、そういう生き方は時代に即していないのではないでしょうか？　なにしろ、毎日が違っているのですから。

その日に何をして、どれだけエネルギーを消費したかによって、眠る時間を変えてもよいのです。昔の人々は、ほとんどが農業にたずさわっていたので、一年後の同じ日に何をするかということが分かっていました。彼らの人生は時計のように規則的だったのです。彼らは夜になると早くベッドに入り、一晩たっぷりと寝たのです。

多くの人が、かつての時代に戻りたいと思わないのに、生活様式だけは、かつてのそれを、教えられたままに踏襲しています。だから、生活がぎくしゃくするのです。過去に生きるのではなくて、現代らしい生き方をすることが大切です。

ベッドに入る前に、自分は本当に眠いのだろうか、と自問するとよいでしょう。もし疲れているだけであるのなら、眠ることよりもむしろ休むことの方が大切です。その場合には、自分の感覚に従って休むようにしましょう。それは、音楽を聴くことだったり、お風呂に入ることだったり、キャンドルを灯《とも》してリラックスすることだったり、散歩をすることだったり、パズルをすることだったり、あるいは踊りに行くことだったりするかもしれません。いずれにしても、何をすればいちばん休めるかを知っているのは、あなた自身です。

疲れたら、休めばよいし、眠くなったら（まぶたが自然に閉じそうになったら）、眠ればよいのです。おなかがすいたら、食べればよいのです。

大切なことは、**からだの言うことに耳をすます**、ということです。**人が何を言うか**、を気にするのではなくて、**あなたが何を必要としているか**、を知って、それを満たすことです。

朝起きる時も同じです。あなたのからだが朝の六時に目を覚ましたとしましょう。その時、起きるにはまだ早すぎる、と思ったとしたら、あなたはからだの言うことを聞いていません。からだが目覚めたということは、もう起きる時間だということです。こういう時は、さっさと起きて、やりたいことをやればよいのです。あとで眠くなったらまた眠ればよいし、休息をとることだって可能なのですから。

からだが必要としている以上に眠ると、関節が硬直したり、背中が痛くなったりするかもしれません。そもそも寝坊をすると、一日が有効に使えません。

私たちは、本当にそれが必要なのかどうかも考えずに、漫然と習慣に従っていることが結構多いものです。

たとえば、いつもテーブルの同じ位置に座る、いつも同じ姿勢で眠る、バカンスでいつも同じ場所に行く、一週間の内で決まった曜日に掃除をする、あるいは同じ曜日に買いものに行く、同じ時間に食事をする、毎週日曜日に義理の母親に会いに行く、一日に一度母親に電話をする、などなど。

中には、「こんにちは、ごきげんいかがですか?」と言うと、毎回同じ愚痴を繰り返す人さえ（!）います。

あなたには、いつも子どもにこうしなさい、ああしなさいと言っていませんか?　配偶者が仕事から帰ってくると、必ず愚痴をこぼす、ということはありませんか?　自分をよく振り返ってみましょう。あなたにはどんな〈習慣〉がありますか?

あなたが習慣を多く持っていればいるほど、あなたは善・悪の基準に、より強く縛られていることになります。これは善である、あれは悪であるという決めつけから自由になり、心の柔軟さを増すことによって、あなたが経験することはどんどん増え、その経験を通してさらに多くのことを学べるようになるでしょう。

殺人を犯したり暴力を振るったりすることは、おそらくあなたの目には悪と映るでしょう。でも、ここでも、条件反射的に善・悪の判断をするのではなくて、まず相手を理解するという方向で考えてみましょう。

彼らには、そうした経験を通して、何か学ぶべきことがあったのかもしれません。何をするかは、その人が決めるべきことで、あなた、または他の人が決めることではありません。その人が何を考えているかは、他人には完全には分からないものです。もし彼らが、《自然の法則》や《愛の法則》、また《自己責任の法則》に反したとしても、その結果を刈り取ることになるのは、あくまでも彼ら自身です。そのことを忘れてはなりません。

**私たちは、自分の行為に関してだけでなく、自分の行為の原因となった思いに関しても、その結果を刈り取ることになっています。**

刈り取ったものが良いものだとしたら、それは蒔いた種が良かったからです。それをあなたは知っているでしょう。

**心に曇りを作らないで最も効率よく学ぶには、いついかなるときも、あなたはその時点で自分にで**

**きる最良のことをしている、と知ることです。**つまり、**あなたが今までしてきたことは、すべてベストだったのです。**

ここで少し距離をおいて、あなたがこれまで〈間違い〉と見なしたものを検討してみましょうか。

あなたがその〈間違い〉を犯している最中に、あなたはその事実に気づいていましたか？　そうではなくて、あとになって、もっと別なやり方をしていればもっと良い結果が出たはずだ、と気づいたのではありませんか？　その行為が完了しつつある時、あなたは、その行為を良しとしていたはずなのです。だとしたら、どうしてそれを今さら否定するのですか？

これは、あなただけではなく、すべての人に当てはまることです。**いついかなる時も、人間は、その時点で自分にできる最良のことをしているのです。**それが分かれば、あなたは、**人間一人ひとりの中に神を見ている、**ということになるでしょう。**神は完全だからです。**

ただ、時に、私たちがまったく自分をコントロールできなくなる場合があります。たとえば殺人を犯す時のように、何かに、あるいは誰かに取り憑かれて、陰惨な行為にどうしようもなく駆り立てられてゆく、ということがあるのです。

こういう時は、実は、その人は自分自身ではなくなっています。何か目に見えない力の支配下にあるのです。

人間は、自分のまわりに常に存在している、そうした目に見えない力と戦う必要があるでしょう。それは、地上での学びの一部をなしているからです。

あなたが自分を統御すればするほど、あなたは、他の人、まわりの出来事、または目に見えない存在からの影響を受けなくてすむようになります。

あなたは、これまで、次のような言葉で表わされるような状況を経験したことがありませんか。

「どうしてそんなことをしたのか、自分でもよく分かりません。何か自分より強いものに、そうさせられたような感じです」

そういう経験をしたことがあるのは、実は、あなただけではありません。

ただ、自分を統御できるようになればなるほど、そうしたたぐいのことは少なくなるでしょう。でも、そうしたことをしでかしてしまった人を単に非難したところで、何の意味もありません。

**人間一人ひとりは、いついかなる時も、自分にできる最高のことをしている、つまり、いついかなるときも完全である、ということが本当に分かると、人生は今よりもはるかに快適なものとなります。**

自分が思ったとおりの完全なことができなかったと自分を裁くたびに、あなたは、大学生のお姉さんのように作文が書けなかったと言って自分を責めている、小学一年生の女の子みたいなことをしているのです。

この子は、小学一年生として、自分のベストの作文を書いたのです。先生はそのことをよく知っているので、それに応じた点のつけ方をするでしょう。大学生のお姉さんの作文と比べたりはしないものです。そんなことをしたからといって、その子がもっと上手に作文を書けるようにはならないことを知っているからです。

ただし、その子が大学生になっても同じような作文を書いていたとしたら、それはそれでまた別の問題となるでしょう。

たとえば、自分の行為が自然の法則に反しているということが分かったのに、それをやめようとせずに同じことを繰り返す、という人がいれば、その人は右の子と同じなのです。その場合、ツケは自分で払うことになります。

あなたは常に自分にできるベストのことをしているのですから、自分が完全であるということを認めなければなりません。問題視すべきなのは、自分のためにならないとはっきり知っているにもかかわらず、あなたがその行為を繰り返し行なう時だけです。その時は、必ず、手痛いしっぺ返しを喰らうことになるでしょう。

自分自身について意識的になればなるほど、私たちは、自分のためにならないことはしなくなるものです。その方が、自分自身、また、まわりの人にとって良い結果となることが分かるからです。

人生では毎日新しいことが起こり、それらのおかげで、あなたはさらに進化していけます。自分にとってそうであるのなら、それは他人にとってもそうなのです。

だとしたら、あなたにはもう、他人を裁き、非難し、糾弾し、恨む理由がまったくなくなります。そうなると、あなたはどれほど大きなやすらぎを得ることになるでしょう。

どうですか？　すべてはあなたの人生をより良いものとするためだけに起こる、ということが分かりましたか？

地上というのは、一種の大きな学校であり、あなたはそこで順々に上のクラスに進級してゆきます。各人がそれぞれ自分にふさわしいクラスに属しており、そのクラスの生徒として、できるだけのことをしているのです。ある人たちはまだ幼稚園におり、その幼稚園にさえ入っていない人たちもいます。大学院に行っている人たちもいます。それぞれが、それぞれのクラスで勉強しているのですから、ある人がある人よりも優れている、と考えることには意味がありません。

小学校一年のクラスにいる人は、そこで精一杯のことをしており、大学一年の人もまた、そこで精一杯の努力をしています。小学生は大学生よりも能力が低く、知識も少ないのですが、小学生の中には、大学生よりも努力している人がいるかもしれません。どうして誰かを裁くことなどできるでしょうか？

**私たち一人ひとりは、いついかなる時も、自分にできる最高のことをしている、つまり、いついかなるときも完全であるのです。**

「～すべきだ」「～なければならない」あるいは「～すべきではない」、これが、善・悪で物事を判断する人の口癖です。

たとえば、あなたが月曜から金曜まで会社で働いているとしましょう。土曜日の朝になると、あなたは、「さあ、今日は掃除をしなければ」と言います。そして、その結果、掃除が苦役になるのです。「掃除をしなければ」と言う代わりに、次のように自分に問いかけてみてはいかがでしょうか？「私は今日、本当に掃除がしたいのだろうか？　もし掃除をしなかった場合には、どんなツケが回ってくるだろうか？」

その結果、ツケが非常に高くなりそうだということが判明しました。なぜなら、次の一週間は仕事がぎゅうぎゅうに詰まっているので、掃除はおろか、洗濯もアイロンかけもできそうにないからです。

そこで、次のように考えます。「そうか。来週一週間は掃除をする時間がないんだった。それなら今日やっておいた方がよさそうだわ。その方が、ずっと気分よく過ごせるもの」

こうしてあなたは**自分で選んだ**ことになります。必ずしもそうしたかったわけではないけれど、とにかく**主体的に選択した**のです。

これは大きな違いです。あなたが掃除で消耗するエネルギーの量がぜんぜん違うからです。

あなたは、「今日もまた仕事に行かなければならないのだろうか？」と思うことはありませんか？　人生においては、「**～なければならない**」と言うことはやめ**なければならない**のです（笑）。人生においては、すべてが選択だからです。

あなたは仕事に行かないことを選択できます。でも、そのツケを払う用意はありますか？　職を失う可能性があるのでツケが大きすぎる、と思ったら、次のように選択すればよいのです。「私は仕事に行くことを選ぼう」と。

「～なければならない」と思ったら、そのたびに立ち止まり、次のように考えてください。「いやいや、『**～なければならない**』と思うことはやめ**なければならない**んだった。いつでも選ぶことができるのだから。どんなことでも自分で決めることができるのだから」

そして、順序だててじっくりと考えるのです。それをしない結果、払うべきツケが高すぎてとても払えそうになく、結果に直面する用意ができていないのであれば、それをすると自分で**選択**しさえすればよいのです。

こうすれば、すべてがうまくいくでしょう。自然の法則だけでなく、人間が作った法律に関しても同じことが言えます。

たとえば、車で走っていて、前方の信号が赤になったとします。あなたは止まりたくありません。そのまま突っ切ることも可能です。でも、その結果事故を起こしてツケを払うことになるかもしれません。あなたにはそのツケを払う用意がありますか?

どうでしょうか? すべてあなたの選択にかかっている、ということがお分かりいただけたでしょうか? すべてはあなたが選んでいるのです。

もし、**あなたがこの人生でやらなければならないことがあるとしたら、それは進化することだけです。進化するとは、意識を拡大し、愛の器を広げることです。**すなわち、《自然の法則》、《スピリチュアルな法則》に従って生きるということです。

そう考えれば、ずいぶん気持ちが楽になるでしょう。ただひたすら〈完全である〉ことに集中してください。そうすれば、あとはすべてうまくいきます。地上において大切なことはたった一つ、自分が**〈完全である〉**という事実を知ることです。

ただし、知性を使ってその事実を知ることはできません。知性は、分析し、裁くことしかできないからです。それを知るには、ハートを使うことです。**あなたは神と同じように完全なのです。**それをハートで感じ取ってください。

## ＊エクササイズ＊

①　あなたが善と考えること、悪と考えることを、すべて書き出してみましょう。あなたの善・悪に関する判断は、他の人たちの判断と同じでしょうか？　また、あなたの価値観は、他の人の価値観と同じでしょうか？　そのことをはっきりさせてください。たとえば物をなくす、あるいは物を盗まれる、ということについて考えてみてください。あなたの考え方が他の人たちの考えと大きく違うことに、たぶん驚くことになるでしょう。

②　リストができたら、あなたがあげた善が本当に善なのか、あなたがあげた悪が本当に悪なのか、じっくりと検討してみてください。あなたが悪だと思ったことが、本当はあなたにとってためになるものであるかもしれません。あなたがあげた項目はすべて、人によって、時によって、場所によって、善にも悪にもなりうる、つまり、ためになったり、ためにならなかったりする、ということが分かるはずです。絶対に善である、絶対に悪である、というものはないのです。

③　以上の作業がすんだら、今度は、あなたの習慣をすべて書き出してみましょう。そして、これから三日以内に、少なくとも一つ、習慣を変えてください。あなたにとってためにならない習慣（たとえば喫煙）を変えるには、それを、あなたにとってためになる習慣で置き換えることが必要です。

ある習慣をただやめるだけ、というやり方では、まず成功しません。習慣を変えるには、あなた自身で決意することが大切です。ためにならない習慣のほとんどが、外部から取り入れたものです。なんらかの学習の結果、あるいは誰かをモデルにして作られたものなのです。だいたいは、子どもの頃の〈信念〉に基づいて作られています。よい習慣は、あなたにエネルギーを与え、あなたを元気にします。何よりも大切なのは、あなたの習慣が、無意識のうちにではなく、意識的に選ばれたものであることなのです。今回のアファメーションをあげておきましょう。

**私は自分のすべての習慣を見直して、はたしてそれらが私の進化と内面の平和にとって、本当に良いものなのかどうかを検討します。私は、生きることは選択の連続である、ということを心から納得します。**

11章　自分の人生は自分で選ぶ

マスターとは何でしょうか？

マスターとは、あなたの人生を支配しているある人、またはある物です。あなたはその存在の前に行くと、畏れ、または崇拝の念から、思わず首を垂れてしまいます。

あなたの人生にそうしたマスターたちはいますか？　そうですね、とてもたくさんいるはずです。

しかし、それらはことごとく偽物《にせもの》なのです！

地上には、本物のマスターは、たった一人しかいません。それは、あなたの心の中に住んでいる**神**です。これは、あらゆる人に当てはまる真実で、どんな人にも、その人だけのマスター、すなわち内なる神がいるのです。

最も一般的な偽マスターは次のようなものです。

現在、あなたのそばに、あなたを恐れさせる人はいますか？　それは、**配偶者**、**子ども**、**親**、**上司**かもしれません。誰があなたの人生を支配していますか？　あなたは誰の前で、おどおどしますか？

私たちのＥＴＣセンターでは、研修はだいたい夜の一〇時半から一一時くらいに終わります。その日のプログラムの進行具合によって、終了時間に三〇分ほどのずれが生じるのです。

私は今まで、実に多くの女性の受講者が、一〇時半ごろになると、そわそわし始めるのを見てきました。彼女たちは、迎えに来てくれるご主人を待たせることになるのが、とても怖いのです。落ち着いて椅子に座っていることができず、たびたび窓のところに行って外を眺めます。

ご主人が姿を現わすと、バネにはじかれたように部屋を飛び出してゆきます。まだ研修が終わっていないことなど、完全に意識から抜け落ちています。こんなふうに行動する女性は、ご主人をすごく恐れているのです。ご主人を不愉快にすることを恐れているのです。

でも、恐れずにコミュニケーションを取ることは、いつだって可能です。もし、自分の夫が数分でも待つとイライラするタイプなら、もう少し遅く来てくれるように頼めばよいだけでしょう。あるいは、公共の交通機関を使って自分で帰るか、誰か知り合いの車に乗せてもらうかすればよいのです。

誰かの前にいると不安を感じる人は、自分自身の主人公になっていません。あなたが誰かを恐れるなら、やがてその人はあなたのマスターになってしまうでしょう。そして、その人はあなたを絶えずコントロールするようになります。

その人には、どのボタンを押せばあなたをコントロールできるかが分かってしまいます。そうやって絶えず支配されるのは、あなたにとってよいことではありません。そんな関係になると、あなたは感情的にすごく消耗するからです。

他にも偽マスターはいます。それは、**ニュース**です。新聞であれ、テレビであれ、ラジオであれ、ニュースに接すると、そのニュースからすごく強い影響を受ける人たちがいます。

ニュースの影響を受けて不安になる人は、けっこういるものです。テレビで不況のニュースでも聞こうものなら、さっそく財布のひもを締めようと決意したりします。

また、変質者に手足を切り落とされた少年の死体が発見された、というニュースを聞けば、自分にはまったく関係ないにもかかわらず、数日間はそのニュースに影響されて過ごします。でもそれは、その二人に起こったことに過ぎません。その二人に起こったことは、二人の問題であって、あなたには関係ないのです。私たちが理解すべきことでも、賛成することでも、反対することでもありません。二人にとっては、そういう経験が必要だったのでしょう。それを認めるだけです。もちろん、その二人の心を思いやることはできます。でも、そのことによってあなたが苦しむ必要はありません。人生とはそういうものです。

**名誉**や**権力**もまた偽マスターになり得るでしょう。人から称賛されようとして、あるいは権力を手に入れようとして行動することは、あなたの**外部にある何か**に繰られていることであり、あなたの内部にいる**神**に従っていないことになります。名誉や権力に自分の人生を支配させてはなりません。

**財産**もまた偽マスターになり得ます。あなたと財産との関係はどうなっていますか？　もしかして財産にかなり執着しているのではありませんか？　もし財産の中であなたが最も大切にしているものが害されたら、あなたはどんな反応をするでしょうか？　怒るでしょうか？　もし怒るとしたら、あなたは、財産をあなたの偽マスターにしています。

たとえば、あなたがいよいよ死ぬことになった時、あなたのティーカップが一つ足りなかったり、食堂のテーブルに小さな傷がついていたり、カーペットにちょっとした焦げ跡がついていたりしたとして、それが何か重大なことでしょうか？

美しいものに囲まれて暮らしたいと思うのは、人間にとって当然のことでしょう。美というのは、私たちにとってきわめて大きな意味を持つからです。

しかし、財産を自分の偽マスターにすることは、避けなければなりません。あなたのためにならないからです。財産はあなたの生活を快適にはしても、あなたの生活を支配するものではないのです。あなたのマスターは、あなた自身であるべきでしょう。

さらに別の偽マスターもあります。そう、**占い**です。

占いを気にしすぎると、占いにあなたの人生をコントロールされることになります。つまり、占いがあなたの偽マスターになってしまうのです。あなたの人生で決定権を持っているのは、あくまでもあなた自身です。あなたが自分自身のマスターになれば、占いはあなたに対する影響力を失うでしょう。

霊能力者もまた、あなたの偽マスターになり得ます。

現代では霊能力を持っている人がどんどん増えてきています。というのも、人類の意識それ自体が全体として高くなってきているからです。

そういう霊能力者とのセッションでは、何が起こるでしょうか?

霊能力者は、あなたの〈感情体〉や〈精神体〉から情報を受け取ります。それはあなたの現在の状況を表わす情報です。

あなたには人生の計画が何種類かあります。霊能力者は、あなたが今いる道をそのままたどって行けばどうなるかを言うことはできるでしょう。

しかし、それはあくまで今という時点で見てのことであって、他人の未来をすべて正確に当てることなど誰にもできはしません。というのも、未来はこれからあなたがどう行動するかによって、変化するからです。

霊能力者はあくまでも、あなたの現時点での波動から考えて、未来がどうなるかを言っているに過ぎません。したがって、あなたが明日になって、なんらかの理由から生き方を変えたとすれば、あなたの未来もまた、まったく違ったものとなってしまうのです。

あなたは、自分の考え方によって人生のレールを変更したのです。ですから、昨日なされた予言はあなたにとってはもう何の意味もありません。

ただし、あなたが霊能力者の言うままになってその人生のレールの上を進んでゆけば、霊能力者が予言した通りの未来になるでしょう。

もし誰かがあなたの未来に関して予言をしてくれたら、その中であなたにとって良いと思われる部分だけを採用して、あとは無視するとよいでしょう。そうすれば、それらの良いことだけが起こります。あなたはいつだって、自分の考え方を変えることによって自分の人生を変えられるのです。選択肢は常に何種類かあるからです。

自分を根本的に変えた場合、あなたは生まれ変わってまったく別の人間になったような感じがするでしょう。親しい人たちはあなたの変化に驚いて、こう言うかもしれません。

「うわー、驚いた。見違えちゃったわ。いったいどうしたの？　何か大きな心境の変化でもあったのかしら？」

そうです。あなたは人生のレールを根本的に変えたのです。そんなふうにしてスピリチュアルな面で大いに成長すると、霊界に還《かえ》ってから次の転生までの時間が長くなります。

まだ他にも偽マスターはあるでしょう。場合によっては、**組織宗教**が偽マスターになることもありえます。

次のように言う宗教には注意しましょう。

「私たちの言うことに従わないと、あなたは絶対天国に行けません。私たちだけが、真理を知っているのです」

もし宗教があなたの人生を支配し、あなたが善・悪の判断を全面的にその宗教にゆだね、完全にその言いなりになっているとしたら、あなたは自分自身の主人公であることをやめています。

地上にあるすべてのものと同じように、宗教にも、良いものとそうでないものとがあります。中には、人々を従わせようとして脅す宗教もあるでしょう。しかし、そんなふうにして脅された人々は、穏やかに、幸福に暮らすことができません。

もしあなたの属している宗教があなたを脅すとしたら、その宗教には愛が欠如していると考える必要があるでしょう。

**神は愛です**。したがって、神はどんな人も怖がらせません。怖がらせるのは、人間の専売特許なのです。でも、愛に満ちた人は、決して人を脅しません。愛に満ちた人は、人にやすらぎを与え、人を助け、人を導きます。

現代の宗教は、この愛の問題にますます意識的になってきています。人間は恐れとともには生きることができない、ということを理解するようになっているのです。

問題があるのは、宗教そのものというよりも、宗教に関わっている人々である場合が多いかもしれません。そういう人々は、繊細さを欠いていると言ってよいでしょう。そういう人たちと関わるかどうかを決めるのは、まさしくあなた自身です。

その宗教に関わっている人と話をした後に、気持ちが落ち着かなくなったり、不安が高じたりするようであれば、その宗教は今のところあなたには向かないと考えてよいでしょう。その場合には一度、距離を置いた方がよいと思います。もしその宗教がどうしてもあなたに必要なら、いずれそれが分かるようになるはずです。

**お医者さん**たちも、偽マスターになることがあります。

医者は本来、人々の生活を支配するためではなく、人々を援助するために存在しているのではないでしょうか。

私は、なんでもお医者さんに相談する人を知っています。その人は、バカンスに行く時も、引越しをする時も、転職する時も、他のことに関しても、とにかくお医者さんに相談しないと気がすまないのです。その人はお医者さんの言いなりです。

もしその人が自分の内なる神を信じていれば、何もお医者さんにいちいち相談することはないでしょう。自分のことは自分で決められるのですから。

お医者さんは、からだの不調や病気を治す方法は習っていますが、病気以外のことで他の人のために何かを決めてあげる方法は習っていません。

お医者さんたちは、病気の原因はどうも、からだにではなく、心にあるらしい、ということに気づき始めています。現在では、医療の介入がなくても病気の治る人がかなりいる、ということが確かめられています。患者に対して薬を使わないように指示するお医者さんがますます増えつつあるのは、私たちにとって大変よろこばしいことです。

「薬を飲まなくても、充分に治りますよ。あなたはもともとすごく強いのですから。自然治癒力によって治しましょう」こんなことを言うお医者さんが増えています。

ある種の人々は、ほんの些細な体調の変化があっても、すぐにお医者さんのところに飛んで行きます。お医者さんにすっかり頼りきっているのです。そういう人々は、自分の人生の責任を引き受けていない、と言わざるを得ません。

彼らは、自分以外の人に人生をまかせてしまっているのです。彼らに向かってお医者さんが、「どこも悪くありませんよ」などと言えば、たちまちヤブ医者扱いです。すぐに病院めぐりを始め、薬を処方してくれる医者が見つかるまでやめません。

「ほら、やっぱり病気だったんだ。私はちゃんと知っていたのよ。この処方箋がその証拠だわ」

そうして、すっかり嬉しくなって病院から帰ってくるのです。

さらに、**薬**が偽マスターになることもあるでしょう。

ほんのわずかでも不調があるとすぐに薬を飲む人がいます。頭が痛いから、眠れないから、起きられないから、元気がないから、消化を助けるために、肝臓をきれいにするために、便秘だから、腸を浄化するために、などといって、とにかく薬、薬なのです。

そんなふうにからだを薬漬けにすることは、からだを愛しているということにはなりません。むしろ正反対です。というのも、薬には必ず副作用が伴うからです。

自然製剤以外の化学薬品を体に与えるたびに、体はいやがります。体に余分な仕事を押しつけることになるからです。

錠剤を飲むたびに、あなたは錠剤を偽マスターにしていることになるのです。なぜなら、あなたは錠剤に支配されているからです。それでもいいと言うなら、どうぞ薬を飲み続けてください。

でも、もし人生を変えたいのなら、今こそあなたが自分自身の主人公になるべきです。あなた以外の誰も、あなたの人生を変えることはできないのですから。

**病気**が偽マスターになることもあります。いつも病気がちの人は、病気によって人生を支配されているのです。そういう人は、自分で自分の人生を支配できることを知りません。

中には病気であることが常態である、と思っている人もいます。でもそうではありません。病気とは異常事態なのです。からだにとっての常態とは、健康にほかなりません。

また、**流行**が偽マスターになることもあります。あなたは、流行に従うために、どれほど自分の趣味を犠牲にしているでしょうか？　流行に合っていると思われたいために、着たくもない洋服をいやいや着たことはありませんか？　他の人にどう思われるかが怖いのでしょう？

**仕事**ももちろん偽マスターになるでしょう。多くの人がワーカホリック（仕事中毒）になっています。人生がすべて仕事をめぐって展開しているのです。

彼らはいつも仕事に支配されています。仕事をしていない時間でも、仕事のことばかり考えています。ゆったりくつろいで何かを楽しむ、ということができません。とにかく休みなく働くのです。

あなたは、仕事を通して自分を高めていますか？　仕事によって、自分の内面をより純粋に、より完全にしているでしょうか？　仕事を通して、よりたくさんの人を、より多く愛せるようになっていますか？　もしそうであるなら、あなたの仕事は、あなたによく合っていると言えるでしょう。

あなたが仕事を通じて自分をより深く愛することを学び、また人々をより深く愛することを学んでいるとしたら、あなたの人生のレールは正しいと考えて結構です。あなたは正しい道を歩んでいます。

それに対して、仕事に支配されている場合は、つまり、単に給料のため、あるいは権力獲得のために仕事をしているとしたら、その仕事はあなたの意識の進化のためには役立っていません。

さらに別な偽マスターとして、**迷信**があげられるでしょう。13という数字、黒猫などがそうです。あなたはそういうものにこだわりますか？　迷信に影響されて考えを変えることはありますか？

もしそうだとしたら、迷信はあなたの偽マスターになっています。一度、あなたの偽マスターたちを全部、同じ場所に集合させてごらんなさい。そうすれば、自分が、人生をコントロールする力を完全に失っていることがよく分かるでしょう。

**人間にとって最も強力な四人の偽マスターたちは、傲慢さ、恐れ、罪悪感、そして、お金です。**

その中で、本当に多くの人間の人生を支配している偽マスターである、お金についてお話ししておきましょう。

お金が現代社会において大きな意味を帯びていることは、議論の余地がありません。

しかし、**お金は交換の手段に過ぎず、それ自体に価値があるわけではない**、ということも確認しておきましょう。

不安を無くすためにお金を貯めることは間違っています。それは、空気が無くなった時のために空気をため込むようなものです。そんなことをする人を見たら、あなたはどう思いますか？　たぶん、笑ってしまうでしょう。

でも、お金に関してもまったく同じことなのです。お金というのは、電気や水、そして風と同じく、尽きることのないエネルギーなのです。それらは地球ができた時に生まれた大きな力です。

お金は力であり、エネルギーです。お金は、あらゆるところに、あらゆる人のために存在しています。お金は常にさまざまな姿で存在してきました。現在では、それは紙幣や硬貨という形をとっています。

交換手段はいつの時代にも存在していました。交換手段がないと、欲しいものを得ることができないからです。

恐れからお金を貯め込もうとする人は、お金を失うことになるでしょう。なぜならそれは、すべてを必要な時に、必要なだけ供給してくれる、神聖で偉大な力に対する信頼の欠如、信仰の不在を意味するからです。

お金はまた太陽のようなものだとも言えるでしょう。太陽もまた、神に似て、偉大な力であり、偉大なエネルギーです。海岸に何千人もの人がいて太陽の光で体を焼こうとしている時、その光が不足するということがあるでしょうか？　そんなことは絶対にありえません。

ですから、お金もまたあらゆるエネルギーと同様に、エネルギーであると考えるのがよいのです。それを増やすためには、流通させる必要があります。

自然の産物もまた同じです。麦を蒔けば麦の穂が得られ、トマトの種を蒔けばトマトがたくさんなるでしょう。麦やトマトの種を引き出しにしまっておいたのでは、決して実りを得ることはできません。

財政的な不安から解放されるには時間がかかります。欲しい物がある時、あなたはまずこう考えるでしょう。「あれはいったい、いくらするのだろう？」そして、充分なお金がある時だけ、それを買うのです。でも、その場合、あなたはお金に支配されていることになります。あなたの代わりに決定を下しているのは、あなたが持っているお金の額だからです。

あなたは人生において、まったく逆のことをしなければなりません。まずあなたが決定を下すのです。すると、その後でお金がやってきます。

少し過去のことを振り返ってみましょうか？　あなたは今までにたぶん衝動買いをしたことが何度かあるでしょう。また、お金がないのでクレジットで買いものをしたことがあるはずです。さらに、高すぎるとは思うのだけれど、どうしても欲しいので、あるものを無理して買ってしまったことがあるでしょう。

それにもかかわらず、あなたは、破産してホームレスになることはありませんでしたね？　家賃も払ったし、食べるものがなくなるということもなかったはずです。要するに、全部うまく支払えたことになるのではありませんか？

だからといって、ではすぐに湖のほとりのお城やメルセデス・ベンツを買いなさい、と言っているわけではありません。まずは、日常的な小さな成果をあげることが大切なのです。

果物を買いたいのだけれど、ちょっと値段が高くてためらうというのであれば、あなたが持っている自分自身の価値を、よく考えるのです。あなたは、その果物に値しないほどの、つまらない人間なのでしょうか？

人生の主人公として振る舞っていれば、あなたはやがて望むものをすべて手に入れられるようになるでしょう。あなたがお金というエネルギーを循環させればさせるほど、あなたのところに、さらにお金がやってくるようになります。お金は、貯め込まれるためではなくて、循環させられるためにあるのですから。

あなたが、バカンスのために使わないで、もしもの時に備えてお金を貯め込んだとしたら、いったい何が起こると思いますか？　まさにその〈もしものこと〉が起こるのですよ。

人間は、常に自分が正しいと考えたいものです。ですから、自分が正しいことを証明するために、いろいろなことを起こさせるのです。もしものことが起こると、あなたはこう言うのではありませんか？「ほーら、やっぱりお金を貯めておいて正解だったんだ。何か起こるんじゃないかと思っていたのよね」

でも、その何かは、偶然に起こったのでしょうか？　それとも〈誰か〉がそれを引き起こしたのでしょうか？〈もしもの時〉は脇に置いて、バカンスに出かけましょう！「何か起こったらどうしよう」という言葉は忘れるのです。そして、むしろ自分に向かってこう言いましょう。

「さあ、バカンスに出かけよう。何かが起こったら、その時はその時。きっとうまく対応できるわ」

お金があなたの人生に与えている影響について、よく考えてみましょう。お金があなたの人生をコントロールしている限り、あなたは本当の幸福も、本当のやすらぎも、ともに得ることができません。あなたがお金をコントロールするようになれば、必ず大きな変化が、あなたの人生に起こるでしょう。

あなたがもし、「**人は、蒔いた種を刈り取る**」ということを信じているのなら、いいことを教えてあげましょう。

今この瞬間から、繁栄の思いを、あなたが知っているすべての人に送るのです。彼ら全員が、自分の望むお金を手に入れられるように祈るのです。

あなたは非常に大きなエネルギーを動かすことになりますので、自分がお金を手に入れることだけ考えている場合よりも、はるかに早く、望むお金を手に入れることができるでしょう。

現代社会が、ポジティブ・シンキングに対して肯定的でないことは確かです。

でも、この本はあなたのまわりの人々を変えるために書かれたのではなく、あなた自身の考え方を変えるために書かれています。他の人の影響を受けないようにしましょう。お金に関するあなたの新たな決意を、他の人に話す必要はありません。あなたは心の中でひそかにそれを実践すればよいのです。やがて、徐々に人々はそれを知ることになるでしょう。

誰に対してであれ、あなたの決意を明かす必要はありません。あなたの信仰、あなたの心の力は、まだ、他の人たちのネガティブな批判に耐えられるほど強いものとなっていないからです。

あなたが自分の真実を信じているように、彼らも自分の真実を信じているのです。

さて、あなたは、お金に関してポジティブな態度をとり、今後お金をコントロールしようと決意しました。その場合、まわりの人に影響を与えようと思う必要はまったくありません。まわりの人々の同意を得る必要はないのです。

彼らは彼らで、用意ができた時に考え方を変えるでしょう。それぞれが、自分の成長に専念すればよいのです。

心のやすらぎを得て、真の幸福を感じるようになれば、声高にそのことを宣伝しようとは思わないものです。それは自然に感じられるようになるでしょう。人々はあなたを見て、それを感じるようになります。

あなたがお金をコントロールすることができるようになれば、必要なものをいくら買っても、お金はいつでも充分あるようになります。

あなたは不安から貯金をする必要がなくなるでしょう。余ったお金をただ貯めておくだけです。

さて、あなたはいくつか偽マスターを発見しましたが、実は見つけようと思えば、まだまだあるはずです。どうぞそれらを見つけてみてください。

## ＊エクササイズ＊

① あなたの人生を支配しているすべての偽マスターたちのリストを作ってください。そして、その中で、最も強大な力を持っている偽マスターを見つけましょう。

② これから三日間、一日の終わりに、あなたとその偽マスターのうち、どちらが人生をコントロールしたかを振り返り、紙に書いてください。

③ もしあなたが自分のマスターだったら、どのように反応し、またどのように振る舞ったでしょうか？　それを書いてください。それはたぶん、自分に対する愛に基づく振る舞いだったはずです。

④　このエクササイズを終了するまで、次の章には進まないでください。このエクササイズをすることによって、あなたは、あなたの人生を支配しようとする偽マスターたちを、より簡単に見つけられるようになるでしょう。あなたの意識のレベルが徐々に上がり、あなたは、自分の未来を、より良いものに変えることができるようになります。

⑤　以下のアファメーションを、できるだけたくさん、繰り返して行なうようにして下さい。

**私の人生の主人公は私ひとりです。考えることによって私は創造します。私は自分の考えるような人間になるのです。私の幸福、繁栄、愛、調和、やすらぎは、すべて〈私がどう考えるか〉にかかっています。**

**私は、自分の考えを、自分に対する愛で満たします。**

# 12章　あなたの〈精神〉が必要としているもの

〈精神体〉は、それが作られた目的のために使われる時に、初めて満たされます。〈精神体〉は、私たちが、考え、分析し、計画し、記憶するのを助けるために作られたのです。したがって、〈精神体〉は、私たちが、積極的に、建設的に、自分の存在理由に向かって進むときに、とても役立つのです。

どんな人でも、自分の〈精神体〉の七つの要求を満たしてあげる必要があります。その要求にうまく応えられないと、必ず〈精神体〉、〈感情体〉、〈物質体〉のいずれかに影響が出てくるでしょう。

①まず一番目に必要なのが、**個性**です。

個性とは何でしょうか？　個性とは、誰か他の人から期待されるあなたではなく、あなた自身であるということです。もう、「他の人たちはどう考えるだろう？」、「他の人たちは何て言うだろう？」、「他の人たちはどうするだろう？」などと考えないことです。

最近の若者たちの服装を見ると、個性とは何かがよく分かるでしょう。彼らは、「自分の好きなようにさせてよ！」と叫んでいます。彼らは、かつてなかったほど〈空間〉を必要としているのです。若者たちは、親が自分たちの考えを押しつけようとすると、息苦しくて窒息するような感じがするでしょう。

自分自身であるというのは、それが他の人たちの気に入ろうが入るまいが、それが良くないことだと評価されようが、すべての瞬間に、ありのままの自分を受け入れるということです。

あなたは、常になりたい自分になることはできないでしょう。でも、すべての瞬間に、ありのままの自分を受け入れることによって、どんどん、なりたい自分に近づいていくのです。

自分自身をありのままに受け入れないと、あなたは、感情のレベルでは、自分の創造性を表現することができなくなるでしょう。また、肉体のレベルでは、呼吸器系にトラブルを起こしたり、アレルギーになったりするでしょう。

②二番目に必要なのが**真実**です。

ウソによってあざむかれるのは気持ちの良いものではありません。しかし、あなたが自分自身にウソをつけば、あなたの超意識も同じように感じるはずです。

自分が他の人に対して、どういう物言いをしているかを自覚しましょう。

「ちっとも迷惑ではないですよ」とあなたが言う時、あなたは迷惑だと感じています。本当に迷惑ではないと感じている時は、そもそも「迷惑」という単語自体が頭に浮かびません。ですから、「いえ、迷惑ではありません」と言っている時は、あなたは迷惑だと感じているのです。

ですから、自分自身に対して正直になりましょう。

真実は、既に述べたように、私たちを解放に導いてくれます。真実によって、あなたは上位の〈体〉へと昇ってゆけるのです。

真実であるとは、考えていること、言っていること、していることが一致している、ということです。あなたは、誰かに対して自分の考えを言えないことがありますか？　そういう場合には、分かち合いをすることが大切です。

もちろん、誰に対しても、考えていることをすべて言いなさい、などと言っているわけではありません。でも、もしも意見を求められたのなら、自分の考えていることをはっきりと言う必要があるでしょう。あなたが言うことは、あなたが考えていることと同じでなければなりません。行為がともなう時は、考えたこと、言ったことと、行為がちゃんと一致している必要があります。

正義もまた真実の一部をなしています。不正な行動は、あなたにいやな感じを与えるでしょう。不正な行動を見ると、居心地が悪くなりませんか？

母親が、子どもに対して不当な仕打ちをしているのを見たら、どんな感じがしますか？　その子がかわいそうだと思うでしょう？

そうです。その通りなのです。そして、それはまさしく、あなたが自分自身に対して不当な仕打ちをする時に引き起こす反応でもあるのです。その時、あなたの超意識、つまり魂は、あなたの内にいてとても居心地悪く感じているでしょう。あなたの内部には大問題が生じているわけです。

自分自身に対して真実ではない人、自分自身に対して不正に振る舞う人の場合、感情のレベルでは、自分の内に、また自分のまわりに**美**を見ることができなくなるでしょう。エゴが心を支配して、すべてを決めようとするのです。肉体のレベルでは、**個性**が不足するときと同じ症状が現われます。

③三番目に必要なのは、**尊重**です。

他者を尊重し、また自分自身を尊重することは、とても大切なことです。

警官、先生、親、上司などが、権威をかさにきて私たちを押さえつけようとすると、私たちはすごく不愉快になります。私たちは、たとえ上の立場にいる人からでも、自分をないがしろにされると、すごくいやな気持ちになるのです。立場が上だからといって、人を尊重しないでいい、というわけにはゆきません。他者を尊重するというのは、人間にとって基本中の基本です。

もし誰かがあなたに対して無礼に振る舞ったとしたら、自分がその種を蒔いたのではないかと、まず考えてみることです。あなたは、他者の意見を尊重していますか？　まわりの誰かを自分の都合のいいように変えようとしていませんか？　他者の物の見方を尊重していますか？　他者の考えを尊重していますか？　誰かを変えようとするのは、それが誰であれ、その人に対する尊重の念が欠如している証拠です。

自分自身に対しても同じことをしてみましょう。あなたは、自分の限界を尊重していますか？　自分に対して、絶えず、非現実的な要求をしていませんか？　自分の人格のある面を受け入れておらず、自分を変えようとしていませんか？

尊重が欠如している場合、愛情が足りないということですから、あなたは感情的なレベルで影響を受けるでしょう。自分は充分に愛情を受けていないと感じるだけでなく、他者に対して無償で愛を与えることもできません。

肉体的なレベルでは、尊重の欠如は、口や首の不調として現われるでしょう。

④四番目に必要なのが、**導く**ことです。

人間は、自分を必要としてくれる人を必要とするものです。自分が、人を助け、導くことができるということを実感したいのです。

このように、他者に奉仕したいという欲求を持つのは、私たちがもともと神聖で完全なものとして創られているからなのです。

こうして、私たちは、人を助け、導きたいという強い欲求を持っていますが、その欲求を適切なかたちで実現させることができない場合もずいぶんあります。

人のために何かを決めてあげることは、導くことではありません。導くとは、見返りを期待せずに誠実にアドバイスを与えることです。そして、そのアドバイスを受け入れるか受け入れないかは、相手の自由意志にまかせるのです。

人を助け、また導くことは、〈精神体〉にとって大きな欲求です。でも、求められもしないのに忠告することは避けなければなりません。もし、どうしても忠告したいと感じた場合には、相手に忠告してもよいかどうかを聞いた上で忠告すべきでしょう。もし相手が忠告を望まない場合、そういう相手を無条件で受け入れるようにしましょう。

相手が望んだ場合は、忠告を与えればよいのですが、その際には決して見返りを期待してはなりません。その忠告をどう受け止めるかは、その人の自由だからです。あなたは、贈りもののつもりで忠告しましょう。その贈りものをどう使うかは、その人にまかせるのです。

求められもしないのに忠告したり、見返りを期待して忠告したりするのは、エネルギーの浪費にしかなりません。もし相手があなたの期待に応えなければ、あなたはフラストレーションを感じます。あるいは、失望したり、怒ったり、ということになるでしょう。もし相手があなたの期待通りに行動したとしたら、それはそれで、あなたの傲慢さをつのらせるだけです。

一方で、あなたは、他の人の意見に心を開き、他者のアドバイスを受け入れる必要があるでしょう。つまり、他の人にアドバイスを求める必要があるのです。あなたは、他の人にアドバイスを求めることがありますか？　とはいえ、あなたを導こうとする人のアドバイスを受け入れるかどうかは、あなたの自由にまかされています。

もし、あなたが相手を怒らせるのが怖くて、相手の提案を常に受け入れるとしたら、あなたの〈精神体〉には、導くというニーズが決定的に不足しています。そんな場合には、相手に対して、次のように言えばよいでしょう。「アドバイスをしてくれてどうもありがとう。これからそれについてじっくり考えてみます。もし、そのアドバイスが私にとって本当に必要なら、必ずそれを実践するつもりです」

導くというニーズが不足していると、さまざまな不調が現われてきます。感情的なレベルでは、家族やその他のグループに帰属している、という感覚がきちんと持てないでしょう。肉体的なレベルでは、消化器系にトラブルが生じるか、あるいは、背中の上部にトラブルが生じるはずです。

⑤五番目に必要なのは、**手放す**ことです。

〈手放す〉とは、どんな意味でしょうか？　ほとんどの人は、〈手放す〉ことを、「弱くなること」、「服従すること」、「何もしないこと」などと考えます。でも、本当はまったく違います。〈手放す〉ためには、とてつもない内面の力を必要とするのです。

手放すとは、自分が本当に望むものを知ること、すべてをコントロールすることはできない、ということをあらかじめ受け入れて、それに応じた行動をすることなのです。私たちの〈内なる神〉が、私たちの魂と精神のニーズをよく知っていることを認めて、〈内なる神〉の導きに従うことだと言ってもいいでしょう。

〈手放す〉とは、結果に執着しないことです。つまり、結果がどのようなものになっても、内なる平安を保ち続けて、幸せでいられるということなのです。

あなたがすべてをコントロールしたがる人で、手放すことがなかなかできないとしたら、あなたはしょっちゅう、フラストレーション、失望、怒り、を感じながら生きているはずです。

手放すことができない場合には、感情的なレベルで、あなたは自分を限定することになるでしょう。自分の欲求を発見し、表明して、あなたのニーズを満たす、ということができなくなります。というのも、あなたは〈エゴ〉にコントロールされている状態だからです。さらに、新しい考え方に心を開くことができないでしょう。

肉体的なレベルでは、背骨の周辺にトラブルが生じるはずです。あるいは、腎臓、膀胱、大腸といった排泄器官、そして性的器官に、なんらかの障害が起こるでしょう。

⑥六番目に必要なのは、**安心**です。

多くの人が、安心とは、充分な貯金があること、社会的ステイタスのある仕事についていること、立派な家を持っていること、物に恵まれていること、さらに配偶者を持っていることだと考えています。しかし、それらはすべて偽物の安心です。

**本当の安心とは、恐れるべきことは決して起こらないということが分かっており、心の底からやすらぎを感じている状態です。**

つまり、安心とは、外部において何が起ころうとも、自分は自分の望む状況を作り出すために必要な手を打つことができ、また自分の弱点は自分で変えることができる、という確信を持っている状態なのです。

人生において起こることには必ず解決策があるものです。というのも、人間が生きているのは、問題にぶつかるためではなくて、問題を解決するためだからです。トラブルと見えるものは、すべて練習問題に過ぎません。ですから、解答は必ずあるのです。もしあなたが神だとして、自分の子どもをきたえる時に、解答のない練習問題を与えますか？　どう考えても、神がそんな理不尽なことをするはずがないでしょう。

あなたはどんな状況でも、くぐり抜けられるようになっているのです。あなたにも、他の人にも、人間には全員、必要なものはすべて与えられている、ということを知らなければなりません。このことを知らない人が、あまりにも多すぎます。

安心が欠如すると、感情のレベルでは、自分への信頼、そして他者への信頼の欠如が生じるでしょう。そして、他の人たちに裁かれるのが怖いので、自分を開示することができなくなります。肉体的なレベルでは、下腹部と腰にトラブルが発生しやすいようです。また、前進するために必要な器官である脚や腕に痛みが生じるでしょう。

⑦七番目に必要なのは、**生きがい**です。

あなたは朝起きた時、その日にやることになっている仕事を早くやりたい、と考えますか？　早く起きて仕事をやりたい、役目を果たしたいと感じますか？　熱意を持ってやるべき仕事をやっていますか？　あなたは、この地上で生きることに幸福を感じていますか？

私たちが存在するのは何のためでしょうか？　私たち全員がこうして地上に存在する理由、それは、自分が〈創造性に満ちた神〉であることを知るためなのです。自分の思いと行為をすべてありのままに受け入れて、自分がしたことには間違いなどない、それらはすべて貴重な経験であって、光に戻るための契機にほかならない、ということを知る必要があるでしょう。

生きがいがない時、感情的なレベルでは、短期的、中期的、長期的な目的を見つけることができません。また、肉体的なレベルでは、六番目の**安心**のところで見たのと同じ症状が起こるでしょう。

以上の七つのニーズのうち、どれが不足したとしても、エネルギーがブロックされ、したがって、エネルギー・レベルの低下が引き起こされます。

**＊エクササイズ＊**

① あなたの〈精神体〉が必要としているものをすべて書き出してください。そして、そのうち、ちゃんと与えられていないものを見つけ出します。そうすることで、あなたは、心のどの部分が満たされていないかが分かるはずです。あなたの〈精神体〉が必要としているものを満たしてあげられる人は、あなた以外にいません。そして、それは、どうしても満たしてあげなくてはいけないものなのです。人間にとって、〈精神体〉が必要としているものを満たすことは根源的なことであって、あなたもその例外ではありません。

② ①で行なった結果に基づいて、これから何をなすべきかを考え、すべて書き出してください。新たに行動しなければ何も変わりません。そのことをよく心に刻み、新たな決意を必ず実行してください。

③ これから三日間、自分をよく観察して、②で立てた計画を実行したかどうか必ず書いてください。

④ もし、その作業を忘れたとしても、後悔したり、罪悪感を持ったりする必要はありません。新たなことを実行するのは、それほど容易なことではないのです。自分に時間を与えてあげましょう。自分に対して寛大になりましょう。

⑤ 以下のアファメーションを、できるだけ頻繁に行なってください。

**私はこれから、私の〈精神体〉のニーズを尊重することにします。そして、そうすることによって、精神の健康を取り戻します。**

# 第三部

# 〈感情体《エモーショナル・ボディ》〉の声を聞く

13章

# 恐れや罪悪感に支配されないために

〈恐れ〉と〈罪悪感〉という二つの感情が、現在、感情の内では、人類を最も強力に支配しています。

私は、恐れや不安を感じたことがないという人を知りません。

**恐れ**は、それ以外のあらゆる感情と同様、その人の〈考え方〉から生じます。ある人がものすごく恐れていることを、他の人はまったくどうでもよいと思っている、というのは、よくある話です。人生に対して持っている恐れの程度は、人によって実にまちまちなのです。

自分の恐れをコントロールできる人たちがいます。

たとえば、とても大きな体をした犬がいきなりあなたに跳びついてきたら、たぶんあなたは危険を感じて怖がるでしょう。この恐れはあなたにとって〈現実的〉です。

ところが、同じ状況でも、恐れをまったく感じない人々がいるのです。たとえば、動物が大好きで、動物の気持ちがよく分かる人たちがそうでしょう。彼らは、犬が跳びついてきたのは、犬なりに喜びと愛情を表現しているのだ、ということをよく知っているのです。

最も大切なのは、自分の恐れを客観視して、それが現実的なものなのか、あるいは歪んだ考え方によって作り出された非現実的なものに過ぎないのかを見抜くことです。

あなたの肉体が危険にさらされた時に恐れを感じるのは、人間としてきわめて自然な反応です。あなたの肉体はアドレナリンを分泌して、その危険に対処しようとするでしょう。

しかし、現代世界においては、人々は、現実的な恐怖ではなく、非現実的な恐怖におびえていることの方が、はるかに多いように思われます。

三カ月間、あなたの人生をさかのぼってみましょう。この三カ月のあいだで、あなたが本当に生命の危険にさらされて恐怖を抱いたことは何回ありましたか？

それ以外の恐れは、すべて、あなたの考え方から来ているものに過ぎません。もしあなたが恐れを頻繁に感じるとしたら、その恐れは、あなたが幼少のとき以来――あるいはお母さんのおなかにいたとき以来――両親によって〈教え込まれた〉ものなのです。

たとえば、赤ちゃんがベッドから落ちるのではないか、風邪をひくのではないか、下痢をするのではないか、などと心配してばかりいるような親の子どもは、確実に両親の恐れを〈学び取る〉ものです。子どもは、恐れを持つことが〈当たり前だと考える〉ようになります。しかし、人間にとって、恐れを持つことは決して当たり前のことではありません。

すでに述べたように、人間は〈思考〉によって、目に見えない世界に〈イメージ〉を作ります。そのイメージについて考えれば考えるほど、そのイメージにエネルギーを与えることになり、そのイメージは大きく育ってゆくでしょう。そして、それはやがて目に見える世界に〈物質化〉して〈現実〉となるのです。

そのことが本当に分かると、なぜ、物を盗まれることを恐れてばかりいる人が実際に物を盗まれ、暴行されることを恐れてばかりいる人が実際に暴行されるのか、ということが納得できるようになるでしょう。すべては、**無意識のうちに思いが〈物質化〉している**のです。

恐れれば恐れるほど、その恐れは〈実体化〉します。

ですから、自分の恐れを意識化することが、恐れから解放される第一歩となるのです。でも、**ほとんどの恐れは無意識的である**ために、その作業は困難をきわめます。

愛に関するエクササイズをたくさん行ない、自分自身に関する気づきを深め、自分の内面に対して意識的になってゆくと、無意識の恐れが意識の表面に浮かび上がってくるようになります。その時がチャンスです。その恐れに気づくことによって、それをコントロールすることができるようになるからです。

例をあげてみましょう。

幼い時に、あなたの両親が、突然あなたをまったく知らない家に一カ月のあいだ預けたとします。あなたは、見捨てられたと思って、ものすごく不安になるでしょう。そして、それ以来、見捨てられることをひどく恐れるようになるはずです。

やがてあなたは大人になり、親しい恋人ができます。でも、その人と親しくなればなるほど、あなたはその人から見捨てられるのではないかと〈無意識のうちに〉恐れるようになります。見捨てられることを恐れている子どもは、学校でも仲間はずれにされ、やがて配偶者にも見捨てられるようになるでしょう。

幼い時の〈思い込み〉は、大きくなっても、それを意識化し、コントロールできるようになるまでは、その人の人生を無意識のうちに支配します。

**恐れ**というのは、まことに**巧妙な感情**であって、次々に新たな恐れを生み出し、それを私たちの心の中に蓄積していきます。それが高じれば、やがて私たちは〈恐怖症〉になるかもしれません。

恐れには本当に多くの種類があります。暗闇への恐れ、水への恐れ、トンネルへの恐れ、橋への恐れ、エレベーターへの恐れ、狭い場所に閉じ込められることへの恐れ、赤面することへの恐れ、太ることへの恐れ、お金がなくなることへの恐れ、動物への恐れ、電車やバスに乗ることへの恐れ、高い場所への恐れ、ウイルスへの恐れ、群集への恐れ、死への恐れ、病気への恐れ、事故への恐れ、火事への恐れ、飛行機に乗ることへの恐れ、注射への恐れ、などなど。これ以外にも、いくらでもあるでしょう！

もっと微妙な恐れもあります。高い地位につけないのではないかという恐れ、嘲笑されるのではないかという恐れ、受け入れられないのではないかという恐れ、見捨てられるのではないかという恐れ、辱《はずかし》められるのではないかという恐れ、批判されるのではないかという恐れ、告発されるのではないかという恐れ、傷つけられるのではないかという恐れ、などなど。どれほどの恐れが人間を支配していることでしょうか。

精神が不安定で心配ばかりしているために自分たちの問題に直面できない親に育てられた子どもは、へたをすると一生のあいだ、深刻な恐れのもとに過ごさなければなりません。そういう親は、子どものことを心配するあまり、過剰に子どもに干渉するので、子どもの人生の基盤に恐れが深く組み込まれてしまうのです。

精神医学の研究によると、男性よりも女性の方が恐れや恐怖症にとらわれやすい、という結論が出ています。

恐れは、放っておくと、恐怖症になる場合があります。つまり、人生の重要な変化期を通過するごとに、恐れが少しずつ慢性化して重度になってゆくのです。

人生における変化期とは、年代順にあげると次のようになります。小学校への入学、思春期、成人、結婚、出産、離婚あるいは配偶者の死、親しい人の死など。こうした大きな変化の時期には、特に恐れが強くなり、恐怖症に変化してゆくのです。

最近の調査によると、アメリカ合衆国における恐怖症の割合は、次のようになっています。

60パーセント：広場恐怖症
22パーセント：病気あるいはケガへの恐怖症
8パーセント：死への恐怖症

4パーセント：動物恐怖症
2パーセント：暗闇恐怖症
2パーセント：高所恐怖症
2パーセント：その他の恐怖症

この調査でも分かるように、人間の恐怖症の中では、広場恐怖症が最も多いのです。

それでは、広場恐怖症とはどんな恐怖症なのでしょうか？　一気に核心を突いて言うとするなら、この恐怖症の本質は、〈恐れを持つことを恐れる〉ということです。

私は今まで何人かの広場恐怖症の人に対するセラピーを行なったことがありますが、正直に告白すると、最初のうちはとてもやっかいなクライアントだと思いました。治すのがきわめて難しいと感じられたのです。でも、やがて、この〈恐れを持つことを恐れる〉状態は、克服できるということが分かりました。

広場恐怖症の人たちが特に大変なのは、次の二つの問題に同時に直面しなければならないからです。まず、自分が極度の恐怖を抱いて生きているという問題、そして次に、そんなふうに恐怖に支配されている自分を、他の人たちから、弱虫、愚か者、おかしな人であると見なされることを恐れるという問題です。

ですから、広場恐怖症に悩まされている人は、なんとかして自分の恐れをカムフラージュしようとします。特に家庭では、事態が複雑になるでしょう。ましてや、配偶者が相手の恐れを知り、過保護になり始めた時は大変です。

広場恐怖症とは、現象面から見れば、よく知っている場所から離れたり、自分を守ってくれる人から離れたりすると、強い恐怖に襲われる、というものです。自分を守ってくれる人というのは、夫、妻、父親、母親、さらに子どもである場合さえあります。よく知っている場所の代表は、言うまでもなく、自分の家です。

こうして自分の安全を確保してくれる存在から引き離されると、彼らはパニックにおちいるのです。彼らは、群衆の中でたった一人になると、心臓発作が起こるのではないか、気を失うのではないか、倒れるのではないか、変な人間だと思われるのではないか、といった恐怖に襲われます。そして、二度と群衆の中に入って行けなくなるのです。そうした広場恐怖症の人は、自分が本当に一人きりだと感じています。

しかし実際には、心配したことは何ひとつ起こりません。

ただ、広場恐怖症の人には、次のような症状が現われることがあります。めまい、筋肉の極度の緊張、筋肉の極度の弛緩、異常な発汗、呼吸困難、吐き気、尿の失禁、心臓の動悸など。

そのため、何年もその症状で苦しんでいる人の中には、近所に買いものに行くことさえ、できなくなっている人もいます。彼らは、自分をコントロールできなくなるのではないかという恐怖を感じますが、現実にそういうことが起こることはありません。

広場恐怖症は、想像力を誤った方向に極端に使った結果として作られた、非現実的な恐怖であることを認める必要があるでしょう。

目に見えない想像力の世界にエネルギーを注ぎすぎているのです。ですから、そのエネルギーの供給をやめさえすれば、あっというまにその恐怖は消え去るでしょう。その後は、〈良きもの〉を創造するために想像力を使えばよいのです。

恐怖を克服するには、〈行動〉を起こして恐怖に直面することが最も効果的です。そして、小さな成功を日常的に一つひとつ重ねてゆくことです。

たとえば、高所恐怖症だったら、実際に高いところに登ってみるのです。

動物恐怖症の人の場合、勇気を出して実際に動物に触れてみることです。ただし、最初は、小さくておとなしい動物に限る必要があるでしょう。

成功がどんなにささやかなものであっても、必ず自分をほめてあげるようにしてください。家族のメンバーも一緒になってほめ、勇気づけてあげると、さらに効果があがるでしょう。

**理性で恐怖に立ち向かおうとしても無駄です**。理性は常に恐怖に負けるからです。頭でいくら考えてもだめなのです。最も有効な方法は、**実際に行動する**ことです。

昇給を要求したいのだけれども、上司が怖くてそれを言い出せない会社員の場合、自分の机の前に座ったままでいくら悶々と考えていても、何にもなりません。席を立って、その上司のところに行き、来意を告げ、自分が恐怖を持っていることを、まず率直に伝えましょう。

恐怖を持っていることを告白することに対しては、私たちは恐怖を持たないものです。そして、恐怖を持っていることを人に告げることで、恐怖を受け入れることができるようになり、さらに、徐々にそれをコントロールすることができるようになっていきます。

絶えず恐怖にさいなまれながら生きている人は、先述した内なる小さな声〈カンタ〉に苦しめられています。〈カンタ〉は、昼も夜も、付きまとっておびやかすのです。

お酒を飲んだり、ドラッグをやったりして、この〈声〉を聞かないようにしたところで、まったく無駄でしょう。酒やドラッグの効果が切れれば、この声はすぐに戻ってくるからです。しかも、前よりもしつこくなっています。

何かに直面することが怖い場合、それに直面することによって得られるものと、それに直面することによって失うものを比較してみましょう。失うものの方が多い場合には、あえて直面する必要はありません。

しかし、逆に、得られるものの方が多い場合には、勇気を持ってそれに立ち向かうべきでしょう。今まで、恐怖のせいでどれくらい自分の行動と言葉にブレーキをかけてきたかを思い返してみてください。あなたは、それをこれから一生のあいだ続けてゆくつもりですか?

恐怖を感じていることを相手に告げ、状況に直面することによって、あなたは思ってもみなかったほどの素晴らしい果実を手に入れることになるでしょう。

恐怖の持つ、もう一つのまずい点は、恐怖を持つことによって、間違った判断をしてしまうということです。

たとえば、同じ夜に二つのイベントがあって、あなたがどちらに行くかで悩んでいる場合、そのためらいが恐れによるものではないかどうか、考えてみる必要があります。もしそうなら、あなたは必ず判断を誤るでしょう。

恐怖は、あなたが意識的になって明敏な気づきの状態を維持し、恐怖の原因を正確に探り当てるならば、ひるがえってあなたの良き指南役となるのです。

例をあげてみましょう。

ある晩、あなたはパーティに誘われますが、まったくそのパーティに興味を感じません。でも誘ってくれた人の気分をそこねるのが怖いというだけの理由で、あなたは行くことにしたとしましょう。この場合、あなたの判断は間違っています。恐怖が判断の基準になっているからです。

パーティに誘われたのだけれども、帰りの暗い夜道が怖いので行くのをやめた、という場合も、恐怖がもとになっていますので、間違った判断であると言えるでしょう。

恐怖に基づいて判断した場合、必ず、失望または不満足に行き着きます。自分に対する愛が欠如しているからです。それは居心地の悪さを生み出すだけでしょう。

ただし、あなたがその恐怖心の原因に気づくことができれば、あなたには健全な判断が可能となるでしょう。逃げの姿勢で判断しないからです。

あなたがネガティブな感情をため込めばため込むほど、あなたは宇宙を駆け回っている他のネガティブな波動を受けやすくなるでしょう。恐れは群れたがるからです。

あなたのまわりには見えない世界が広がっており、そこには恐れの波動が常に飛び交っています。あなたが自分自身の恐れをコントロールできるようにならない限り、あなたはそうした恐れの波動を〈受信〉して、みずからの内に取り込んでしまうでしょう。実は、広場恐怖症と言われているもののメカニズムも、そこにあるのです。

広場恐怖症の人は、ネガティブな波動に対して開かれすぎています。

あなたの肉体を、光でできた〈シールド〉がシャボン玉のように包んでいると想像してください。あなたが恐れをコントロールしている限り、その恐れはこの丸い〈シールド〉によって守られています。ところが、コントロールできない恐れが生じるたびに、この表皮に亀裂が入り、そこから、コントロールされていない恐れと同じ質の恐れが侵入してあなたの存在をおびやかすのです。そして、あなたの内なる調和は破られるでしょう。

人生をコントロールし、愛に満たされて生きていると、この〈シールド〉が強化されます。そうすると、どんなネガティブな波動も侵入できなくなって、あなたは常にやすらぎとともに生きられるようになるでしょう。

この、恐れとともに、ほとんどの人の人生を支配しているのが、**罪悪感**です。

**実際に罪深いこと**と、**罪悪感を持つこと**のあいだには、非常に大きな違いがあります。

人間は、罪悪感を持つことにかけては天才的である、と言ってもいいくらいです。多くの人が、実際には罪深くないのに、大きな罪悪感を持っているのです。

〈罪深い〉というのは、自分自身ならびに他者に対して、悪意を持って何かした場合のことです。

心の中を調べてみましょう。あなたが、人を害そうという明確な意図を持って行動した最後の日はいつですか？　あなたが、相手に迷惑がかかるとひそかに知っていながら、あえてそれをしたのは、いつですか？

たぶん、それらはかなり遠い昔のことだろうと思います。それは当然のことです。というのも、本当に〈罪深い〉人というのは、実際には、ほんのわずかしかいないからです。

自分が完全である、ということを受け入れるのは、罪悪感から解放されるための、とてもよい方法です。

たとえばあなたが、ある人を、そうする意図がなかったのにもかかわらず、結果として侮辱してしまったとしましょう。その人は怒り、あなたに罪悪感を持たせるでしょう。

「ああ、まずいことを言ってしまった。あんなことを言うんじゃなかった。その代わりに、何か別のことを言えばよかったのだ」とあなたは考えるでしょう。

その時に、しばらく立ち止まって、こう自問していただきたいのです。「私には本当に罪があるのだろうか？　悪意を持ってこの人に話しかけたのだろうか？　意識的に、意図的に、この人を傷つけようとしたのだろうか？」

もし、答えが「ノー」であれば、あなたには罪はありません。ただ、その人を傷つけたことは事実ですから、誠実に謝るとよいでしょう。そして今後はそういうことのないように気をつけようと決意して、あとはきれいサッパリ忘れることです。あなたに罪はないのですから。

けれども、そうせずに罪悪感を持ち続けると、やがてあなたは何らかの事故に遭う可能性がありま す。それは、あなたの超意識が、そんなふうに罪悪感を持ち続けるのはあなたのためによくないです よ、というメッセージを送ってきたと考えられるでしょう。

右の例とは逆に、たとえば、あなたが誰かに言葉で傷つけられた結果、今度はあなたがその人をあえて言葉で傷つけて復讐したのだとしたら、あなたには罪があります。あなたは意図的に相手を傷つけたからです。

その場合には、あなたは激しい良心の痛みを感じ、次のように考えるでしょう。「そうだ、確かに私には罪がある。意図的に復讐しようとしたのだから」

さて、そうなると、罪を中和するために、相手に許しを乞う必要が出てくるでしょう。

また、考えによって自分自身を傷つける場合もあります。その場合、自分自身に対して罪を犯した自分を許してあげましょう。

一つひとつの考えは、それが良いものであれ、悪いものであれ、目に見えない世界に向けて発信されます。そして、その考えの対象となった人のところに届くのです。もちろん、その人はそれを受け取ったことを意識していませんが。

それが憎しみの思いであれ、怒りの思いであれ、非難の思いであれ、愛の思いであれ、慈しみの思いであれ、その思いは、対象になった人に届いて、深いところでその人に影響を与えるでしょう。あなたは、そんなことがあるはずはない、と言うに違いありません。だって、目に見えない世界のことなんて、確かめようがないのですから。でも私は言いますが、これは本当のことなのです。

ある人の近くに行った時、なんだかよく分からないけれど、なんとなく居心地が悪くなったことはありませんか？　あなたはなぜ居心地が悪くなったのかは分かりませんが、とにかく居心地が悪くなったことだけは確かなのです。

そうしたことは、あなたが最近、いさかいを起こした友人に会った時にも起こり得ます。その友人は、以前と同じように振る舞っていますが、心の中にはまだわだかまりが残っているのです。あなたも相手に対してすっきりしないものを感じているかもしれません。

居心地の悪さは、相手の思いから起こることも、あなたの思いから起こることもあるでしょう。それは、一方が、あるいは双方が、**愛の思いに反している**ことから起こるのです。

心を浄化して、本当に愛することができるようになるためには、ネガティブな感情が起こるたびに、それを自覚して、心の中から捨て去らなければなりません。

また、あなたが、思いにおいて、言葉において、行動において罪を作った場合は、相手に許しを乞う必要があるでしょう。これは、自分自身に対しても同じことです。相手の反応をあらかじめ心配することはありません。謝る前に、「あの人はなんて言うかしら？　何を考えるかしら？　責められたらどうしよう？」などと考える必要はないのです。

それらは全部、〈カンタ〉のしわざです。〈カンタ〉があなたの邪魔をしようとして、そんなことを言ってくるのです。

次のようなことが起こった場合、あなたはどうしますか？

あなたの身近な人が財布から二〇ドル盗まれました。その人は最初、あなたが犯人ではないかと疑います。でも、それが間違いであったことに気づき、あなたのところにやって来てこう言います。

「私の財布から二〇ドルがなくなったとき、私はあなたが犯人だと思いました。でも、あとでそうではないということが分かりました。あなたに対して不当なことを考え、あなたを心の中で非難したことを、今では本当に申し訳なかったと思っています。ごめんなさい。許していただけますか？」

この人に対して、あなたはどう振る舞うでしょうか？　その人を非難しますか？　その人を憎むでしょうか？　きっと、そんなことはしないはずです。

むしろ、あなたを信頼して打ち明けてくれたその人に対して、よりいっそうの親近感を感じるでしょう。その勇気に感動し、その誠実さを尊く思うことでしょう。そして、その人がもっと好きになるはずです。

私たちが本当にハートから話をした時、その気持ちは必ず相手のハートに届きます。これは《自然の法則》のうちの一つなのです。**ハートからハートに伝わる**、ということです。頭からハートに、ではないことに注意しましょう。

自分が何を話しているかに、よく注意してください。あなたは、わけもなく人に謝ることが多くないですか？　しょっちゅう謝っている人は、だいたい自分を罪深いと感じているものです。謝るのは、自分を糾弾することなのだと知っていますか？

あなたは誰に対していちばん罪を犯しているか知っていますか？　それは、なんと、自分自身に対してなのです！　あなたはどれほど自分を不当に糾弾したことでしょう。どれほど自分に詰め寄り、非難し、攻撃したことでしょう。

でも、あなたは自分のできる限りのことをいつもしているのです。ありったけの知識や知恵を使って、なんとかしようとしているのです。ですから、そんな自分を責めないでください。

さあ、自分に許しを乞いましょう。〈ルーマ〉に「ごめんなさい」と言いましょう。もっと自分を愛し、自分の〈完全さ〉を受け入れるのです。そうすると、他の人たちの〈完全さ〉を、もっと受け入れやすくなるでしょう。

食器を洗っていてグラスを割ったら、あなたは自分を責めますか？　あなたは、グラスを割ろうとして割ったのですか？　そんなことはありませんね。たまたま割れただけなのです。洗っているグラスをわざと割ろうとする人など、いるはずがありません。だったら、どうして自分を叱り、責め、裁くのですか？

そうしたちょっとした事故は、あなただけではなく、多くの人に起こっています。そうしたことを経験するのは、あなただけではないのです。この場合、グラスが割れるという事故は、あなたを罪悪感から解放するために起こっているのです。

つまり、この事故の伝えてきているメッセージは、「あなたは罪を犯してもいないのに罪悪感を持っていますよ。そういう罪悪感は必要ないのですよ。もう自分を責めたり、自分を不当に糾弾したりするのはやめましょう。**あなたには罪はないのです**」というものです。

## ＊エクササイズ＊

① あなたが持っている恐れのうちから一つを選んでください（最初は小さな恐れを選びましょう）。そして、その恐れを作り出した自分を許し、当面はその恐れとともに生きることを自分に許しましょう。

② もしその恐れがなかったら、あなたの人生はどんなものになるでしょうか？　それをありありと思い描いてみてください。

③ その恐れに直面するための行動を起こしてみましょう。

④ また、この三日のあいだに、あなたが感じた罪悪感を全部書き出してみましょう。そうすることで、あなたはより意識的になれます。

⑤ 思わず責めたくなるような自分であることを、そのまま受け入れてください。どんな性格も、良い面と悪い面を持っています。どちらが表《おもて》に出ていても、それは人間として自然なことなのです。

⑥ 最近あなたに起こった小さな事故の背後に、罪悪感が潜んでいたことに気づいてください。その小さな事故とは、たとえば、料理の最中に指をちょっと切ってしまった、というようなことでいいのです。その時、あなたは何を考えていましたか？　何に対して罪悪感を感じていましたか？

⑦　カンタが、あなたに恐れを感じさせ、あなたに罪悪感を抱かせるたびに、次のアファメーションを行なってください。もしあなたが恐怖症に苦しんでいるのなら、もっと頻繁にアファメーションを繰り返してください。

**私の主人公は私だけです。私以外の意識はすべて、今すぐ私の心から出ていきなさい！**

# 14章　感情を正しく表現する方法

あなたが今か今かと待ちかまえていたテーマに、ようやく踏み込むことができます。

この本の最初のところからさまざまなエクササイズを実践してきたので、あなたはこれから適切なやり方で感情を表現できるようになるでしょう。

さて、感情とは何でしょうか？　感情とは、〈外部にある要素によって引き起こされる、一時的な心の波立ち〉のことです。外部の原因によって心の内部に引き起こされた結果のことです。

感情の多くは、私たちが持つ過剰な〈期待〉によって引き起こされます。

感情が生じるのは、私たちが〈愛する〉ということを知らないからです。

**愛は癒し、憎しみは破壊します**。ですから、感情が憎しみに由来している場合は、その感情は私たちを徹底的に破壊するでしょう。

**感情を表現する、とはどういうことを言うのでしょうか？**

これはきわめて重要な質問です。

本当に多くの人たちが、この質問に対する答えを知るために私のところにやって来ました。

「私はもう何年も前からセラピーにかかっています。で、セラピストは、さかんに感情を表現しなさいと言うのですが、感情を表現するということがいったいどんなことなのかは教えてくれないのです。それは、泣くことなのですか？　叫んだり、皿を割ったりすることなのですか？　いったいどうすればいいのでしょうか？」

というわけで、私はある方法を開発しました。この方法論は具体的であり、きわめて効果的なものです。この方法に従って感情を表現すれば、誰でも必ず成果を上げることができます。それについては、もう少しあとで述べることにしましょう。

抑圧された感情は、同じような状況が生じると、繰り返し表面化してきます。

例をあげてみましょうか。ある夫が、家族の前で繰り返し妻を罵倒する、というケースです。何か気に入らないことがあると、この夫は必ず家族の前で妻を罵倒するのです。

妻はひそかに怒りを感じていますが、それを表現することができません。そして、夫はなぜ二人きりでいる時に文句を言ってくれないのだろうか、と心の中で夫を責めます。

夫が心の奥から浮かび上がってきた怒りをいくら発散しても、それで何かが変わるわけではありません。夫は何かあるとまた怒り、そうして同じ状況が繰り返されます。

さて、あなたはどうでしょうか？　感情を適切に表現しないために、若い頃からずっと何度も同じ感情に見舞われているのではありませんか？

感情を発散するためによく使われる方法がいくつかあります。あなたもたぶん思い当たることでしょう。

いちばん人気があるのが、やけ食い、やけ飲みです（笑）。腹が立った時やさびしい時にスナック菓子を食べると、なんとなく落ち着きませんか？

あるいは、精神安定剤を飲む、ドラッグをやる、テレビにかじりつく、映画を見る、風呂に入る、といった方法もあるでしょう。

怒りを感じた時の反応も、実にさまざまです。

静かに椅子に座り、心が落ち着くのを待って、その人とのあいだにどういう問題があるのかをじっくり見きわめようとする人もいます。タバコを吸う人もいます。

怒りを抑圧し、無視する人たちもいるでしょう。そして、何もなかったのだ、と思い込むのです。そして、さらに激しく仕事に打ち込みます。

泣いたり、家事をしたり、編みものをしたり、あるいは、ただ単にふてくされるだけ、という人もいるかもしれません。あるいは、激しいスポーツに没頭する、という人もいるでしょう。直接その人を非難する、あるいは電話で非難する、という人だっていることでしょう。

ある人たちは、そんなことに自分はまったく影響されない、というふうを装い、高笑いをするかもしれません。また、「私は彼を許そう。彼が悪いわけではないのだから。彼は、自分が何をしているか分かっていないだけなのだ」と思う人もいるかもしれません。その結果、自分自身の責任に直面せずにすむのです。

最もよく行なわれるやり方の一つが、別の人に愚痴を言う、というものです。この、〈ゴミを投げ捨てる〉というやり方には、専門家《プロ》がたくさんいます（笑）。

例をあげてみましょうか。

ある妻は、仕事から帰ると、その日に経験したいやなことを、あらいざらい夫に話して聞かせます。同僚や上司のせいで自分が感じた不快感をすべて夫にぶちまけるのです。

こうやって〈ゴミを投げ捨てる〉のは、夫婦関係を壊すための、最もよい方法です。愚痴を言う方も、愚痴を聞かされる方も、まったく得るものがありません。

愚痴を言う妻の方は、夫に対して期待をしています。愚痴が終わったら、夫に慰めてもらいたいのです。「正しいのは君の方だ」、と言ってもらいたいのです。

そして実際、夫がそうやって慰めると、ニッコリ笑ってこう言うのです。「ああ、あなたに話してよかったわ。あなたはいつも本当のことを言ってくださるのね」

しかし、それでいったい何が解決されたというのでしょうか？　妻がしたことは何でしょうか？　妻は夫からエネルギーを奪い取っただけです。

こうして同じことを何カ月も、何年も続けていれば、やがて夫はエネルギーが枯渇してきたことを感じ、ついに夫婦関係は破綻してしまうでしょう。夫は、妻の話を聞くのが耐えられなくなるのです。妻と話をしても、エネルギーの交流がなく、自分からエネルギーが奪われるだけだからです。

同じことは、友人とのあいだでも起こりえます。ゴミを投げ捨てた方はエネルギーをもらったように感じますが、しかしその効果は一時的なものに過ぎません。そこで、明日も、あさっても、話を聞いてくれる人を捕まえては、ゴミの投げ捨てを行なうのです。それを我慢する犠牲者は、何も得るものがありません。エネルギーを吸い取られるだけだからです。そしてやがては、このゴミを投げ捨てる人から離れてゆくでしょう。

ゴミの投げ捨てのプロに対する、とても有効な接し方があります。まずは、その人の言うことを、やさしく、忍耐強く聞いてあげましょう。ようやく愚痴が終わったら、その人に向かってこう言うのです。「で、その問題を解決するのに、これからどうするつもり？」

その人はきっとこう言うはずです。

「えっ？　いったい私に何をしろって言うの？　**私にはどうしようもないのよ。悪いのはあの人なんだから**。私には何もできないわ！」

そうしたら、やさしくほほえんで相手を傷つけないように注意しながら、「もうこれ以上、その話を聞く気はありません。なぜなら、あなたはその問題を愛しているからです」と言ってあげましょう。

その人が問題を解決するために何もしようとしないのは、まだ本当には困っていないからなのです。問題にうんざりするところまでいっていないのです。彼女は問題を愛している、と言ってもいいでしょう。なぜなら、その問題について繰り返し考えることでその問題にエネルギーを与え、その問題をはぐくんでいるからです。当然、その問題は〈自動的に〉大きくなります。

たぶん、そういう指摘をすると、その人はいやな顔をするでしょう。自分がものすごく不当に扱われたと感じるに違いありません。

でも実際には、あなたは彼女にショックを与え、そろそろ自分の人生を変えるために何かを始めた方がいいですよ、と言ってあげたことになるのです。

もし彼女があなたを単なるゴミ捨て場だと思っていたのなら、彼女はあなたのところから去り、別のゴミ捨て場を探すだけでしょう。あなたは大切な人を失ったわけではありません。エネルギーを失わなくてすむようになっただけなのです。

〈ゴミを捨てる〉ことと〈分かち合う〉ことの違いは何でしょうか?

愚痴をこぼして一時的な気晴らしをする、これが〈ゴミを捨てる〉ということです。

一方、**分かち合う**というのは、つらいことについて率直に語り、どうすれば解決できるかということについて一緒に考えることです。分かち合いには、一方的で勝手な期待がありません。ですから、友人どうしで分かち合いができるように、夫婦のあいだでも分かち合いができるようになるのは、とても大事なことなのです。

また、〈分かち合う〉というのは、あなたに起こるあらゆることに対して〈責任を取る〉ということでもあります。

あなたもよく知っているように、感情を表現するには、いろいろなやり方があります。先にあげた中でも最もまずいのが、〈どうってことないから〉という理由をつけて〈何もしない〉ことです。それは〈感情を飲み込む〉ことになるからです。誰かがこう言うのを聞いたことはありませんか？「あの人のせいで私が怒ったなんて、とてもじゃないけど言えないわ。私はそれほど幼稚じゃないもの」

でも、そんなふうにして怒りを飲み込んでしまうと、体重が増えたり、からだにさまざまなトラブルが生じたりするものです。それは、〈自動的に〉そうなるのです。

怒りが表現されずに抑圧された結果としてかかる病気のうちで、最も代表的なのが**ガン**です。抑圧された感情がからだの中で爆発すると、細胞まで爆発してしまうわけです。

泣いたり、叫んだり、歩いたり、スポーツをしたりして怒りを発散するのは、抑圧するよりも、はるかによいと言えるでしょう。少なくとも何らかの形で怒りが表現されているからです。

それでは、私がお勧めする感情の表現の仕方をこれから述べてみましょう。この方法を本当に心から実践すれば、あなたは今後、同じような状況に置かれても、その感情に翻弄されることはなくなるでしょう。それが感情を誘発するような状況であることは分かりますが、もう以前のように古い感情が心の底から浮かび上がってくることはなくなるからです。

素敵なことだと思いませんか？　あなたは、小さい頃から抱え込んできたあらゆる感情から解放されるのですよ。

①まず、**感情の正体を見きわめる**ことです。どんな感情が湧き上がってきているのかを自覚するのです。心の中で何が起こっているのかを正視してください。

それは、怒りなのか、失望なのか、欲求不満なのか、恐れなのか、悲しみなのか、不安なのか、恨みなのか、攻撃性なのかを見きわめるのです。

それがどんな感情であれ、まずそれを〈特定〉することです。

②二番目の段階はちょっと難しいかもしれません。それは、**その感情の責任を引き受ける**ことです。つまり、**その感情を作り出したのは自分自身であることを認める**のです。

外部の要因——つまり、見たり聞いたりしたこと——から影響を受けたのは、あなただということを認めましょう。他の人だったら、まったく別の受け取り方をしたかもしれないのです。

例をあげてみましょう。

あなたの親友が、新しいドレスを着て、あなたのところにやって来たとします。それを見て、あなたは、ドレスの色がその友人にはまったく似合っていないと感じます。その色だと顔色がさえず、ちょっと老けた感じになってしまうのです。

あなたは考えます。「彼女には、この色は似合わないわ。でも、自分では分からないのだから、誰かが言ってあげないと」

そこであなたは、その損な役を引き受けます。親友のことを心から思ってのことです。

その親友には三つの選択肢があるでしょう。

一番目に考えられる反応は、あなたに感謝することです。「まあ、言ってくれてどうもありがとう。

この色の服を買ったのはこれが初めてなの。私に言ってくれるのには勇気がいったことでしょう。教えてくれて、本当にありがとう」

あなたが考えを分かち合ってくれたので、彼女はそれをとても喜んだのです。

二番目の反応は、何も感じないことです。中立的な態度をとることにしたのです。彼女はこう思います。「あら、彼女はそう考えるのね。でもそう考えるのは彼女の自由だわ。きっとこの色が好きじゃないんでしょう。でも、彼女は彼女、私は私」そして、あなたの意見を気にしません。

三番目にありえる反応は、次のように考えて、猛烈に怒り出すことです。「頼んだわけでもないのに、ひどいことを言うわね。どうしてあんなことが言えるのかしら？　こんどチャンスがあったら、私も彼女のだめなところをぜったいに指摘してやろう！」

この三番目の例に関して、一緒に考えてみましょう。どうして彼女は怒ったのでしょうか？　怒りの原因は何でしょうか？　あなたのコメントだったのでしょうか？　それとも、そのコメントに対する彼女の解釈だったのでしょうか？

人間が抱くあらゆる感情は、まったく同じ一つの原因から生じます。すなわち、**他人の言動に対する自分の考え方、自分の解釈の仕方**です。

**原因は他人にあるのではない**、ということを知らなければなりません。これには例外がありません。《自己責任の法則》によって、**あなたの感情の責任は一〇〇パーセントあなたにある**のです。

先ほどの、家族の前で奥さんを怒鳴りつける男性の例について、もう一度ここで考えてみましょう。

この奥さんは、別の考え方をすることによって、別の感情を持つこともできます。

たとえば、ご主人のことを次のように考えたとしたらどうでしょうか？「かわいそうな人。私のことがきっと怖いので、二人きりの時には話せないんだわ。私はどうすべきなのかしら……。私の態度が彼をおびえさせ、自分の考えを言えないようにさせているのね。私の態度が威圧的なのかもしれない。それに、私は本当に彼の言うことを聞いているかしら？　いつも言い負かそうとしてばかりいるのではないかしら？」

〈蒔いた種は必ず刈り取らなければならない〉という自己責任の法則にもとづいてあなたが世界を見た時、状況をまったく別の視点から眺めることが可能となるでしょう。

繰り返しいつも同じ状況が生じるとしたら、ご主人に同じ反応をさせている**自分の態度に問題があるのではないか**、と考えてみるのです。**相手の反応に対して自動的に怒るのではなく、ひと呼吸おいて、もしかすると自分に責任があるのではないだろうか**、と考えてみるのです。

あなたは彼を変えようとしていませんか？　他の人がいる前で彼を非難したことはありませんか？　彼がいないところで、友だちに、彼についての悪口を言ったことはありませんか？

彼の態度は、彼なりに自分の〈空間〉を確保しようとする試みなのです。しかし、それがうまくいかず、あなたの威圧的な態度に窒息しそうになっているのかもしれません。

とはいっても、彼がそういうことを意識している、と言っているのではありません。無意識のうちに生き延びようとして、そうした態度をとっているのではないですか、ということです。

相手があなたの〈ボタン〉を押して、あなたに同じ反応をさせる時は、あなたに対し、「俺の〈空間〉が欲しいだけなんだ。このままでは窒息してしまう！」と主張しているのです。**意地悪からそうしているのではない、つらくてそうしているのだ、**ということを理解しましょう。

あなたが彼の〈空間〉に踏み込みすぎている、ということを、あなたに教えようとしているだけなのです。彼は、自分の〈空間〉を取り戻そうとしているだけなのです。

感情の責任をとれば、その感情は徐々に弱まってゆきます。あなたのご主人に対する怒りは、だんだん静まってゆくでしょう。ご主人をよく見てごらんなさい。別の見え方がしてくるはずです。

③三番目の段階では、相手の人に会いに行って、あなたの気持ちを伝えましょう。もっとも、あなたが本当に心から自分の責任を引き受けたのなら、わざわざ会いに行かなくても結構です。

ただ、私はそうすることを強く勧めます。というのも、実際に相手に会いに行くと、あなたが頭ではなくて本当にハートで行動しているかどうかが、はっきりと分かるからです。

自分の感情に関しては一〇〇パーセント自分に責任がある、ということをハートで理解している人は、現実にはほとんどいません。だからこそ、頭がまだ優位に立とうとしている時に、あえてハートで理解して行動するということが求められるのです。

それでは、どのように自分の気持ちを伝えるかということを、先ほどの話の続きを追いながら、確認してみましょう。

奥さんはご主人に自分の本当の気持ちを伝えます。ご主人が自分を罵った時に怒りを感じた、ということを伝えるのです。そして、じっくり考えた末に、自分が彼の〈空間〉に侵入していたこと、また彼を変えようと思っていたことに気づいた、ということを正直に告白します。彼の振る舞いは、彼なりのやり方で、何度も辛抱強くやり直すことだったのだ、と気づいたことも話しましょう。その奥さんは、以前はそんなふうに思ってみることなどまったくありませんでした。

彼女は自分が本当に感じたことを話すだけでいいのです。ただし、**すべての責任を引き受けた上で話す必要があります**。怒ったことは本当に自分に責任がある、と思っていない場合、それは分かち合いではなくて非難になってしまいます。

もし奥さんがご主人に向かって、「あなたが家族みんなの前で私を罵ったとき、私はすごくつらかったわ。そしてその後で、ものすごい怒りを感じたの」と言ったとしたら、彼は自分が責められていると感じるでしょう。

それよりも、「ごめんなさい。これからはあんなふうになっても、取り乱さないように努力するわ。あなたが悪いんじゃないもの」と言えば、ご主人は自分が悪かったのだと反省するでしょう。ただ、だからといって、彼が家族の前でもう奥さんを罵らなくなるかどうかについては保証できません。

しかし、少なくとも、彼女自身はやすらぎを得て、今までのように感情に翻弄されることはなくなるでしょう。古いことわざにこうあります。〈抵抗すればするほど、それは続く〉

奥さんが無理にご主人を変えようとすればするほど、同じ状況が繰り返されるのです。もうあんなことはしないと彼は約束するでしょうが、でもたぶんそうはいかないでしょう。私が知っている中で最も効果的なやり方は、奥さんが本当にハートで理解して、ご主人の振る舞いを引き出したのは自分であると深く反省した上で、結果に執着せず、静かに待つことです。

《自己責任の法則》とは、私たちに起こることはすべて、私たちのそれ以前の行為の結果である、ということです。日常的にいろいろと実践することを通して、あなたはだんだんと、この自己責任の法則を自分のものとすることができるようになるでしょう。

感情をコントロールできるようになるには、数多くのエクササイズが必要となります。

まったく感情的にならずに一日を過ごせる人を、私はほとんど知りません。

あなたが言ったことで傷ついた人が、今あなたのところにやって来て、自分はあなたの言葉を聞いてすごく傷ついたのだけれど、そんなふうに傷ついたのは実は自分の考え方に問題があったのだということが分かった、と話したとしたら、あなたはどう感じますか？　たぶん、ほっとすると思います。そして、ますますその人に対する親密感が深まるのではないでしょうか？　こんなわけで、相手を非難することなく自分の感情を率直に表現することは、とても大切なことなのです。

怒りを感じた後で、自己責任の法則に従って反省し、その怒りから解放されるということは、とても大事なことです。でも、それを相手に伝えないとしたら、せっかくの素晴らしい機会を失うことになるでしょう。なぜなら、もしあなたがそれを、ご主人なり、友人なり、親なり、子どもなり、相手に率直に伝えれば、あなたは彼らに愛を伝えたことになり、その結果、お互いにとって、ものすごく良い関係が築かれることになるからです。

相手に向かって自分の本当の思いを伝えることは、自分自身と相手に対して抱いている、深い信頼感を表明することでもあるのです。

自己責任の法則に従ってあなたが気づきを得れば、たとえ同じ状況が繰り返されたとしても、もうあなたが感情に翻弄されることはありません。あなたが怒りから解放されるに従って、昔からある恨みも徐々に消えてゆくのを感じることでしょう。

あなたは、たぶん、兄弟、姉妹、友人とのあいだですごく感情的になったことがあって、しかもそれを表現することができないでいたのではないでしょうか？　あなたはそうした感情をずっと自分の中にため込んできたはずです。なぜなら、**自分は絶対悪くない、悪いのは相手だ**と思っていたからです。

でも、そうした感情の抑圧をやめるには、あなたが決心をしさえすればよいのです。自己責任の法則に従ってみずからを深く振り返り、その結果を率直に相手に伝えるだけでよいのです。

あなたの内面が変化するのみならず、必ずあなたの外側の世界も変化するでしょう。あなたのウェストは、今すでにかなり細いとしても、さらにもっと細くなるはずです。

感情のエネルギー・センターは、おへそと心臓のあいだにあります。年をとるに従って、男性でも女性でも、ウェストが太くなるのはその部分に感情をため込むからです。特に、男性の方がそこが太くなりやすいことは、まわりを見ればすぐに分かるでしょう。男性の方が、感情を〈感情体〉の中にため込みやすいのです。

感情を統御できるようになった何千人もの人たちに、根本的な変化が現われるのを、私はずっと見てきました。ほんの二～三カ月で、ウェストが驚くほど細くなった人がたくさんいます。

そうした人たちが、ずっとため込んできた感情から解放されつつあるのは明らかです。また、同時に、抑圧された感情が原因だったさまざまな病気からも解放されました。つまり、きわめてよく効く副作用のない抗ガン剤を発見したことになるのです。

こうして感情を上手に表現できるようになると、あなたには、恨んで〈根に持つ〉ということがなくなってゆくでしょう。でも、そのためには、もう一度言いますが、頭で考えるのではなく、ハートで感じなくてはなりません。頭でいくら理屈をこねても、問題は決して解決しないのです。あなたがハートで感じているかどうかは、問題の相手に実際に話してみればすぐに分かるでしょう。

あなたが、分かち合えばきっと相手は変わるに違いない、と考えているうちは、あなたは頭で判断して行動しています。まだ、自分の感情の全責任を引き受けていないのです。本当に責任を引き受けたなら、相手に期待することはまったくなくなるでしょう。相手が同じことを繰り返しても、あなたは感情的にならずにすみます。なんて素晴らしいことでしょうか！

他の例をあげてみましょう。

あなたは、洋服ダンスの扉が開けっぱなしになっているのを見て、すごくいらだちます。家族の誰かが洋服ダンスの扉を開けっぱなしにするたびに、あなたはいらだち、やがて怒りを感じるようにさえなります。

しかし、そのうちに、そんなつまらないことで怒っている自分がおかしく思えてきます。洋服ダンスの扉が開いていようが閉まっていようが、まったくどうでもいいことに気がつくのです。それで、あなたの人生に何か大きな変化が起こるわけでもないし、あなたの考え方、あなたの生き方に根本的な影響があるわけでもない、ということに思い至るのです。そこで、こう自分に言い聞かせます。「タンスの扉が閉まっているのが好きなのは私なのだから、私が自分で閉めればいいだけのことだわ」

その瞬間から、あなたは感情的でなくなるでしょう。タンスの扉が開けっぱなしになっていても、ぜんぜん気にならなくなるのです。しかも驚いたことに、その時以来、扉が開けっぱなしになっていることはなくなるでしょう。あなたが彼らを変えようとしている、と彼らが感じなくなったために、扉を開けっぱなしにしておく理由がなくなったからです。

あなたがすべてをハートで受け入れれば、もう気になることは何もなくなります。あなたの感情を刺激するものは何も存在しなくなるのです。なんて素敵なことでしょう！

## ＊エクササイズ＊

① 最近、あなたの感情をかき乱した人を、一人選んでください。その際に、あなたの感情をひどくかき乱した人ではなく、軽くかき乱した人を選んだほうがいいでしょう。その方が、エクササイズがやりやすいからです。

② その人に関して、本文であげた五つの段階を、克明にメモを取りながら、行なってみてください。

③ それから、その人に会いに行き、本文に書かれている通りに、あなたが経験したことを伝えてください。

④ そのあとでどんなふうに感じたかを、しっかり書きましょう。

⑤ あなたに可能な範囲で、以下のアファメーションを、できるだけたくさん、繰り返し行なってください。

**私は自分の感情をすべてそのまま受け入れます。その感情を持ったのは完全に自分の責任であることを受け入れ、それを相手に伝えることによって、感情をコントロールできるようになります。**

15章

# あなたの〈感情〉が必要としているもの

感情を健康に保つには、以下にあげる七つの基本的な要素を満たす必要があります（重要な順にあげておきました）。あなたがそれらの〈栄養〉を〈感情体〉に与えれば与えるほど、あなたは、より見事に感情をコントロールできるようになるでしょう。

①一番目に必要なのは、**創造性**です。

創造性というのは、あなたの〈個性〉を表現することです。あなたが創造しない時、あなたは破壊しているか、または他人の物まねをしていることになるでしょう。

創造性というのは、人間にとって根本的に必要なものです。あなたが創造性を発揮しないと、あなたの〈感情体〉は病《や》んでゆくでしょう。

単調な仕事を続けていてはなりません。創造的な活動に変えてください。地上にいる人は、誰でも――たとえからだに障害がある人でも――創造性を発揮することができます。創造性は、人間であることの一部だからです。

何かすごいものを発明しなさい、と言っているわけではありません。花をきれいに生けることでもいいのです。洋服を自分で作ることでもいいのです。残りものを工夫して、おいしい料理を作ることだって立派な創造行為でしょう。日曜大工や家の修理だっていいのです。ただし、そこにはあなたらしいスタイルがなければなりません。

あなたは、あらゆる領域で創造性を発揮することができます。あなたは必ず独自の才能を持っているはずなのです。

子どもの頃を振り返ってみましょう。何が好きでしたか？ 何が得意でしたか？ イラストを描くのが好きだったのではありませんか？ だったら、それを生かして本格的に絵を描き始めるのはいかがですか？ 文章を書くのはどうですか？ 必ずしも出版するために書く必要はありません。自分自身のために書くのもいいですし、ただ書く喜びのために書くのでもいいのです。

あなた自身の才能を使うことによって、つまりあなた自身の内側から何かを取り出すことによって、あなたは自分の創造性を生かしたことになります。あなたは誰かのコピーではありません。

自分の才能を毎日の仕事の中で発揮している人たちもいます。こういう人たちは、ふだんの生活では、むしろ受け身に生きているかもしれません。

また、創造するというのは、あなたの人生を創造するということ、つまり、あなたの人生においてあなた自身が選択し、決断する、ということでもあります。

創造性をうまく発揮することができないと、あなたは、自分の個性を表現したり、本当の自分を開示したりすることが――これは、精神のレベルにおける重要なニーズなのですが――できなくなるでしょう。肉体のレベルでは、呼吸器系のトラブルやアレルギーに見舞われるはずです。

②二番目に必要なのは、**美**です。

美というのは、人間にとって本質的に大切なものです。人間は、いつも美に囲まれていたいのです。不幸な人たち、また深刻な病気になっている人たちは、自分のうちにも、自分のまわりにも、まったく美を感じることができなくなっているでしょう。彼らは、ものを見ても美しいと感じられなくなっているのです。

コンクリートを打ちっぱなしの家に住み、観葉植物をいっさい置かず、着るものにまったく無頓着で、自分の容姿に好きなところがまったくないような人、つまり、醜さだけに囲まれて生きている人は、やがて自殺に追い込まれる可能性が非常に高いと言えるでしょう。

人間は、肉体の目と心の目で、常に美しいものを見ている必要があるのです。そして、外側の世界に美を見られない人は、内側の世界にも美を見ることができません。

自然の中を散歩している時、ひと目見ただけであなたの心の中に直接入ってくるものがあるでしょう。それは一本の美しい木であるかもしれないし、荘厳な夕日であるかもしれません。

「そんなものを見たからといって、いったいどうなるのですか?」とあなたは尋ねますか?

ではお答えしますが、そうしたものの美しさは、あなたの〈感情体〉を満たして癒してくれるのです。その時、あなたは非常に深い幸福感を感じるでしょう。時には、美がセンチメンタルなものと結びつけられることもありますが、いずれにしても、美的な体験は、あなたの〈感情体〉をすこやかに養うために、とても大切なのです。

その気になりさえすれば、どんな瞬間、どんな状況においても、あなたは自分のまわりに美を発信することができます。それがどんなにささやかなものであろうとも、一つひとつの行動は、あなたが自分をより美しい存在にするための機会となるのです。

まず自分自身を美しくしましょう。あなたが触れるもの、それが洋服であれ、食べものであれ、それらを美しいものにするのです。何かを選ぶ時は、可能な限り美しいもの、良いものを選んでください。量よりも質を大切にしましょう。

あなたの肌に触れるものは、すべて重要です。洋服の生地の質は、あなたの〈感情体〉に、はっきりと影響を与えます。洋服は、自然の素材でできたものを選びましょう。その方が、からだが喜ぶからです。からだは洋服の生地を通して呼吸していることを忘れないでください。そのことは、自分で実際に試してみれば、きっとよく分かるはずです。

外から家を見る時も、家の中を見る時も、人を見る時も、自然を見る時も、常にそこに美しさを見い出すようにしましょう。あら探しをするのはやめてください。

ほめられたら素直にお礼を言いましょう。そんな時に謙遜したり照れたりして、自分の欠点をあげる必要はまったくありません。

あなたのまわりが、いつもたくさんの美で取り囲まれているようにしましょう。ある人に会っていて、その人に対するいやな気持ちが生じたときは、その人をハートの目で見て、その人の美しさを発見してください。そうすれば、あなたは、美の持つパワーを発見できるはずです。

アクエリアスの時代（「水瓶《みずがめ》座の時代」とも言う。西洋占星術に由来し、「自由で解放された新しい時代」のこと――訳者注）が到来したために、あらゆる方面で美が探求されるようになりました。たとえば、家、ショッピングセンター、企業のビル、大都市の公園、またファッションなどにおいて、美しさが表現されています。あなたは、レストランに入って、その内装の美しさに打たれたとき、どんなことを感じるでしょうか？　料理の盛り付けが独創的で、美しいものだった時は？　料理は、その栄養分だけではなく、その美しさによっても、私たちの滋養になるのです。

美しさの中で生きるのは、あなたの決心ひとつに掛かっています。しかも、美しさを選択したからといって、必ずしもお金がかかるわけではありません。平凡な素材に手を加えて、素晴らしい作品を創り出す芸術家たちがいるのを、あなたも知っているでしょう。

人生に美を発見できない人は、精神のレベルにおいて、自分自身と他人に誠実であることができません。肉体のレベルにおいては、創造性を欠く人たちと同様に、呼吸器系のトラブル、そしてアレルギーに見舞われるでしょう。〈感情体〉が必要としている最初の二つのニーズ〈創造性と美〉は、お互いに密接に関係している、ということを知っておいてください。

③三番目に必要なのは、**愛情**です。

もしあなたが今、愛情を充分に受け取っていないとしたら、自分が愛の種を蒔いたかどうかを考えてみる必要があるでしょう。まことに不思議なことですが、人間は、人間に対してよりも、動物に対して、より多くの愛情を与えている場合があります。

ある友人が語ってくれたことですが、飼っていた犬が死んで以来、彼女とご主人、そして娘さんは、今まで以上にお互いに愛情を与え合うようになったということです。そうなって初めて彼女は、自分たちがお互いに愛情を与え合うことよりも、犬に愛情を与えることの方を優先していた、という事実に気がついたのです。

もちろん動物に愛情を与えることが悪いと言っているのではありません。でも、人間も忘れないようにしたいものです。テレビの前に座って、奥さんの存在を忘れ、犬（あるいは猫）を愛撫しながらどうでもよい番組を見ている夫がいますが、こういう夫はいずれ、自分で自分を愛撫しなければならなくなるでしょう！

肉体に触れることだけが愛情を表現する方法なのではありません。ちょっとした慰めの言葉や励ましの言葉、一輪の花、愛情のこもったひと言なども、愛情のあかしとなります。

また、他の人にしてあげることを、自分にもしてあげてください。愛情は、自分に対しても与える必要があるのです。あなた自身のことも忘れてはなりません。

地上では、あらゆるものがエネルギーから作られています。ですから、何かを手に入れたいと思ったら、まずあなたがエネルギーを注ぐ必要があるのです。

あなたが愛情のエネルギーを出せば出すほど、それがあなたのところに戻ってきます。

まったく愛情を与えられず、必要最低限の世話を焼かれただけの赤ちゃんは、ほどなく死んでしまうといいます。それくらい、愛情というのは大事なのです。

フランス語の〈愛情〉には、〈関わること〉という意味もあります。だからこそ人々は、他の人と関わってその関心を引くために、あらゆる手段を使うのです。

山のような贈りものをしたり、「ノー」と言いたいのに「イエス」と言ったりしますが、それらはすべて〈関心を引く〉ためなのです。

人間は、誰かと関わっている必要があるのです。他の人に対して関心（＝愛情）を抱く必要があるのです。

あなたが自分のことを無価値だと思って、他の人の人生に関わろうとしなければ、あなたは引きこもって愛情をストップさせてしまうでしょう。そうすると、まわりの人も、あなたに対する愛情をストップさせます。あなたがまわりに対して関心を持っていないのに、まわりがあなたに対して関心を持つとしたら、エネルギーのアンバランスが生じてしまうからです。エネルギーは、常に調和して循環するものなのです。

地球上では、エネルギーはすべての基本です。何かを創造し、また獲得するには、あなたは自分のエネルギーを投入しなければなりません。あなたが愛情のエネルギーを与えれば与えるほど、あなたはそれを受け取ることになるでしょう。

愛情が不足すると、精神のレベルにおいて、あなたは自分に対する尊重の念、そして当然のことながら、他者に対する尊重の念の不足に見舞われます。肉体的なレベルにおいては、口や首のトラブルが生じるでしょう。

④四番目に必要なのは、**帰属**です。

人間は誰でも、ある場所やある集団に属していることが必要です。小さい頃から、仲良しのグループを持つことは、ごく普通に見られることです。どこにも属せない子どもは、みじめな思いをするでしょう。大人でも、帰属するところがなくて孤独に苦しんでいる人はたくさんいます。

でも、帰属というのは、実はあなたの内面の問題なのです。あなたが、何に、誰に、いつ帰属するかを決められるのは、あなただけだからです。

あなたは、しばしば同じレストランに行きますか？　同じ友人たちとよく付き合いますか？　バカンスはいつも同じところに行きますか？　もしそうだとしたら、現在、あなたには充分な帰属意識がありません。

たぶんあなたは、新しい場所に適応することに困難を覚えているのでしょう。あなたは、地球がみんなのためにある、ということを受け入れていないのです。自分はどんなところにでも帰属できる、ということを受け入れていないのです。あなたのためではない場所というのは、どこにもありません。あなたは、いつでも、どこにでも、自分を帰属させることができるのです。

帰属するというのは、そこにとどまり続けることではありません。ただし、今いる場所がどこであろうとも、そしてそこが豊かな場所であろうとも、貧しい場所であろうとも、あなたはそこに帰属できるのだ、ということを知ってください。そのことが本当に分かれば、あなたは〈慣れない場所〉に行っても、居心地が悪くなったり、ぎこちなくなったりすることはなくなるでしょう。

帰属意識を強く感じれば感じるほど、あなたは何かを所有したいという欲望から解放されるでしょう。あなたの人生に現われる物や人は、あくまでも一時的なものであり、所有すべきものではなくて、あなたの進化をうながすためのものでしかない、ということが分かるからです。

それが分かるためには、実際の経験を通して、〈帰属の意識〉と〈無執着〉を同時に感じ取る必要があるでしょう。そうすれば、それがどんなことか分かります。いずれにしても、あなたの帰属意識が高まれば高まるほど、他者を所有したいという気持ちから解放されるでしょう。

帰属意識が足りないと、深刻な問題が生じるでしょう。精神的なレベルでは、期待なしに他者を導くことができなくなり、また、他者から導かれることも受け入れられなくなります。内面の空虚さを感じるので、肉体的なレベルで、食べもの、アルコール、ドラッグ、タバコ、または薬などを摂取して、その空虚さを埋めようとするでしょう。したがって、消化器官にトラブルが生じ、背中の上部に痛みを感じるはずです。

⑤五番目に必要なのは、**希望**です。

地中深くにある出口のない真っ暗闇のトンネルの中に閉じ込められて、どうしても脱出することができないという状況を想像してみてください。どうですか？　それだったら死んだ方がましだと思いませんか？

でも、遠くの方に小さな光が見えたらどうでしょう？　すべてが一瞬にして変わるのではないでしょうか。

その小さな光が希望となります。そこに行き着くまでの時間の長さは、もう気にならないでしょう。

これは人生においても、まったく同じです。あなたには、常に光に向かっているという意識が必要なのです。光に向かって歩いて行けば、最後には素晴らしいことがあなたを待ち受けていると思いませんか？

すべてはよくなる、という希望を持つ必要があります。あなたは今、さまざまな体験をしていますが、それらはあなたに〈自分自身についての何か〉を教えようとしているのです。そして、あなたが自分自身について多くを学べば学ぶほど、より多くの光を、つまり、より多くの暖かさと愛を、得ることができるのです。

希望が持てないと、精神のレベルでは、〈手放す〉ことが困難になり、したがって、心地よく生きることができなくなるでしょう。また、肉体のレベルでは、背中の真ん中あたりが痛くなったり、排泄器官、さらに性的器官にトラブルが生じるでしょう。

### ⑥六番目に必要なのは、**信頼**です。

**自分を信頼する**とはどういうことでしょうか？　さまざまな答えがありうると思います。ある人たちは、信頼するということを、勇気を持つことや辛抱強いことと混同するかもしれません。〈恐れに打ち克つ〉というのは、信頼することとは違います。それは〈勇気を持つ〉ことです。〈自分を信頼する〉とは、人にどう判断されるかを恐れることなく、自分を率直に表現し、自分の心の内を人に見せることです。

どんな人に対しても自分を率直に表現することを学べば学ぶほど、あなたは自分に対する信頼を深めます。その結果、まわりの人からますます信頼されるようになるでしょう。

たとえば、あなたの友だちがあなたに対して、自分が考えていることを何ひとつ隠さず、すべて正直に話してくれたとしたらどうでしょう？　あなたもこの友人に対して、自分のことを率直に語りたくなりませんか？

会社員と上司とのあいだでも、同様のことが起こりえます。会社員が上司に自分のことを率直に話し、自分が何を考え、何を感じているかを明らかにすれば、上司からさらに信頼されるようになるでしょう。

ほとんどの人は、自分の心のどの部分を打ち明けるかに応じて、打ち明ける相手を選びます。仕事のこと、自分自身の課題、子どもの問題、セックスの悩みなどは、それぞれ違った特定の人に打ち明けるのではないでしょうか。でも、あなたが自分を信頼しているのなら、誰に対しても、どんなことでも打ち明けることができます。

もちろん、道で会う人全員になんでもかんでも打ち明けなさい、と言っているわけではありません。打ち明けるには、それなりの状況というものがあるからです。

でも、もしあなたが突然、ある人に自分のことを打ち明けたくなったなら、たとえその人をよく知らない場合でも、ぜひそうしてみてください。話すに従って、相手にどう判断されるかということはだんだん気にならなくなってくるでしょう。相手が何を考えるかということなど、どうでもよくなるのです。

自分を信頼するということは、また、自分を信じた上で何かを選ぶことでもあります。それは、生まれつき備わった能力でも、遺伝する能力でもありません。あなた自身が、日常的な冒険を自発的に行ないながら、少しずつ身につけていくべき能力なのです。

また、自分自身を信頼することができないと、当然のことながら、他者を信頼することはできません。どうして自分を信頼できない人が、他者を信頼できるでしょうか！

自分に対する信頼が欠如していると、精神のレベルにおいて、生きる上での安心が感じられないという問題が生じます。肉体のレベルにおいては、腰やおなかの痛み、さらには足や腕にトラブルが生じて、前に進むことが困難になるでしょう。

⑦七番目に必要なのは、**目的**です。

人生において、一つないしいくつかの目的を持つことは、絶対に欠かせません。これから一分のあいだに、あなたの短期的目的（六カ月後）、中期的目的（五年後）、長期的目的（二〇年後）をそれぞれ三つずつ言ってください、とあなたに言ったら、どう答えますか？

たぶん答えられないのではないでしょうか。おそらくあなたは、「特にありませんけど……」と答えるのではないですか？

明確な目的を持つのは、とても大事なことです。目的を持つこと自体で、あなたの生きる意欲が強いものとなるでしょう。大きな目的を持つことをためらわないでください。もっとも、小さな成果で満足できるのであれば、大きな目的を持たなくても結構ですが。

また、目的は変化してゆきます。例をあげてみましょう。

あなたは六カ月で英語を話せるようになろう、と考えます。ところが一カ月後には、スペイン語をやりたくなります。この場合、目的の変更は問題ありません。目的を持っており、日々努力している限り、大丈夫なのです。

〈望み〉と〈目的〉は違います。来年には家が欲しい、とあなたが私に言った時点では、それは〈望み〉に過ぎません。でも、あなたがそのために何か具体的な行動を起こしたとたんに、その〈望み〉は〈目的〉になるのです。

あなたが広告を切り取り、家を見に行き、貯蓄を始める、などのことをして実現のために具体的に行動を始めた時、〈望み〉が〈目的〉に姿を変えるのです。〈望み〉を実現するためにエネルギーを投入し始めると、〈望み〉が〈目的〉に変化する、と言ってもいいでしょう。

「これから毎週、家を買う費用として五ドル、必ず貯金してください」と私があなたに言ったら、あなたはどう思うでしょうか？「ずいぶん、おかしなことを言う人ね。毎週五ドルずつ貯金したって、家が買えるわけないじゃないの。それでは五〇年もかかってしまうわ」と思うかもしれません。

でも、金額は問題ではないのです。大切なのは、まず目的をありありと心に思い浮かべ、そして毎週、それに向かって何か必ず具体的な行動をすることなのです。

とてもたくさんの人が、一人きりでさびしく住んでいます。そういう人たちは、誰かが一緒に暮らしてくれたらどんなにいいだろう、と思っていることでしょう。でも、そのために具体的な行動を起こす人は、ほとんどいません。ですから、その願いは〈望み〉のままで終わるのです。

そういう人たちは、家に帰るとすぐ、テレビにかじり付きます。それでは、誰かに出会うというのは、まず不可能ではないでしょうか？　行動することがどうしても必要なのです。たとえば、毎日、必ず誰か新しい人に話しかけるといったような……。そうすれば、きっと満足すべき成果があがると思います。

**〈望み〉が〈目的〉に変われば、必ず実現します**。それに、目的を持てば、あなたには生きる意欲が湧いてくるでしょう。朝起きるのが楽しみになるでしょう。今や、あなたは目的を実現しようとして生きているからです。

ただ、自分自身に対してあまり厳しくしないようにしてください。期限付きの明確な目的を持ち、それをみんなに言う。それはそれでいいでしょう。ただし、絶対にその目的を変えない、というのはよくありません。たとえば、もうやりたくなくなったのに、相変わらず同じ目的を追い続ける、というのは、あなたのためにならないのです。

〈望み〉を〈目的〉に変える時は、あなたの超意識に向かって、その目的が本当に自分のためになるのかどうかを尋ねてみてください。必ず何らかの形で答えが与えられるでしょう。

以上にあげた七つのニーズのうち、一つでも満たされなければ、あなたのエネルギーがブロックされてしまい、生きる上でのエネルギーが湧いてこないはずです。

## ＊エクササイズ＊

① 紙を一枚用意して、あなたの〈感情体〉が必要としているものを、すべて書き出してください。

② 次に、その中のどれがないがしろにされているかを考えましょう。あなたは〈感情体〉に、どの〈栄養〉を与える必要がありますか？ この作業によって、なぜあなたがふだんそんなに感情的になるのかが分かるでしょう。あなたの〈感情体〉に栄養を与えれば与えるほど、感情をコントロールするのが簡単になります。

③ これからの一週間で、あなたの〈感情体〉に最も不足している栄養を与えるために、しっかり

と行動してください。

④　以下のアファメーションを、できるだけ頻繁に行なってください。

**私は今後、自分の〈感情体〉が必要としている栄養を、きちんと摂取します。そして、そのことによって、〈感情体〉の健康と調和を取り戻します。**

第四部

# 〈物質体《フイジカル・ボデイ》〉の声を聞く

16章

# 食べることの本当の意味

あなたのからだは、地球上にある最も高性能のマシンです。いまだに、人間のうち誰ひとりとして、この素晴らしいマシンに匹敵するものを考えついたことはありませんし、複製を作ることのできた人もいません。もし人間の脳と同じ機能を持ったコンピュータを作るとすれば、その大きさは地球と同じくらいになるだろうと言われています。そして、現在のところ人間は、この素晴らしい脳の、五パーセントから一〇パーセントくらいしか使っていません。

生まれるとすぐ、からだはからだとして自然に機能します。何も教えなくても、眠り、飲み、泣き、くしゃみをし、汗をかき、排泄し、消化し、あくびをし、飲み込み、吐き、動き、血を出し、傷を治します。すでにそうすることを知っているのです。

からだは、また、自分が必要としているものも、よく知っています。つまり、睡眠、栄養、運動などです。この点に関しては、からだを全面的に信頼して、ゆだねさえすればいいのです。しかし、私たちは、しばしばそうすることができません。

母親は、生まれたばかりの赤ちゃんを信頼しています。赤ちゃんがお乳を欲しがるのを待ちます。赤ちゃんがなぜ泣くのかが分かります。でも、赤ちゃんに歯が生え始めると、とたんに食べものを与える回数を限定するのです。つまり、一日に三回、とします。

こうして、生まれてから数カ月で、自分のからだが、本当に何を必要としているかを知っているにもかかわらず、赤ちゃんは自分のからだを信じることができなくなるのです。

〇歳から七歳までは、批判精神を働かせることがなく、教えられたことをすべてそのまま、自分のうちに取り込みます。両親が決めた通りにからだを養うことを覚えるのです。

それなのに、両親は、子どもを信頼せず、子どもが必要としている時に、必要としている食べものを与えません。そのため、大人になった時に、私たちは、自分のからだが本当に必要としているものを発見し直さなければいけないのです。

私たちがどのように食べものをとるかということと、私たちがどのように生きるかということは、非常に密接に結びついています。その点をよく知っておくことが大事でしょう。

あなたはどんなふうに食事をしますか？　朝食、昼食、夕食を決まった時間にとりますか？　そうするのは当たり前だと思っているので、疑問に思ったことさえないのではないですか？

だとしたら、生き方も、そのように四角四面になっているはずです。多くの場面で、本当に決定を下しているのは、あなた自身ではないでしょう。

「そうすることになっているから」という理由で、そうしているのではありませんか？　あなたはおそらく、「なぜ？」という問いかけをしないでしょう。そうするのが当たり前だと思っているからです。

このことに関して、とても私の気に入っている話をしてみましょう。

結婚したばかりのある若い女性が、ハムを料理する際、鍋に入れる前に、必ず両端を切り落としていました。それを見て興味をそそられたご主人が、「どうしてそうするの？」と尋ねると、妻はこう答えました。

「どうしてだか分からないわ。でも、ママがいつもそうしていたの。だから、私もそうするのよ」

ますます興味をそそられた夫は、ある日、義理の母親に、どうしてハムの両端を切り落としてから料理するのか、と聞いてみました。答えはこうでした。

「理由は分からないわ。でも、母がいつもそうしていたの」

この若い夫は、どうしてもその理由を知りたくなって、ある時、親戚が集まった際に、妻のおばあさんにそのことを尋ねてみました。

すると、おばあさんはこう答えました。

「それは、こういうわけなのよ。私が小さかった頃、うちはとても貧乏だったの。そのため、小さな鍋しかなかったので、料理する時は、ハムの両端を切らないと鍋に入らなかったのよ」

私たちは、人生で、理由も知らずに同じことをやり続けるものですが、この話はそのことをとても鮮やかに示しています。単なる習慣から、同じことを続けるのです。

あなたは、原則や伝統といったものをとても気にするタイプですか？　もしそうなら、食事の仕方を確かめてごらんなさい。

あなたは決まった時間に食事をしているはずです。そして、食べなければならないからという理由で、必ず食事をとるようにしているでしょう。食べないとおなかがすく、ということが不安なのです。たとえば夕食の時間に外出しているとすると、家を出る前に、ちょっとしたものを食べておくはずです。あとでおなかがすくのでは、と不安だからでしょう。食べもののとり方がこうであるならば、他のことでも同じような振る舞いをするはずです。つまり、「〇〇が不安で△△する」というパターンにおちいっているのです。

あなたは、他の人たちがどう考えるか、何を言うかが不安で何かをしていませんか？　そうする時、あなたは本当の自分ではありません。食事をする時と同じように、あなたは、そうすべきだからそうする、というふうに、前もって決めているからです。

あなたのからだは、いつおなかがすくかをとてもよく知っています。おなかがすいたのに食べることができない時は、あなたのからだにこう言ってあげましょう。「もうちょっと待ってね、ルーマ。しばらくすれば、あなたに食べものをあげられるわ」

食べすぎるのではないか、と心配することもありません。からだが必要としている時に、からだが必要としているものをとれば、からだはいつ食べるのをやめるべきか、ちゃんと知っています。

もし、あなたが、食事に関して多くの決めごとをしているとすれば、「あの人たちはどう考えるかしら?」とか、「あの人たちはどう言うかしら?」とか、「あの人たちはどうするかしら?」ということが、あなたにとって大きな意味を持っているはずです。

そのため、あなたは、自分自身の考えに基づいて行動するのではなくて、他の人たちがどう反応するかということばかりを気にするのです。ですから、自分自身であることができません。

そうしたことの一つひとつが、小さな不満足感を残します。心がどこか満たされないのは、そのせいです。理由は探すまでもありません。ゆえに、あなたにとって大事なのは、自分が本当にしたいことを知り、それをするということなのです。

習慣的に食事をするあなたにとって、〈善と悪〉の区別も、非常に大きな意味を持っているはずです。あなたは、型にはまりすぎているのです。

現実は善でも悪でもないのに、これは善、あれは悪、とすぐに決めつけたがるでしょう。あなたにとっての善も、他の人にとっては悪になるかもしれないのです。ですから、〈善〉と〈悪〉の代わりに、〈ためになる〉と〈ためにならない〉という言葉を使うとよいでしょう。あなたにとって、ためになるか、ならないか、そういう視点で物事を見直すのです。

**それぞれが自分の現実を生きています**。他の人は他の人で、学ぶべきことがあるでしょう。彼らの生き方や行動の仕方があなたから見て〈悪〉だとしても、彼らはそうすることによって、何か大切なことを知る可能性もあるわけです。

あなたは習慣によって食事をし、習慣によって行動しているかもしれません。それは、〈精神的な次元〉に属することです。でも、自分の食べ方を注意深く観察すれば、あなたが同時に〈感情的な次元〉にも属していることを発見するでしょう。

小さい時、あなたは感情に基づいて食べたり飲んだりしていました。というのも、食べることが、心のある部分をおぎなう、という意味を持っていたからです。今、自分がどんな食べ方をしているか、観察してみましょう。

子どもが何かにぶつかったり、ケガをしたりすると、親は、お菓子を与えて機嫌を直そうとします。子どもがさみしがった時も同様に、何か食べるものを与えるのです。子どもがすねていたり、怒っていたり、友だちとケンカをして腹を立てていたりすれば、何か食べものを与えて、子どもの気持ちをコントロールしようとするでしょう。その時に、こんなことを言うはずです。

「いい子にしていたら、そのうちレストランに連れて行ってあげるからね。それとも、アイスクリーム屋さんがいいかな？　ソフトクリームを食べようね」

また、デザートを取り上げたり、おやつをやらなかったりして、子どもを罰する親もいます。ほとんどの母親がそんなふうにするのではないでしょうか。こうしたやり方は、子どもに非常に大きな影響を与えます。そして、その子が大人なっても、ずっと影響を与え続けるのです。

〇歳から七歳までのあいだにした経験は、今でもあなたの〈物質体〉、〈感情体〉、〈精神体〉に刻印されています。その頃の経験がいまだに、あなたの生きる上での無意識的な指標になっているのです。

あなたは今、どんな振る舞い方をしていますか？　感情の影響を受けて食べたり飲んだりしていませんか？　暇な時間を埋めるために、機嫌を直すために、自分へのごほうびとして、何かを食べていませんか？

もしそうなら、本当はあなた自身が自分の主人公になるべきなのにもかかわらず、あなたは〈感情体〉に支配され続けているのです。次の章では、どうすれば感情に支配されることなく、感情を支配することができるようになるかをお教えしましょう。

あなたが、欲望から食べたり飲んだりしているのなら、あなたの〈物質体〉が支配的であることを示しています。では、欲望から食べる、とはどういうことなのでしょうか？

欲望から食べる、というのは、ひたすら肉体の感覚を喜ばすためだけに食べる、ということです。たとえば、おなかがまったくすいていない時、アイスクリーム屋さんの前を通ったら、さまざまなコーンカップが飾ってあるのが見えました。とてもおいしそうなので、あなたは我慢できなくなり、とうとう店に入り、一つ買って食べてしまいます。ほんの数分前までは、アイスクリームのことなど考えてもいなかったのに、です。コーンカップを見たことで、アイスクリームを食べたくなったのです。

あるものを見たり、においをかいだり、味わったり、触ったり、その話を聞いたりしたために、それまで欲しいと思っていなかったにもかかわらず、それを食べたり飲んだりしたくなるという場合、あなたは感覚に支配されているのです。

たとえば、おいしい食事をおなかいっぱい食べてから、映画を見に行ったとしましょう。あなたは、おいしい食事をしたことに、とても満足しています。ところが、隣に座った人がポップコーンを食べており、その、こうばしい香りがあなたの鼻をくすぐるのです。最初は我慢していましたが、ついに我慢しきれなくなってあなたは売店に行き、ポップコーンを買ってしまいます。これが〈欲望によって食べる〉ということです。

一方、あなたが午前中に仕事をしていると、おいしいケーキのことが頭に浮かびました。そこで、お昼の食事の際に、ケーキも注文して食べることになります。これは、欲望から食べているケースではありません。感覚器官を通して食べたくなったわけではないからです。あなたはケーキを見て食べたくなったわけではありません。あるいは、ケーキの香りをかいだために、または誰かがケーキについて話すのを聞いたために、食べたくなったわけではないのです。あなたの感覚がそそのかしたから食べたのではありません。

あなたは、何かを食べたくなった時、本当におなかがすいているのか、ちゃんと確かめるべきでしょう。もし、おなかがすいていないのに食べたくなったとしたら、そこにはなんらかの感情がかかわっている可能性があります。

食べること以外にも、あなたが欲望からすることは本当にたくさんあるでしょう。欲望から買いものをしたり、欲望から眠ったり、欲望からセックスをしたり、と実にさまざまです。

自分をよく観察してみましょう。あなたはどんなことを欲望から行なっていますか？　五官を統御するのが難しいと感じていませんか？　もしそうなら、〈物質体〉のレベルがコントロールできていません。〈物質体〉と調和できていないのです。

欲望から何かをすることが多いとしたら、そこには、超意識からのメッセージが含まれています。ルーマが言いたいのは、あなたの五官のいくつかが本当の意味で満たされていない、ということです。それは、視覚かもしれないし、聴覚かもしれないし、嗅覚や味覚、あるいは触覚かもしれません。

**視覚**：目で見るものによって惑わされているとしたら、からだからのメッセージはこうです。「あなたは目で見るものによって惑わされていますが、本当は、それはどうでもよいことなのです」あるいは、「いつまでも惑わされていないで、それと関係のある別なことをしなさい」

**聴覚**：家で、あるいは別の場所で、誰かの言葉に気を取られたとしたら、その言葉によく注意してみてください。そうすれば、その人が、必ずしもあなたの望むようなやり方で話していなかったり、または、あなたを喜ばすようなことを言っていなかったりすることが分かるでしょう。あるいは、その時あなたは、直観という形であなたに語りかけてきていたあなたの〈内なる神〉の声を、聞きたくなかったのかもしれません。

**嗅覚**：あなたは、誰か、あるいは何かのにおいが感じられない時はありませんか？　それは、隣人のにおいだったり、上司のにおいだったり、家族の誰かのにおいだったり、あるいは部屋にある家具のにおいだったりするでしょう。だとしたら、その場合、あなたはその対象を拒否しているのです。ということは、あなた自身をも拒否しているということになります。他者に対する判断は、自分自身に対する判断とまったく同じだということを思い出しておきましょう。

**触覚**：愛情面で、あなたは満足していますか？　もし今、充分な愛情が得られていないとしたら、誰が愛の種を蒔き忘れたのでしょうか？　収穫が欲しいのなら、まず種を蒔かなければなりません。愛情のあかしとなるものは、いくらでもあります。視線、メッセージカード、花、ちょっとした言葉、一瞬のしぐさなど、とても簡単なことです。あなた自身、いくらでもそうしたことができるのではないでしょうか？　どうか愛の種を蒔くことを忘れないように！　あなたが種を蒔けば、必ず収穫があります。

**味覚**：あなたがもし欲望から食べているのなら、そして特に、それがおいしいために、食べるのをやめることができない場合、あなたは性的に満足していないと言えるでしょう。そんな時は、あなた自身が、あなたの人生に、必要な変化をもたらさなければなりません。

あなたの五官のどれかが満足していない場合、それはあなた自身の問題です。あなた自身が行動することによって、その問題を解決するようにしましょう。

他人を変えることによって、自分が幸福になろうとしていませんか？　そんな時、あなたのからだはあなたにこう言うでしょう。

「他の人のことに口出しをすべきではありません。他の人の生き方に対し、あなたがとやかく言う必要はないのです。他の人を変えることによって幸福を得ようとするのは、ものすごく危険なことですよ！」

〈物質体〉、〈感情体〉、〈精神体〉のうちのどれが、あなたに強い影響を与えているとしても、それを統御するのはあなたなのです。

もし、〈精神体〉があなたに影響を与えているとしたら、よくよく自問することです。あなたはあまりにも多くのことを習慣から自動的にやっているはずだからです。したがって、話したり行動したりする前に、一度立ち止まってよく考える必要があります。少し時間をとって、次のように自問してみましょう。

「私は、本当にそうしたいのだろうか？　そうすることによって幸せになれるのだろうか？　本当にそうする必要があるのだろうか？」

あなたに強い影響を及ぼしているのが〈感情体〉であるならば、感情を上手に表現することを学ぶ必要があります（このことについては、14章で触れました）。

もし〈物質体〉があなたに影響を与えているようでしたら、立ち止まって、次のように考えてみましょう。

「五官のうち、どれが満足していないのだろうか？」

そして、五官の一つひとつについてよく考えて、どれが満たされていないのかを突き止めましょう。視覚でしょうか？　聴覚でしょうか？　嗅覚でしょうか？　触覚？　味覚？　愛情面？　セックス面？　じっくりと探ってみましょう。必ず答えが得られるはずです。

そういうふうにすることによって、あなたは自分自身について多くのことを発見できると思います。

満足していないのが、必ずしも一つの〈体〉だとは限らないでしょう。でもどれかの〈体〉が他のものよりも調和を欠いており、満たされていないはずです。

もしかすると、食べものに対する欲求が〈心の飢え〉から来ていることに気づくかもしれません。そのことに気づけば、あなたの生き方には変化が生じるでしょう。考え方を変えることによって、あなたの味覚にも変化が生じる可能性があります。

あなたのからだは本当に素晴らしい機能を備えており、自分が必要としているものが何であるかを正確に知っています。また、必要としているものをいつ要求すればよいかも知っているのです。からだは、六つの基本的な要素からできています。水、たんぱく質、ビタミン、糖質、脂質、そして無機質がそれです。それらのうち一つあるいはいくつかが足りなくなると、からだは脳にサインを送ってそれを知らせます。すると、脳はあなたに、その不足したものをおぎなうために何かを食べるように指示するのです。

ですからあなたは、からだのために何をいつ食べればよいのか、ということに関して心配することはありません。からだを信頼していれば、いつ何を食べればよいかは自然に分かるようになっているのです。もし今、からだに不足しているものが何もないのであれば、将来のことを心配して何かを摂取するということは、まったく必要ありません。

鉄、カルシウム、たんぱく質、脂質、糖質など、どんなものが不足したとしても、からだはそれをおぎなうように、必ずあなたにサインを送ってくるでしょう。超高性能のコンピュータであるあなたの脳は、生まれてから今までにあなたが食べたものの味と、そこに含まれる栄養素をすべて記憶しています。あなたのからだは、何かを必要とする時は、すぐ脳にそのことを伝えるようになっているのです。

あなたが、からだのために何かを決める必要はまったくありません。必要としているものを脳に伝えるのは、からだ自体に組み込まれた働きだからです。

食餌療法をしている人は、からだに対して何をいつ食べるのか指示していることになります。したがって、それは自然の法則に反した行為です。食餌療法をすることによって、あなたはからだにこう伝えていることになるでしょう。

「今日から私は、あなたが必要としているものを選んであげます。いつ、そして何回それをとればよいのかも、ちゃんと教えてあげましょう」

それよりも、あなたのからだを信頼してすべてをまかせた方が、はるかによいのです。

ある人たちは、一日に一食しか食べません。他の人たちは、朝と晩だけ食べます。また別の人たちは、昼食と軽い夜食だけをとるかもしれません。一日に五回食事をする人もいれば、おなかがすいた時に何かを少しだけ食べるという人もいるでしょう。ですから、あなたは、自分にとって最も適した食べ方をすればよいのです。他人のまねをすることはありません。みんなそれぞれ違うのです。ある人にとって良いことが他の人にとっても良いとは限りません。

あなたのからだはカルシウムを同化するのが得意かもしれません。あるいは、コレステロールを排泄するのが上手かもしれません。このたった二つのことですら、あなたは自覚していないわけですから、それ以外にからだがやっていることなど、とうてい知りようもないわけです。

あなたはまだ意識のレベルが充分に高くないので、からだの中で行なわれていることをすべて自覚できるわけではありません。

あなたは消化作用に関して、からだに何か命令する必要はないのです。胃から腸に食物を移動させるように言ったり、肝臓や膵臓に、さあ今から働きなさい、と命令する必要もありません。それは超意識の役目です。超意識が、あなたの消化、吸収、排泄などをつかさどっているのです。

あなたの役目は、意識的にできることを実行して、からだの働きを助けることです。あなたは、あなたのからだに対して責任のある唯一の人なのです。あなたの意識が拡大すれば拡大するほど、からだからのメッセージを理解することが容易になり、したがって、適切に対応できるようになるでしょう。あなたは自分にできることをしてください。からだはからだで、なすべきことをするでしょう。

そんなふうに調和することで、あなたは健康を保つことができます。

ある人々は、からだに必要な栄養素として認められていないものを摂取することがあります。それらは、からだに対して毒として作用するでしょう。なぜなら、それらの物質はからだにエネルギーを与えるのではなく、からだからエネルギーを奪うからです。

そうした毒性の物質としては、アルコール、白砂糖、漂白した小麦粉、白米、白いパン、カフェイン、精製塩、必須ではない脂肪、着色料、保存料、化学薬品などがあります。

この本は、栄養に関する専門書ではありませんので、あまり細かいことには触れません。関心のある人は、専門書に当たってみてください。得るところが多いはずです。

あなたはどんな食事をしていますか？　もしそうだとしたら、あなたは〈物質体〉を愛していることになります。精神と感情のレベルでは、まだバランスが取れていないかもしれませんが、少なくともからだの物質面は尊重されていることになるでしょう。良い生き方への第一歩であることは間違いありません。

ベジタリアンの中には、自分は人生を統御して大いなる平和と調和に達している、と考えている人もいるようです。しかし、食べものというのは、人間が持っているさまざまな面の、ほんの一面に過ぎません。

ただし、良い食事というのはとても大切です。そのおかげで、細胞が健康に保たれるからです。からだがきわめて健康であれば、余裕が出てきます。そうなれば、感情的な次元、精神的な次元にかかわる余裕も生まれるでしょう。

ハンバーガーにフライドポテトといった食事は、からだに対して過剰に負担をかけることになります。それらはみんな〈毒〉なので、消化に大変な困難が伴うのです。

砂糖と化学物質が大量に入った清涼飲料水を飲むことも、からだに対しては大きな負担になるでしょう。そういうものを飲むということは、あなたが自分の中に何か愛しきれないものを抱え込んでいるというサインでもあります。それほどの負担をからだにかける以上、からだを尊重しているとはとうてい言えないでしょう。

そんなことをしていたら、からだがあなたの要求に応えずに反抗しても不思議ではありません。からだにだって反抗する権利はあります。からだはこう言うかもしれません。

「あなたは私にどんな良いことをしてくれているというの？　どうして私だけがいつもあなたの役に立つことをしなくてはならないの？」

あなたが、自分に何ができるのか真剣に考えようというのであれば、私はあなたを助け、そしてあなたのからだを助けることができます。

あなたが甘いものをとりすぎるのは、あなたの生活にやさしさが欠けているからです（フランス語では、「甘さ」と「やさしさ」は同じ douceur という単語になる――訳者注）。あなたは、それをすると嬉しくなるようなことを自分に禁じているのではありませんか？

もし、あなたが塩をとりすぎるのであれば、きっとあなたは辛辣に人を批判するタイプでしょう。

香辛料をとりすぎるのは、あなたの生活にピリッとした刺激が足りないからです。

コーヒーを飲みすぎるのは、生活に興奮できることが少ないからでしょう。

## ＊エクササイズ＊

① 食べたり飲んだりする前に、本当におなかがすいているのか、それがいま必要なものなのか、ということを自問してください。この作業をすると、自分をもっと深く知ることができます。

②　一日の終わりに、その日を振り返って、食べたものをすべて書き出し、それらを、純粋におなかがすいたから食べたのか、あるいは感情によって、習慣から、または欲望から食べたのか、コメントをつけます。これは食餌療法ではありません。ただ純粋に自分を観察するために行なうのです。そうすることによって、〈物質体〉、〈感情体〉、〈精神体〉のうち、どれがあなたの人生を操っているのかが分かるようになるでしょう。そのことによって、あなたの自己認識はいっそう深まります。

③　以下のアファメーションを、できるだけ頻繁に行なってください。

**私は、自分の食事の仕方にますます意識的になっています。私が、どんな動機で、何を食べるのかが分かってきました。必要な時に、必要なものを私に教えてくれるよう、私はからだにお願いします。**

※本章に関してさらに詳しく知りたい方は、私の著書『〈からだ〉に聞いて食べなさい』を読んでみてください。一冊全体が、食のテーマを扱っています。

## 17章　あなたにとって理想的な体重

体重が問題になるのは、多すぎる場合だけではありません。少なすぎる場合もまた問題でしょう。あなたがやせすぎている場合には、あなたの人生が、肉体的な面で充分なレベルに達していないことを意味しています。体重が充分にないということは、物質面で充分に楽しみたいと思っているのに、心の中に罪悪感があるためにそれができない、ということを示しているでしょう。

それはまた、あなたが、自分の問題のみならず、まわりにいるあらゆる人たちの問題を心配している、ということを表わしているのかもしれません。あなたは、自分のまわりのありとあらゆることを気にしています。そして、あなたのからだはやせることによって、あなたにそのことを教えようとしているのです。からだは、あなたに、そういう生き方はあなた本来の生き方ではない、というメッセージを送っています。他の人の問題は、他の人が解決するしかない、ということを知っておいてください。あなたがあれこれ心配すべきことではありません。

さらにあなたが、他者から受け取らないで与えてばかりいる、という可能性もあるでしょう。あなたは他者から受け取ることを学ぶ必要があるのです。そのことを学び、与えることと受け取ることのバランスをとることができるようになれば、あなたのからだはおのずと理想的な体重に戻るでしょう。あなたは、からだのリズムに従う必要があるのです。からだの言うことに耳をかたむけてください。

さて、今度は、体重が多すぎるという逆の問題について考えてみましょう。こちらにもいくつかの理由があります。

ダイエットをしようとする人は、自分の人生の責任を引き受けることを拒否しています。そういう人は、問題の本当の原因を探らずに、自分に都合の良い結果だけを求めようとしているのです。ダイエットに成功して体重が減ることはあるかもしれません。しかし、やがてからだが反抗して、減量した分をまた取り戻すでしょう。

統計によると、ダイエットで体重を減らした人のうち九八パーセントが、しばらくすると元の状態に戻る、あるいはもっと太る、ということです。一時的に成功したように見えるだけなのです。

減量のあとでふたたび体重が増える時に、あなたはたぶん、前以上に太るはずです。それは、あなたがからだに味わわせたことに対する、からだの側《がわ》からの反撃なのです。

あなたのからだとあなたの超意識は、あなたのとても大切な友人なのですよ。あなたのからだは、さまざまなメッセージを送っては、あなたに語りかけているのです。それなのに、あなたは、からだに感謝するどころか、からだからのイメージを憎み、憤《いきどお》り、からだに反抗し、からだを強制的に変えようとするのです。ダイエットを行なうなどというのは、まさに、なすべきことの正反対のことだと言えるでしょう。

むしろ、肥満の根本原因を探ることの方が大切です。真剣にその原因を探ろうとすれば、からだからのメッセージが届き始めるでしょう。そして、やがて、あなたのからだにとって理想的な速度で体重が減ってゆくはずです。その速さは人によって異なるでしょう。同じ期間で、ある人の体重は一五キロも減り、他の人の体重は一キロしか減らないこともあります。でも、それは重要なことではありません。何よりも大切なのは、太りすぎの本当の原因を探ることです。

あなたが数年かけて体重を一〇キロ増やしたとするならば、それをひと月やふた月で減らせるわけがありません。あなたがまず考え方を変え、からだには、その変化に対応するための時間を充分に与えることです。あなたの考え方が変わることによってしか、望ましい結果は得られません。あなたが考え方を変えさえすれば、あとはすべて自然についてきます。

からだからのメッセージは、人によって異なります。それは、肥満の原因が異なる以上、当然のことでしょう。

肥満は、前の章であげた三つのタイプによって起こることがあります。つまり、習慣から食べる、感情から食べる、欲望から食べる、という三つのタイプです。からだが必要としている以上に食べれば、脂肪がつくのは当たり前でしょう。もっとも、すべての人にそうしたことが起こるわけではありません。それは、あくまでも、からだの側からのメッセージの送り方の一つに過ぎないのですから。あなたはそのメッセージを通して、何かを理解する必要があるわけです。

たとえば、いくら食べても太らない人がいますが、そういう人は、代謝の効率がとてもよいのです。食べるそばからカロリーを燃焼させてしまうわけです。からだの反応がとても敏速で、特に消化系の働きが活発なのでしょう。こういう人は、一方で、消耗が激しく、老いるのもすごく早いものです。

それぞれの人に、受け取るべきメッセージがあります。大切な友人であるからだは、私たちにいつも語りかけてきています。そして、自然にかなった生き方をしているのか、あるいは自然に反した生き方をしているのかを、私たちに教えてくれるのです。

最初の解決法は、本当におなかがすいた時に食べることです。そうすることによって、おそらく、望み通りに体重を減らすことができるでしょう。ただし、過度の期待は禁物です。あなたの超意識が導いてくれるのですから、それを信じて素直に身をゆだねることです。

太りすぎが、欲ばりの気持ちの現われである場合もあります。欲ばりが、必ずしも物をため込むという形で現われるとは限らないのです。欲ばりは、まず何よりも心のあり方である、ということを確認しておきましょう。

欲ばりな人は、何かが足りないのではないかと常に不安に思っています。ですから、いつも、よりたくさんのものを望むのです。

また、そのうち何かが足りなくなるのではないか、と心配する人もいます。そういう人たちの中には、あとからあとから保険をかける人もいるでしょう。もしかするとあなたは、家を何軒も買ったり、物を大量に買い込んだりする人ではありませんか？　でも、それがあなたに役立っているのなら、あなたがからだからメッセージを受け取ることはないでしょう。しかし、物や、保険や、お金にあまりにも支配されると、そうした安全対策がやがて、あなたの進化をさまたげるようになります。

あなたは、本当はものをたくさん所有したいのに、自分にそれを禁じているかもしれません。あるいは、物質にはそんなに価値がない、と自分に思い込ませておきながら、その一方で、いろいろなものを買って、ちゃっかりと楽しんでいる可能性もあるでしょう。

そういうあなたへのメッセージはこうです。

「あなたは、そういう素敵なものを欲しいだけ手に入れてよいのですよ。物質を手に入れることは、全然スピリチュアリティに反することではないのですから」

自分を受け入れられない、あるいは自分を愛せない、ということが肥満となって現われることもあります。そういう人は、いつも他者からの愛を欲しがっています。また、見捨てられることに不安を持ったり、自分は愛されておらず、たいした人間ではない、と思い込んでいたりすることもあるでしょう。

しかし、見捨てられるというのは、その人が勝手に考え出したことに過ぎません。こちらから進んで愛を与えさえすれば、必ず自分も愛を与えられるものなのです。よく自分のまわりを観察してごらんなさい。あなたが考えている以上に、あなたは愛されているのですよ。

肥満の原因が、性的なことに関わっている場合もあります。

たとえば、自分が属している性を受け入れられないために太る、というケースもあるでしょう。生まれた時、両親が別の性の赤ちゃんを望んでいた、という場合がそうです。そのために、自分が親から愛されていないと思うことが充分にありえるのです。

あなたがもう一方の性に属していれば、もっと生きやすかったでしょうか？「この子が女の子ではなくて男の子だったらよかったのに」とか、「男の子ではなくて女の子だったらよかったのに」とか、両親が話しているのを聞いたことがあるのではないですか？　あなたの親は、自分の男としての、あるいは女としての人生を、失敗と見なしているはずです。

そうした性にまつわるフラストレーションは、しばしば思春期の頃、私たちに深刻な影響を及ぼします。ある人は、異性に対してすごく臆病になるでしょう。あるいは、自分とは違う性に属する権威的な人の前で、極端に萎縮してしまうかもしれません。また、背中がどちらかに曲がっていたり、肥満していたりして、異性の関心を引かないようにしているかもしれません。

そういう場合、あなたの超意識は、自分の性を引き受けなさい、と言っています。あなたが男または女として生まれたのは、そのように生まれることで学ぶべきことが何かしらあったからなのです。思春期の頃に、別の性であったらもっと幸せになれたのに、と思っていたとしたら、それは現在あなたのためになっていません。きっとあなたはそう思った結果を引き受けているはずです。さあ、今こそ、自分の性を正面から引き受けましょう。

肥満しているということは、断ち切るべき目に見えないロープがあることを示しているかもしれません。あなたがどうしても受け入れられなかった人（お父さん、お母さん、その他）がいるはずです。その人も太っていたでしょう。

あなたはその人に似たらどうしようと思いながら生きてきました。そして、その結果、見事に似てしまったのです。不安や恐怖は、その対象となった現実を引き寄せるからです。

あなたが肥満しているのは、その人をあるがままに受け入れなさい――精神的にも肉体的にも――というサインなのです。

生まれた時から太りすぎていたとすれば、たぶん原因は前世から来ているのでしょう。なんらかの身体障害を持って生まれて来る人たちと同様、この肥満も意識の進化にとって必要だったと思われます。そのように太った自分を受け入れ、愛するためのレッスンなのです。

肉体的、感情的、精神的な問題を抱えて生きている人は、それらの問題が意味するところを悟るまで、そうした問題とともに生きなければなりません。しかし、その意味を本当に悟った時、奇跡が起こる場合がよくあります。たとえば、肉体的な障害を背負って生きていた人が、その意味を悟ったとたん、奇跡が起こって障害が消え、完璧な肉体を取り戻すことがあるのです。

体重の問題に関しても、同じことが言えるでしょう。一生のあいだ、〈カルマ〉と呼ばれるもの、つまり、前世からの宿命とともに生きなければならない、というわけではないのです。あなたが望む時、いつでもそういう生き方をやめることが可能なのです。

非常にスピリチュアルで信仰心の篤《あつ》い人の中に、太りすぎの人がいる場合があります。そういう人は、おそらく、地上に降りる前にいた天上界のことをかすかに覚えていて、地上で生きるのがすごくつらいのでしょう。こうした人たちは、たぶん、四六時中、〝いったいこの地上で何をすればいいのだろう?〟と考えているに違いありません。こういう人たちは、お祈りが大好きです。生まれつき本当に信仰心が篤いのです。

こうした人たちの考えはこうです。〝生きているよりも、死んだほうが幸せに違いない〟

必ずしも自殺しようとするわけではありませんが、地上よりもはるかに楽しい場所があることを知っているのは確かでしょう。

こういう人たちの場合、余分な肉は、彼らを地上につなぎとめる重しの役割をしています。彼らに対する超意識からのメッセージはこうです。

「さあ、もうあきらめて、地上にいることを受け入れなさい。あなたにも、この地上でやるべきことがあるのです。自分を愛し、人を愛することを学びましょう」

もしあなたがこうした問題を抱えているとしたら、どうか、地上の美しさ、大自然の美しさに気づいてください。そして、自分を愛し、自分のまわりにあるものを愛しましょう。

太りすぎには、さらに別の原因もあります。人に与えずに、受け取ってばかりいる人の場合です。あなたは自分のことを人に知られるのが怖いのではないですか?　あなたが知っていることを人と分かち合うのが怖いのではないですか?　いつもこう思っているのではないですか?

「もし知りたいのなら、自分で学べばいいんだわ。私は教えるつもりはないの……」

どうしてそんなふうに考えるのでしょうか?　どうして分かち合わないのでしょうか?　もしかして、そんなことをすると人を傷つけることになると思っているのですか?　あるいは、自分のことを知られると、だれからも受け入れられなくなる、愛されなくなる、と恐れているのではありませんか？　いつも他の人から相談されたり、打ち明け話を聞かされてばかりで、自分のことはまったく話せないのではないですか？　ため込みすぎ、というのは、与えるものに比べて受け取るものが多すぎるということです。そうだとすると、あなたのからだも同じようにため込みすぎる場合があるでしょう。

あなたが何を考え、何を話し、何をしているかをあなたに自覚させるために、あなたのからだは実にさまざまなやり方であなたに話しかけてきます。あなたの超意識が使う手段はいろいろなのです。顔にできた打撲の傷であったり、皮膚の赤斑であったり、はっきりと分かる病気であったり、分かりにくい病気であったりするでしょう。そうしたサインを受け取ってメッセージを読み解くのは、もちろんあなた自身の役目です。

あわててダイエットに走り、成果を早く出そうとするよりも、じっくりと立ち止まって内省し、本当は何が問題なのかを見抜くほうがはるかに大切だし、実際に有効なのです。〈原因〉を探る方が、はるかに賢明です。〈結果〉に対していくら働きかけたところで状況は変わりません。

例をあげてみましょう。ある人が、大きな問題を抱えていました。苦しいので、その問題を忘れようとしてお酒を飲みに行きます。しこたま飲んで、問題を忘れたかに見えました。しかし、翌朝に目を覚ましてみると、問題は相変わらずそこにあります。むしろ、前よりも大きくなったように感じられるでしょう。

ダイエットをするのも、これと同じことです。一時的な効果のようなものは得られますが、根本的な原因が解決されていないので、結局のところ満たされない気持ちが残っており、そのためにまた太るのは時間の問題なのです。ですから、根本の原因、つまり肥満というメッセージの大もとまで、さかのぼる必要があります。

いつになったら体重が減り始めるのだろうかと心配しなくても大丈夫です。あなたにはあなたのリズムがあるからです。本当に大切なことは、あなたが自分自身の主人公となり、本当の幸せとは何かを知ることなのです。

**＊エクササイズ＊**

① この章を終えるにあたって、どうしてもやっておかなければならないのは、〈ダイエット〉あるいは〈ごまかす〉という言葉を使わないようにすることです。人生において〈ごまかし〉はききません。ごまかして生きているとしたら、あなたのためになりません。

② からだが必要としていないものを与えた時は、からだに対して心から謝ってください。「ごめんなさい、ルーマ。私はあなたの声を聞かずに、食べすぎてしまいました。許してください。これから真剣に問題に取り組むつもりです。きっとうまくいくでしょう。あなたと理解し合えることを心から望んでいます」こういうふうに言うことで、あなたは罪悪感を持たずにいられるでしょう。罪悪感を持つと、同じ過ちを繰り返してしまうことを心に刻んでください。

③ あなたのからだをありのままに受け入れ、あなたが今のところ、限界を持った人間だというこ

とを受け入れましょう。あなたは、自分自身以外の誰にも釈明する必要がありません。あなただけが、あなたの人生を管理することのできる人なのです。また、あなただけが、自分の決意の結果を引き受けられるのです。そうした結果が、あまりにも困難で、また、つらいものだった場合、次からは違った決意を選択すればいいのです。

④ 可能な選択肢の中から、どれがあなたにとっていちばんふさわしいかを考えましょう。

⑤ 以下のアファメーションを、できるだけ頻繁に行なってください。

**私は、ありのままの自分を受け入れます。私の内にある偉大な力が助けてくれるので、私は理想的な体重を取り戻し、それを維持することができます。私を常に助けてくれる〈内なる神〉に、私は心から感謝します。**

# 18章　セクシャリティをめぐる問題

セクシャリティについて語ることは、実に微妙な面を含んでいます。

驚くべきことですが、この現代においてさえ、セクシャリティを完全に受け入れている人は、ほとんどいません。

**セックス**に関して、世代から世代へ、私たちは恐れと罪悪感を引き継いできました。ほんの少し前まで、セックスという言葉を口にすること自体が罪であったのです。

宗教もだいぶ寛容になってきており、私たちが犯すさまざまな罪を認めるようになったのですが、それでも、セックスのことを考えたり、セックスをしたりすることは、相も変わらず罪だと見なされていました。そして、それを告白することもできないで、悶々と悩む人がたくさんいたのです。

どうしてセックスは、人間にとってそれほどまでに大変なことなのでしょうか?

目に見えるレベルに存在するものは、目に見えないレベルにも存在します。高次な領域にあるものは低次な領域にもあります。低次な領域にあるものは、高次な領域にもあるのです。

性行為というのは、魂の融合、スピリチュアルな融合を肉体レベルで表現する、ということなのです。人間にとっての最大の目的は、低位の〈体《ボディ》〉と高位の〈体《ボディ》〉を融合させることです。

だからこそ、性的な行為がこれほどまでに重要性を持っているのです。魂はそうした融合状態に達することを望んでいます。そうした完全な幸福に達したいと願っているのです。

ですから、セックスに対する期待がものすごく高いのもうなずけるでしょう。でも、その分だけ、失望もまた大きいのです。ほとんどの人は失望しているように思われます。

私たちは、両親も含めた大人たちから、性的な欲求不満、セックスに対する失望について、さんざん聞かされてきました。大人たちは、自分の子どもを性的な欲求不満にさらさないためには、子どもの性的な発達を遅らせるのがいちばんよい、と考えたのです。

その子どもが大人になれば、同じことを自分の子どもに対してするでしょう。性的なことを自分自身にも禁じ、子どもたちにも禁ずるので、逆に性的なことばかり考えるようになり、その結果、ますます罪悪感を持つようになるわけです。

当然、生き方が中道をはずれるようになります。性的なことに関わりすぎるか、まったく関心を持たなくなるかのどちらかになるのです。

そのため一般に、性的な行為が、他者と親密になるための行為、他者と本質的に関わる行為ではなくなってしまいます。性的な関係が非常に荒廃してきているのです。セックスをめぐる関係が、しっかりした基盤を失っているのです。

セックスにまつわる問題は、数多く存在しています。それは、生殖器官に関する病気が男女ともにおびただしく見られることからも推察できるでしょう。

女性の月経不順の問題は、セクシャリティに対する拒否があることを示しています。本来、月経というのはからだにとって自然な現象なのですから、月経をめぐってこれほど多くの病気や不調が生じるはずがないのです。

この本の前の方でも言ったとおり、人間はものすごく大きな性的エネルギーを持っています。ただし、そのエネルギーが常に性的な行為のために使われるとは限りません。すると、場合によっては、性的エネルギーが〈喉のチャクラ〉まで上昇して、創造的な方面に使われることがあります。創造性を発揮することは、とても大事なことなのです。

しかし、古い世代の人々は、おしなべて、あまり創造的ではありませんでした。彼らは、単調な決まりきったことをするばかりで、性的エネルギーを、性行為にであれ、創造行為にであれ、適切に使ってきたとは言えません。

彼らがセックスのことばかり考えたのはそのせいでもあるでしょう。現代では、かつてよりもいろいろな面で自由になっていますので、その分、創造的になれます。若者たちが、たとえば髪型とか服装の面で大いに創造性を発揮しているのはそのためです。

性的な罪悪感は、男の子よりも女の子の方に、より強く見られるでしょう。これは、女の子に対しての方が抑圧が強いからです。

たとえば男の子が裸で歩いても何も言われませんが、女の子が裸で歩くことはできません。そんなことをしたら何が起こるか分からないからです。

無意識の領域には、山のような性的タブーが詰め込まれていますが、私たちは、それらを取り除く必要があるでしょう。というのも、無意識の領域にそういうものが詰まっていれば、心の平安など決してありえないからです。

性に関する考え方の多くは、幼少時に作られます。たとえば、子どもが偶然、性行為中の両親の姿を見てしまった場合、両親は子どもを叱るか、その場を取りつくろうかするでしょう。そうすれば、子どもは、その時、何か〈良くないこと〉が行なわれていたのだ、と見なすことになります。すると、この時以来、この子の善・悪に対する考え方は歪みを帯びることになるのです。

エディプス・コンプレックスは、三歳から六歳の子どもには普通に見られるものです。この年齢になると子どもの性的エネルギーが発達するので、男の子は母親を、女の子は父親を好きになります。当然、そこには肉体的な側面も含まれるでしょう。

したがって、男の子は父親に嫉妬するようになります。父親を崇拝する気持ちが一方にありながら、もう一方には父親になり代わりたいという願望があるからです。そこで、その二つの感情のあいだで身動きが取れなくなります。

いつも母親と一緒に寝かせることによって、このエディプス・コンプレックスを助長すべきではありません。親が自分たちの寝室を持っているのと同様、子どもも自分の寝室を持っているのだということを、やさしく説明してあげましょう。

小さな女の子は、父親の前でものすごく挑発的に振る舞うことがあります。父親にしょっちゅうキスをしたり、愛撫をしたりします。父親が母親に注意を向けようものなら、あからさまに妨害することさえあります。そうした態度に関しては、やんわりと押さえをかける必要があるでしょう。人には、それぞれの立場がある、ということを教えるべきなのです。

その場合、両親は、子どもを大人扱いして、しっかりと説明すべきことを説明した方がよいと思います。大人が考えている以上に、子どもたちは理解力を持っているのですから。

エディプス・コンプレックスは、子どもが六歳くらいになれば、自然に解消してゆくでしょう。子どもは父親と母親をさらに尊敬するようになり、同性の親に対する嫉妬は愛に変化してゆきます。同性の親を敵視するのではなくて、愛し、見習うようになるのです。

大人になってもまだエディプス・コンプレックスが消えていない場合、性的な問題が生じる可能性が、かなり高いと見てよいでしょう。若い女性が父親を異性として慕い、若い男性が母親を性的に求める、ということが現実に起こりうるのです。

もしあなたがこのケースに当てはまるとしても、そのことを罪悪視する必要はありません。むしろ冷静にそのロープを断ち切り、しょせん親は恋人になれないのだ、ということを自分に納得させてください。肉親に対する愛と、異性に対する愛は、区別しなければなりません。

しかし、それにもかかわらず、現実には数多くの近親姦が存在しています。驚くべきことですが、私たちの研修センターを訪れる研修生のうち、五人に一人は、若い頃に近親姦の経験があったと告白します。これは、ずいぶん多いのではないでしょうか。

近親姦はトラウマの原因になりますが、最近では人々がだいぶ解放され、近親姦について自由に語れるような雰囲気になってきました。

では、どうして近親姦が起こるのでしょうか？

小さな女の子は、自分が発散しているセクシャリティを自覚していません。そのために、それと知らずに父親を挑発することがあります。

もちろん私は近親姦を良しとするわけではありません。ただ、父親だけが悪いとされるケースが多すぎるような気がしています。父親が、娘の過剰なセクシャリティを前にして、自分を抑制できなくなってしまうケースもあるのです。そして、近親姦に走り、不幸になり、苦しみます。

この場合、父親は、自然の法則に反したことをしています。そして、子どもにトラウマを与えます。どうして他の女性にではなく、実の娘に対してそんなことをしてしまうのでしょうか？

一つには、父親と娘は、波長が合いやすいということがあるでしょう。

また、父親が性的に成熟しておらず、大人の女性から拒絶されるのを恐れている、という場合も結構あります。妻との性生活が満足できるものではなく、かといって外に女性を探しに行く勇気もない場合、家の中で手近な対象によって性欲を満たそうとするわけです。逆説的なことですが、家族を大切にする父親の方が、そうしたことをする可能性が高いのです。

私は仕事柄、そうした近親姦を経験した女性に数多く会います。彼女たちのうちには、いまだに父親を責めている人たちがいます。

でも、誰かを責めればそれで済む、というわけにはゆきません。私たちは、みずからが蒔いた種を刈り取るのだ、という法則を思い出しましょう。

娘がまだごく小さい時に近親姦が始まり、一八歳になるまで続いた、というケースもありました。ある女の子は、父親をものすごく怖がっており、そのせいで、男の子とデートする時に、男の子の要求をどうしても断れない、と言っていました。男の子と父親を同一視してしまうのです。

考えてもみてください。思春期の女の子が、デートの時に男の子の言うことをすべて聞くと言うのですよ。いったいどうなると思いますか？　この女の子の場合、無意識の領域をしっかり掃除しないと、今後、大変なことになるでしょう。

最初は娘の側からの、ごくごく正当な、父親に対する愛の要求があったわけです。しかし、娘の方が満足できず、どんどんその要求がエスカレートしていく、ということがありえるのです。娘は父親のことが好きでしょうがないのですが、充分に愛されていると感じられません。父親の愛が近親姦という形を取った時、最初のうちは、娘の方もそれを肯定します。

しかし、やがて、娘はそうした愛の形に罪悪感を覚えるようになるでしょう。というのも、彼女の善悪の基準からすると、それはやはり悪であると感じられるからです。さらに、母親の居場所を奪ったという罪悪感も加わるでしょう。しかも、一般に、近親姦を行なっている男の妻は、真実に直面するのが怖くて、現実をよく見ようとしないことが多いのです。したがって、娘は、母親が現実を直視しようとせず、自分の振る舞いを改めさせることによって自分を助けようとしない、ということで、しばしば母親を憎んでいるものです。

母親と息子が近親姦をしている、というケースは、はるかに少ないものです。しかしそんなことがあった場合、息子のトラウマは大変深刻なものとなるでしょう。というのも、正常な〈母子関係〉が破壊されてしまうからです。〈母親〉というのは、あらゆる生命の源泉であるということを思い出してください。その母親という生命の源泉を失うことによる子どもの孤独感は、並大抵のものではありません。

もし、あなたが、お父さん、お母さん、お兄さん、お姉さん、伯父さん、伯母さんなどとのあいだで、そういった経験をしたことがあるのなら、ぜひともしていただきたいのが、その人もとても苦しんでいるということを受け入れて、その人を完全に許すということです。

また、その人は、その時にはそうした〈愛の形〉しか選べなかったのだということを認め、幼かったがゆえに、それをそういう形で受け入れざるを得なかった自分も、決して悪くはなかったのだと考えて、自分自身をやさしく許してあげてください。

憎しみというのは、生命をひどく害します。いかなる人にとっても、良いことではないのです。だからこそ、許すことが必要であるのです（6章を参照のこと）。

悪循環を終わらせるために、どうしても、相手とあなたを結びつけている、目に見えない憎しみというロープを断ち切らねばなりません。

いずれにしても、誰かが浄化に取り組まねばならないのです。だとしたら、それがあなたであって悪いはずはありません。あなたが自分を変えることによって、浄化が起こり始めます。

そして、関わった人のうち、どの人も、決して責めないようにしましょう。**人生には、暴力的な人も、意地悪な人もいません。いるのは、傷つき、苦しんでいる人だけなのです。**

性行為は、愛があるときにのみ、行なわれるべきでしょう。人を愛するというのは、その人と融合してより深くその人を感じられるようになる、ということだからです。性行為は、決して取り引きとして行なわれてはなりません。どれほど多くの女性が、それと引き換えに得られるものを期待して、性行為を忍従していることでしょうか。

あなたが誰かと新たな性的関係を結ぶ時は、どうか軽はずみなことはしないでください。また、セックスを、相手をつなぎ止める手段として使ってはなりません。

もし、そうした関係がすでに何年も続いているのであれば、あなたがセックスについてどのように考えているかを話すのがよいでしょう。今、セックスについてどのように感じているのか、また、若い頃どのように感じていたのかを話すのです。

自分がセックスをどのようにとらえているかを打ち明けることができるようになる、というのは、大切なことなのです。

あなたは今まで、配偶者としっかり向かい合い、あなたの最初の性的体験について事細かに語ったことはありますか？　その時の性的な喜びがどんなものであったかを話したことはありますか？　その時の場所、日付、相手のことなどを覚えていますか？　もしうまく思い出せないのであれば、そこにはなんらかの問題が潜んでいると考えられます。

また、セックスをすることが、地上における最も大きな喜びの一つであると認めることも大切でしょう。それは、神との霊的な融合の、物質レベルにおける表現なのです。セックスをしたいと思うからといって、ただちに自分を動物的だと考える必要はありません。セックスにはきわめて精神的な面があるのです。

もしセックスが、相手との感情的な交流のない、単なる肉体的な喜びのためのものでしかないとすれば、確かにそれは動物的な行為だと言えるでしょう。その場合、あなたの低位の〈体〉のみが関わっています。しかし、愛に基礎をおくセックスの場合、あなたの高位の〈体〉が内なる大きな喜びをあなたにもたらすでしょう。そういう時は、セックスの後も深い充足感に満たされるはずです。

ある人々、特に、高度にスピリチュアルな女性たちは、セックスすることを汚《けが》らわしい行為だと思う傾向があります。でも、あなたは今、地上に生まれているのですよ。セックスをするというのは、地上において人間に与えられている、とても貴重な喜びなのです。セックスを罪悪視する必要はありません。セックスは善でも悪でもないのです。

ただ、セックスをする時は、よく相手を選ぶようにしてください。セックスの時、男性が女性から多くを受け取るのと同じように、女性も男性から多くを受け取ります。肉体的に受け取るだけではなく、感情的にも多くのエネルギーを受け取ります。セックスの時には〈感情体〉どうしも交流するからです。

ですから、セックスをする相手はよく選ばなければなりません。もし相手が、恨みや、憎しみや、不安のエネルギーを持っている人なら、あなたは必ずその影響を受けることになるでしょう。セックスをする時は、〈感情体〉や〈精神体〉も交流して、お互いにエネルギーを与え合うのです。

性的に満足していない人が地上にはあふれています。人々は、自分に欠けている何かをおぎないたくてセックスをするのですが、なかなか思うように満足できません。

調和された素晴らしいセックスは、私たちが天上界に還ってから味わう、霊的な融合の前兆でもあります。

ここで、ホモセクシャルについても、ちょっと触れておきましょう。ホモセクシャルは、一般的に、エディプス・コンプレックスがうまく昇華されなかった人に見られる性行動だと言えるでしょう。

子どもの頃、異性の親にひかれるあまり、同性の親に自己同一化できずに、異性の親に自己同一化してしまった人が、長じてホモセクシャルになると考えられます。

女性役をするホモセクシャルの男性は、自分の父親のように女性を愛するのではなく、母親のように振る舞うことで、父親（＝相手の男性）から愛されたいと思うようになったのです。ホモセクシャルの人たちは、感情面で多くのトラブルを抱えがちです。

ホモセクシャルの人たちは、本当の自分を見出し、内面の平和を得るためのプロセスの途上にあると言えるでしょう。また、拒絶される不安を克服する訓練をしている人もかなりいます。

もしあなたがこの最後のタイプのホモセクシャルであるのなら、拒絶される不安から相手を裁くのではなくて、むしろ相手を受け入れるようにするとよいでしょう。

もしあなたが他人の性行動をあれこれと批判するタイプの人であるなら、どうか次のことを知っておいてください。

つまり、売春をやっている人も、近親姦の当事者も、ホモセクシャルの人も、みんな、何か学ぶべきことがあってそうした立場を選んでいるということです。それを選んだのは、彼ら自身です。したがって、あなたがとやかく言う必要はありません。

もしあなたが他人を手厳しく批判するのであれば、その批判があなたの心にどんな気持ちを呼び起こすかを、注意深く観察してみるとよいでしょう。自分の中の何かから、目をそらそうとしているのではありませんか？

もしそうなら、ただちにその何かと対決することをお勧めします。そのことによって、その何かを変えることが可能となるからです。

性的な問題行動をとる人が、困難に満ちた苦しい時期を過ごすことは事実です。しかし、その苦しい時期を通過することで、その人がさらに強くなるということもまた事実なのです。

あなたは、人のことをとやかく言うのではなくて、自分自身の性行動を振り返ることによって、自分をよりいっそう深く知るきっかけとしてください。他人のことにとやかく口を出さずに、それぞれが、自分の性行動について自分で考えればよいのです。

## ＊エクササイズ＊

① 時間をたっぷりとって、あなたの現在の性行動について、また過去の性行動について――できるだけ過去にさかのぼって――点検してみましょう。

② 次に性行為を行なう機会があったら、その後で、その行為を自分がどのように思ったかを点検してみましょう。あなたはその行為を受け入れましたか？ それは愛に基づく行為でしたか？ 義務感に基づく行為でしたか？ 相手に対して、心の平和を感じることができましたか？ 何かを恐れて性行為をしませんでしたか？

③ あなたがセクシャリティの領域において、充分満足できていないのなら、あなたの本当のニーズをつきとめて、それを満たすような行動を取ってください。

④ もしあなたが、性的虐待や近親姦を経験しているなら、6章をもう一度読み返し、勇気を持って自分の苦しみを癒してください。

⑤ 以下のアファメーションを、できるだけ頻繁に行なってください。

**私は、地上における神の現われです。したがって、私のセクシャリティも神の現われです。私は、自分のセクシャリティを、自分の魂を高めるために役立てます。**

# 19章　病気と不調が伝えるメッセージ

あなたが病気や事故についてどう考えているかは知りませんが、いずれにしても、あなたの考えていることは真実ではない、と言っておきましょう。

ほとんどの人は、病気を人生における不運な出来事、または不当な出来事と――特にそれが遺伝病や誰かからうつされた病気である場合には――考えているものです。しかし、そう考えるのは、《自己責任の法則》に真っ向から反することなのです。

すべての病気と事故は、あなた自身によって引き寄せられたものと考えなければなりません。

「誰が好きこのんで病気になどなるものですか！」とあなたは怒るでしょう。表面意識では、確かにそうかもしれません。しかし、あなたは、潜在意識があることを忘れているのです。

病気というのは、からだから送られたサインだと言えるでしょう。あなたの超意識、あなたの神聖なる部分、あなたの**内なる神**が、あなたにサインを送ってきているのです。あなたの思い、言葉、行動のうち、どれかが、**愛の法則、自己責任の法則**に反していますよ、ということを教えようとして、病気というサインを送ってきているのです。

ですから、病気になったからといって、恨みを感じたり、自分を責めたりする必要はまったくありません。むしろ、病気というサインにどんなメッセージが含まれているかを積極的に解読し、病気を送ってくれた**ルーマに感謝する**ことが大切なのです。

もしサインの意味がどうしても分からないのなら、次のように質問するとよいでしょう。

「ルーマよ、サインの意味が分からないのです。どうか、私に協力してそれを分からせてください」

そのサインの意味を理解することは、自分自身に対する〈愛の行為〉なのです。

私たちは、〝どうしてまた風邪をひいたのだろうか？　でも、きっとすぐに治るわ〟〝あ〜あ、また頭痛だわ。もう、うんざり！〟〝この腰の痛みはぜったい治らないわ〟などと考えますが、その内容によって、責任を引き受けているか拒絶しているかが分かります。

よい質問の仕方をしてください。そうすれば、必ずあなたの超意識は適切な答えを送ってくれるはずです。そうでなければ、病気になる回数、事故に遭う回数は増えるばかりでしょう。

もし、病気や事故の意味を理解することができたなら、ただちにその理解を実践に移す、すなわち行動するということが大切です。

それでは、そうしたことがよく分かるたとえ話をしてみましょう。

ある夜、あなたが車のライトを消し忘れたことを教えるために隣の人がやってきて、インターフォンを鳴らします。でも、あなたは面倒くさがってそれに応えませんでした。

隣人は、いったんは帰りましたが、ふたたびやってきてインターフォンをまた鳴らします。もちろんそれは、あなたをうるさがらせるためではなく、むしろあなたのことを愛しており、あなたを助けたいと思っているからです。

何度インターフォンを押してもあなたが対応しなければ、やがてバッテリーが切れ、翌日になると車は動かなくなっています。

あなたの超意識は、ちょうどこの隣人のような存在なのです。超意識が送ってきた最初のメッセージを受け取らなければ、あるいは理解しなければ、もう一度メッセージを送ってきます。それでもあなたが分からなければ、さらにもう一度送ってくるでしょう。

それすらもあなたが拒絶するならば、超意識は、今度は、もっと強力なメッセージを送ってきてあなたに気づかせ、あなたを行動へと駆り立てようとします。それが、ガンであったり、心臓発作であったりするわけです。

もしあなたがそれでもまだ行動しなければ、車のバッテリーが切れたのと同じように、あなたはエネルギーを失い、やがて死ぬことになるでしょう。

だとすれば、からだが送ってくるメッセージにもっと注意して、それが取り返しのつかないものになる前に、正しく解読するようにした方がよいのではないでしょうか?

隣人が親切に知らせてくれたことに対して感謝をしたら、ただちに行動しなければなりません。上着を羽織り、外に出て、車のライトを消すのです。

ありがとうと言っておきながら何もしないでいれば、隣人はまたやってくるでしょう。「車のライトがついていると申し上げたはずですが……」と言うために。

あなたの超意識もまったく同じようにします。もしあなたがメッセージを無視すれば、さらにメッセージを送ってきて、あなたがなすべきことをして本来の道に戻るようにうながすのです。

こんなふうに、あなたが正しい道からそれようとするとそれを教えてくれる、偉大な友人があなたの中にいるのですよ。しかも、その友人は、ひたすらあなたのことだけを考えてくれているのです。素敵なことではないでしょうか？

あらゆる病気や不調は、超意識からのメッセージなのです。ただ、それらは、肉体的なレベルに限られるわけではありません。心理的な不調もまた、超意識からのメッセージなのです。

たぶん、あなたは、最初のうちはそれを信じないでしょう。でも、心を開き、あなた自身でそれを確かめることをお勧めします。そうしたところで、もともとあなたが失うものは何ひとつないのですから。

病気が重ければ重いほどメッセージの意味もまた重い、ということになるでしょう。病気がなかなか治らない場合は、真正面から真剣にメッセージの意味に取り組むべきです。

病気が重い場合、その病気は、長いあいだかかって作られたと考えるべきでしょう。あなたの〈魂〉が、「助けて！」と叫んでいるのです。したがって、あなたはどうしても**愛の道**に戻らなければなりません。

次に、病気や体調不良の原因と思われるものをいくつかあげてみましょう。

**関節炎**は、人から利用されていると思っているにもかかわらず、気が弱いためにそうした状況から抜け出せずにいる人がかかりやすい病気です。こういう人は、心の中でまわりの人を非難するだけで、積極的な行動によってまわりの状況を変えようとしません。

つまり、関節炎は、他人の要求を断れない人がかかると言えるのです。でも、実は、他人に無理な要求をさせているのは本人なのです。自分自身が波動として、そういうものを発しているのです。まわりの人は、その波動を感じ取って、その人を利用しようとするに過ぎません。

関節炎が送ってくるメッセージは、次のようなものです。

「みんなが寄ってたかってあなたを利用していると考えるのはやめなさい。あなた自身がそういう状況を呼び込んでいるのですよ。もっと自分に自信を持ちなさい。自分を肯定しなさい。いやな時は断ればよいのです。引き受ける時は、見返りを求めずに、完全な与えきりの思いで行ないなさい。心の中で人を批判するのをやめなさい。すると、まわりの人が変化して、きっとびっくりするでしょう」

**膝**の痛みは、あなたがあまりにも頑固であり、柔軟性を欠く、ということを意味しています。また、あなたはあまりにも傲慢であると言えるでしょう。

権威主義的な人は、他人が自分をどう思っているかが怖くて固くなっており、自分の意見を曲げることができません。自分の考えにこだわりすぎているのです。

もしあなたが膝の痛みを抱えているとしたら、それは、あなたに対して、「もっと柔軟になりなさい」、「他人があなたのアドバイスを聞かないのではないか、あなたの信念を受け入れないのではないか、と恐れる必要はありません」といったメッセージを送ってきています。

あなたはある人に、自分とまったく同じ考えを持って欲しい、と思っていませんか？　あなたのからだは、そういう生き方はあなたのためになりませんよ、それは愛の法則に反する生き方ですよ、と言っているのです。

**唇**も多くを語ります。唇にトラブルが発生している場合は、あなたの考え方が硬直していることを表わしています。あなたは心を閉ざしすぎているのです。他の人たちの意見に含まれるメッセージをまったく受け入れようとしません。

もし、**歯**にトラブルが発生しているのなら、あなたは決意をためらっているので、断固として決意しなければなりません。決意しないのは、あなたが決意の結果を恐れているからです。現在あなたが直面している状況の中で、決断を迫られていることがあるはずです。勇気を持って決断しましょう。あなたのからだはこう言っているのです。

「何も恐れる必要はありません。あなたの選択がどんなものであれ、それはあなたが下したものです。

その上で問題が生じたのなら、さらに次の決断を下せばよいのです」

もしトラブルが生じているのが**歯ぐき**であるとすれば、あなたの決断をさらに固いものにする必要があります。歯ぐきはこう言っているのです。

「怖がらなくても大丈夫。もう決断したのですから、あとはそれに従って断固として行動するだけです」

あなたが人生において支えが必要だと感じており、しかも支えがないために苦しんでいるとすれば、あなたのからだは**背中**を使ってそれをあなたに教えてくれるでしょう。脊椎はからだの支えだからです。

あなたは、たぶん、まわりにいるみんなの責任を引き受け、一人ひとりを背中に負っているのでしょう。まわりの人の幸・不幸の責任は自分にあると思っているのです。

でも、その責任があまりにも重すぎるので、あなたには支えが必要なのです。それにもかかわらず、あなたはその支えを得ることができません。

あなたの超意識は次のようなメッセージを送ってきています。

「他の人の幸・不幸の責任が自分にあると考えるのはやめてください。もし誰かを支えたいと思うのならば、もちろんそうして結構。ただし、義務感からそうするのではなくて、そうするのが嬉しいからそうする、つまり愛ゆえにそうするようにしましょう。あなたの決意を支えるのは、あなただけなのです」

もし、他者の責任を引き受けることであなたが自己実現できるのならば、それが仕事上のことであれ、個人的なことであれ、そうすればよいのです。あなたにはそうするだけの能力があるのですから。ただし、そうする場合、あなたはまったく他の人の支えを必要としない、ということを自覚してください。責任を取りきれなくなるのは、あなたがあまりにも多くのものを同時に引き受けるからにほかなりません。

ある人が充分な支援を受けられない時、その人は、しばしば他者から見て〈支援しがたい〉人である場合があります。つまり、本人はみんなに支援してもらいたがっているのですが、誰かがいざ支援しようとすると、いつもそれが気に入らず、あれこれと文句を言うのです。

当然みんな、その人から遠ざかるようになります。そんなことがあれば、二度と援助したり支援したりしたくなくなるのは当然でしょう。

背中の上の方が痛い場合は、愛情関係に問題が生じていると見て間違いありません。また、背中の下の方が痛い場合、物質的支援または金銭的支援に問題が生じています。

**熱**が出ている時は、怒りが爆発しそうになっていることが多いものです。それが、急激な発熱となって現われているのです。あなたのからだはこう言っています。

「何かがあって怒りを感じたら、そのつど、言うべきことは言ってください。全部心の中にため込むことは、よくありません。怒りをため込まないようにしましょう。それは、自分を罰することになるからです」

**腕**にトラブルが生じている場合は、あなたが自分の有用性や価値を認めていないことを意味しています。自分はまわりの人に評価されていない、と考えているのです。他人よりも自分の方が劣っている、と感じています。この場合、からだからあなたへのメッセージはこうです。

「あなたは、今いる場所で、とても役に立っているのですよ。みんなあなたを本当に必要としています。あなたを高く評価しているのです」

さらにまた、現在あなたはとても有利な状況の中にいるのに、それをつかみ取ろうとしてない、ということを言おうとしている可能性があります。有利な状況をつかみ取ろうとしない腕を、あなたは罰しているのかもしれません。

あなたはもっと何か別のことを望んでいるのかもしれませんね。それは、仕事のことですか？　今の仕事は、あなたが本当にやりたい仕事ですか？　どんな時に痛みが生じるか、よく観察してみてください。あなたのからだは次のように言おうとしている可能性があります。

「いいのよ。あなたがしたいと思うことをしなさい。不安を持つ必要はありません」


あなたが行きたいところに行くのには**足**が必要です。進むためには、足がいるのです。

足が痛いということは、前進するのを恐れていることを意味するでしょう。あるいは未来を恐れているのかもしれません。

あなたの超意識は常にそこにいて、あなたを助けようとしています。ですから、心配する必要はまったくないのです。

あなたは自分の望みを必ず実現させることができます。さあ、勇気を持って前進してください。あなたは必要な時に、必要なものを引き寄せることができます。もし、あなたが仕事を変えようとしていて、しかもためらっているとしたら、あなたの足の痛みは、あなたに決意するようにとサインを送ってきているのです。不安を持つ必要はまったくありません。

**喉**

多くの人が、喉の痛みを、寒さのせいや、声帯の使いすぎのせいにします。しかし、そうではない場合がかなりあるでしょう。喉は、表現するためにあるのです。あなたの超意識は、あなたが誰かに自分のことを語ることを望んでいるのかもしれません。でも、あなたはそれを怖がっていますね。あなたは怒りを抑圧しています。ある人が、あなたを言葉で傷つけたからです。あなたはびっくりしてしまい、なんて答えてよいのか分かりませんでした。そして怒りを全部飲み込んでしまいました。その人の言葉に愛は感じられませんでしたね。

あなたは、そんなことはどうでもいいことだ、と無理に考えようとしました。その方が安心できるからです。でも本当はそうではないということを、あなたの魂は知っています。

あなたが怒りを全部飲み込んでしまったので、それが喉の痛みとなって現われたのです。あなたがいま行なうべきことは、その人のところへ行って、あなたがどんなふうに傷ついたかを、その人に静かに説明することです。

子どもが**おねしょ**をする場合、その子は、自分のすぐそばにいる人を、ものすごく怖がっています。それは、父親かもしれないし、母親かもしれないし、またその子に対して権威的な別の人かもしれません。その子は、その人をものすごく好きなので、その人から嫌われることが怖いのです。その人の考えに反対することができません。しかし、それは、その子にとってはつらいことです。そんなことでは自分自身でいられないため、心地よく生きられません。そのことを理解してあげて、その子とその人を結びつけている、目に見えないロープを断ち切ってあげる必要があるでしょう。

もし、あなたの子どもがおねしょをするのであれば、その子に対して、父親であれ、母親であれ、あるいはそれ以外の誰に対してであれ、気に入られようとすることはないのだ、ということを教えてあげなければなりません。

その子に対して、自分の思うとおりに振る舞えばよいのであって、誰かの気に入られないのではないかと怖がる必要はないのだ、と教えてあげることが必要です。

決して叱ってはいけません。励ますことが大切なのです。そうすれば、その子は勇気を得て、やがて自分の思い通りに豊かな人生を生きられるようになるでしょう。

長いあいだ頻繁に**せき**をしている人は、人生に窒息しそうになっています。神経が参っている、と言ってよいでしょう。なんらかの状況に押しつぶされそうになっている、と感じているのです。

一方、一時的なせきは、その人が何かに困っていたり、誰かを非難していることを意味します。せきというのは、何かに困ったり、自分自身を非難したり、あるいは誰か他の人を非難したりする時に出るものなのです。その時、からだはあなたにこう言っています。

「心配したり、非難したりするのは、もうやめましょう。それよりも、状況があなたに教えようとしていることに気づいて、今起こっていることをそのまま受け入れるようにした方がいいですよ」

**腸**は、食べものを消化して、栄養素として使えるようにし、不必要になったものを排泄します。したがって、心のあり方に反応する場合も、その役割に応じた反応の仕方をするでしょう。

**便秘**で苦しんでいる人は、古い考えにしがみついています。つまり、古い考えを〈排泄〉できずにいる、すなわち、新しい考えのための場所を作ることができずにいるのです。その人が〈ケチ〉であることを表わしているのかもしれません。ものを捨てられず、物質にしがみついているのです。

超意識は、そろそろそうしたものを手放すときですよ、と言っています。過去を手放して自由になりましょう、というメッセージを伝えているのです。

それに対して、**下痢**は、まったく反対のことを言わんとしています。下痢になる人は、いろいろな考えをじっくりと受け入れず、どんどんやり過ごしているのです。

やって来るものに対して恐怖を持つために、それにちゃんと対応せずにどんどんやり過ごそうとします。すべてをすでに済んだことにしてしまおうとするのです。

あるいは、下痢が、拒絶を意味していることもあります。つまり、自分自身を拒絶しているか、誰かから拒絶されることを恐れているかのどちらかなのです。

からだからのメッセージは、「何も怖がる必要はありませんよ」、というものです。「あなたの恐れは、想像上の産物に過ぎないのですよ」、とからだは言っています。

人生においては、時折、恐れが役に立つこともあるでしょう。たとえば、通りを渡ろうとしている時に、トラックが猛スピードで走ってきたとします。この時は、当然ながら、恐れを持つことが役立ちます。あなたは立ち止まり、身を引いて、トラックにひかれないようにするでしょう。ただ、あなたの場合、恐れが不要であり、役に立たないにも関わらず、恐れを持ってしまうのです。

**腰**にトラブルを抱えている人は、批判癖のある人、または、しばしば失望したり、フラストレーションをため込んだりする人です。こういう人は、何をやってもうまくいかないと感じており、すぐ自己憐憫に駆られるでしょう。もうそんなふうに考えるのはやめなさい、というのが超意識のメッセージです。自分に起こっていることは自分で呼び寄せているのですから、しっかりと自分でその責任を取るべきなのです。

**胸**の痛みは、他者に対して厳しすぎる時、あるいはあまりにも権威的に振る舞う時に起こることがあります。そういった態度は、当事者の誰にとっても良くない結果をもたらすでしょう。

**目**のトラブルは、あなたがまわりのことを気にしすぎて、心を乱している時に起こります。あなたのからだは、あなたに、「そんなことはあなたに関係ないのだから、気にする必要はないですよ」、と言っています。もしそれがあなたの空間に侵入するようであれば、必要な措置を取るだけでいいのです。

**耳**に関しても同じことが言えるでしょう。耳のトラブルがある場合、それは、あなたが人の言うことを気にしすぎている、という意味です。

それはまた、**鼻**に関しても言えるでしょう。鼻にトラブルを抱えている場合、あなたは、何か、または誰かのことを気にしすぎています。そんなことで心を乱す必要はない、というのが、からだからのメッセージです。

からだに悪い部分があるということは、「あなたは間違った生き方をしていますよ」、というサインなのです。「いろいろなことに心を乱されるのは、あなたのためになっていませんよ」、というのが、からだの主張です。あなたのためになっているのであれば、わざわざからだが悪くなることによってあなたにサインを送ってくる必要はないのです。

一方、**事故**は、あなたが罪悪感を持っているために起こります。

例をあげてみましょう。あなたが腕を何かにぶつけて痛めたとしましょう。「たまたまです」と、あなたは言うかもしれません。でも、そういうことがあなたに起こったということは、あなたが罪悪感を抱え込んでいる、ということを明らかにしているのです。

人間というのは、自分を罰することで罪悪感から逃れようとするものだからです。

さらに例をあげてみましょう。あなたはジャガイモの皮をむいています。少しすると、急に、ある用事を済ますのを忘れていたことを思い出します。〝あら、また用事を忘れてしまった……。まったく、なんてだめな人間なんだろう！〟その時、包丁がすべってあなたは手を切ってしまいます。あなたが罪悪感にとらわれると、からだが反応して、なにかまずいことを引き起こすのです。

事故というのは、あなたに、「罪悪感を持つことはないのですよ」、ということを教えようとしていると考えてください。あなたは、その必要もないのに、いろいろなことに対して罪悪感を持っています。今まで、どんな状況でどんな事故にあったか、思い出してみてください。そうすれば、きっとそのことが分かるでしょう。

あなたが不調を感じたり、病気になったりした時は、まさにあなたにとってのチャンスです。その時こそ、からだの原因のみならず、心の原因を見抜くことによって、あなたは一段と飛躍することができるからです。

## ＊エクササイズ＊

① 時間を充分にとって、今あなたが感じている不調を、すべて書き出してください。

② それらの不調のうちの少なくとも一つを選び、それが伝えようとしているメッセージを理解しようとして下さい。メッセージは理解できましたか？　それを受け入れることはできますか？

③ 次に、あなたのからだを通してメッセージを送ってくれた、あなたの内なる神に感謝しましょう。内なる神は、あなたを本当に助けようとしてくれているのです。

④ 以下のアファメーションを、できるだけ頻繁に行なってください。

**私は、ますますからだを信頼するようになっています。からだは、私のガイドだからです。私がからだを信頼するようになったために、からだは私に反逆することをやめ、私が、やすらぎ、健康、愛、そして調和を見出すのを助けてくれるようになりました。**

※著書『自分を愛して！』では、本章で紹介した症例以外にも、計四五〇項目の病気や不調について、その原因と対策を解説しています。

# 20章　あなたの〈肉体〉が必要としているもの

〈物質体〉、つまり〈肉体〉の訴えに耳を貸さないのは、《自然の法則》に反することになります。その場合、からだは、不調になったり病気になったり、事故を起こしたりして、さらに強くあなたに訴えるでしょう。

①肉体が必要としている第一のものは、**呼吸**です。

何十秒も呼吸を止めればどうなるかを、あなたはよく知っているでしょう。からだは空気を必要としています。それは疑いようのない事実です。

実は、空気はからだが必要とするあらゆる栄養素を含んでいます。上手に呼吸をすれば、あなたは取り入れた空気から〈生命力〉を得ることができるのです。この生命力を**プラナ**と呼びましょう。プラナはあなたの〈物質体〉のために存在しています。呼吸法に上達すれば、一日のうち一回食事を抜いても、まったく大丈夫なほどになります。それほど空気には栄養が含まれており、したがって、意識的に呼吸をすることは、とても大事なことなのです。

上手に呼吸するとは、充分に息を吸って、しばらく息を止め、吸った時の二倍の時間をかけて息を吐く、ということです。吸うとき二つまで数えたら、吐く時は四つまで数えます。規則的に、熱心に練習すれば、徐々にその数を増やしてゆけるでしょう。

「私は、この生命力をすべて、私のうちに取りこみます」と考えながら、おなかまで息を吸い込みます。良い呼吸をするたびに、あなたの生き方が良い方向に変わってゆくでしょう。

単に肉体の要求に応えるためだけに呼吸するのでは、充分と言えないでしょう。あなたは〈生命〉を取り入れるために呼吸しなければなりません。

さまざまな出来事のために息が詰まるような気がしたり、肺や呼吸にトラブルがあったりする場合には、あなたは〈生命〉を吸い込んでいないことになります。〈生命〉というのは、肉体にとって欠くことのできない大切なニーズなのです。

12章と15章でもふれたように、〈精神体〉、〈感情体〉、〈物質体〉のうち、どれか一つの〈体〉のニーズが満たされないと、他の二つの〈体〉も自動的にその影響を受けて混乱します。

深い呼吸ができなくて、きれいな空気が不足すると、肉体のレベルでの数多くのトラブルに加えて、感情のレベルでは**創造性**と**美**が直接に影響を受けますし、精神のレベルでは**個性**と**真実**が影響を受けるでしょう。

②二番目に必要なのが、**摂取**です。

摂取とは、〈水〉や〈食べもの〉を、口を通して体内に取り込むことです。

水の不足は、食物の不足とともに、人間の肉体に死をもたらします。水が、肉体にとって非常に大切なものであることは、改めて言うまでもないでしょう。

あなたはどんな水をからだに与えていますか？　残念ながら水道の水は、現代の大都市においては、とうていお勧めできないレベルになっています。

水質も大事ですが、それに劣らず大事なのが、摂取の量です。普通、一日に二リットルから三リットルの水を飲む必要があるでしょう。

今日では、スーパーに行けば、さまざまな水が売られています。いろいろ調べてみて、自分にとってどの水がいちばん適しているかを決めればいいのです。

食べものについてはすでに詳しく語ったので、ここでは簡単に触れるだけにしておきます。しかし、ここでどうしても言っておかなければならないのは、現在、私たち人間が食べているものは、食肉用の家畜たちの餌よりも劣っている（！）ということです。もし、こうした動物たちに、白い砂糖や白いパンを与えたら、彼らはすぐに死んでしまうに違いありません。

ところで、あなたが食べている肉は、動物の体の一部であることは知っているでしょう。つまり、肉を食べるということは、動物の〈死体〉を食べるということなのです。

動物たちは、殺される前に恐怖を感じます。処理場に連れて行かれれば、彼らは恐怖を感じるわけですが、この恐怖によってアドレナリンが大量に分泌されます。

このアドレナリンは数カ月ものあいだ、動物の死体の内にとどまり、それを食べる人間にとっても毒素として作用します。また、あなたは、殺された動物の、恐怖、怒り、攻撃性も一緒に食べていることになります。肉を多量に消費する人々がきわめて攻撃的なのは、ここに理由があるのです。

ですから、どんなものを口に入れるとしても、食べる前に、からだに対して、それが本当に必要なものかどうかを、きちんと尋ねるようにしてください。

もちろん、ただちにベジタリアンになりなさい、今日から水道の水を飲んではいけません、などと言っているのではありません。私がこうしたことを言うのは、あなたを怖がらせるためではなくて、あなたにもっと意識的になってもらいたいからなのです。

少しずつでいいですから、前に進みましょう。あなたが心を浄化して、自分をもっと愛するようになれば、ごく自然に肉の摂取量が減り、やがてまったく欲しくなくなるでしょう。また、汚れた水も自然に飲めなくなります。

からだの言うことにしっかり耳を傾けましょう。時間を充分にとって、からだと対話をするのです。もし答えが分かりにくいものであったとしても、どうか質問するのをやめないでください。

何かを特に食べたい、と感じた時は、からだがそれを本当に必要としているのか、あるいは外部からの影響で食べたくなったのか、必ず確かめるようにしましょう。じっくり考えてもまだ食べたいのであれば、自分のリズムに従ってそれを食べればよいと思います。

あなたが食べたり飲んだりするものと同様、あなたが取り入れた〈考え〉も、あなたのからだに影響を与えます。

もしあなたが、自分から来たものであれ、他人から来たものであれ、新しい考え方——それが自分のためになるものである場合——を、なかなか受け入れられないタイプの人間であれば、あなたはたぶん、口腔に関するトラブルを抱え込むでしょう。

ここで、しばらく前に私自身が経験したことを例としてお話ししてみます。

ある日、私はスタッフと一緒に会議をしており、そこでは重要な決定がいくつかなされるはずでした。そして、そのうちの一つは、私の運営するＥＴＣセンターの将来に関するものでした。

スタッフの一人が、突飛な考えを述べました。私はびっくりして、〝なんという考えなの！　うまくいくわけないわ。もっとも、最後に決めるのは私なんだから、気にすることもないけど〟と考えました。

私は、その人の提案を受け入れるのが本当にいやでした。少しすると、私は、口の中にちょっとした炎症が生じたのを感じました。〝あら、急に口の中が痛くなったわ〟と思いました。数分すると、その炎症はさらに大きくなりました。そこで、さっき私がしりぞけた考えは、本当は私のためになるのだ、ということに気づいたのです。

このように、自分のからだに耳をすますと、あらゆるサインに気づくことができます。これは本当に素敵なことです。からだという私の大切な友人は、そんなに優れた考えをないがしろにしてはならない、と教えくれたのです。

そこで私は、心を開いてその考えをよく検討してみました。すると、そこにはいくつかの可能性が含まれていることが分かったのです。私はその考えを受け入れました。すると、三〇分後には口内炎は消えていました。

あなたのからだは、絶えずあなたに話しかけています。どんなサインも見逃さないようにしましょう。そうすれば、道からそれかけても、またもとの正しい道に戻れるのです。

あなたのからだが必要としているものを摂取しないと、摂取不足によるからだのトラブルが起こるだけでなく、あなたの**愛情**に関するニーズ（感情のレベル）と、**尊重**に関するニーズ（精神のレベル）が直接に影響を受けるでしょう。さらに、あなたが他の人たちから受け取ることに関しても、何らかの影響が出るはずです。

③三番目に必要なのは、**消化**です。

食べものを消化することは、からだにとってきわめて重要なことです。さらに、食べものの消化だけではなく、新しい考え方の消化ということも重要です。

あなたが誰かの考えを受け入れる時、あなたはそれを〈飲み込む〉のです。でも、その後で、「いや、だめだ、これはたいした考えではない」と考えたとします。新しい考えを消化するのを拒否することによって、あなたはその考えの消化不良を起こすかもしれません。

でも、そうやって拒否することはあなたのために良くないと、からだが教えてくれることがあります。その場合、食べものの消化不良という形として現われるでしょう。もしあなたがそのサインに気がつかないと、消化不良はもっと広範囲のトラブルになります。つまり、胃、肝臓、膵臓のトラブルになる可能性があるのです。

肝臓には、抑圧された怒りがため込まれます。怒ることは、自然の法則に反することなのです。どんな人も完全であり、しかもあらゆる瞬間に完全である、ということを知る必要があるでしょう。したがって、その人のすべての言葉、すべての行動が、〈その人なりの愛の表現〉、あるいは〈愛を求める表現〉であるのです。

それぞれの言葉、それぞれの行為が、その人なりの愛に関わる表現だということが分かれば、あなたはもう、怒ることがなくなります。そして、消化不良から解放されるのです。あなたは、どんな新しい考えも問題なく消化できるようになるでしょう。

膵臓にトラブルが生じると、糖尿病や低血糖症になります。この二つの病気は、自己評価が低いため喜びを自分に禁じている人がなりやすい病気です。

こういう人は、いかにして他人を喜ばせ、気に入られるか、ということばかり考えており、自分を喜ばせることがないのです。彼らにとって、人生は輝きを欠いています。

心の中に大きな悲しみを感じており、それを、おどけたり、悪ふざけをしたりして、なんとかごまかしているのです。自分にとって素敵なことが起こっても、それを決して受け入れませんし、〈消化〉もしません。幸福にあこがれてはいますが、それが本当に自分にやってくるとは思っていないのです。

私は、この数年で、非常に多くの人たちが、自分を大切にして自分に喜びを与えるという、たったそれだけのことによって、低血糖症から簡単に解放されるのを見てきました。

糖尿病から解放されるのには、もっと時間がかかります。というのも、糖尿病の方が深刻で、したがってメッセージもまた強力だからです。しかし、不可能はありません。私自身、何度も自分で自分の病気を治しています。

食べものをよく噛むことは、消化にとても役立ちます。食べものが形を失って液状になり、元の味を失うくらいに噛むとよいでしょう。そうすれば、飲み込むのになんの努力もいりません。ぜひともこの習慣をつけてください。あなたのからだはとても喜ぶでしょう。

唾液には、食べものの消化を助ける酵素が何種類も含まれています（特に、炭水化物の消化を助けます）。たとえそれが、パテやゼリー、デザートといった噛むことをほとんど必要としない食べものであっても、それを噛まずに飲み込めば、消化作用を困難にします。どんな食べものであっても、飲み込む前によく噛んで、唾液と混ぜ合わせる必要があるのです。

消化、そして同化が充分に行なわれないと、消化器官にあらゆるトラブルが発生するだけでなく、感情のレベルで**帰属**が、精神のレベルで**導くこと**が、直接影響を受けるでしょう。

④四番目に必要なのが、**排泄**です。

よく排泄するためには、よく噛み、よく消化することが大切です。食物繊維の役割もまた見逃せません。食物繊維は植物性の食物のうち、からだが消化できない部分です。それらは小さな毛玉のようになって、腸の掃除をしてくれるのです。

考えを排泄する、ということも非常に大切です。現代は変化が激しいので、古い考えに執着している人たちは、うまく適応できません。そうした人たちは、便秘、痔、膀胱炎、手足のむくみ、尿閉などの病気になりがちでしょう。排泄というのは、直腸や大腸だけで行なわれるのではなくて、腎臓も関わっているのです。こうした器官にトラブルが生じるのは、思い、考えのレベルで停滞が生じているからだと言えます。

便秘や手足のむくみ、尿閉といった、腎臓に関わるトラブルは、あなたが何か物質面で失うのを恐れていることを示しています。あなたは執着が強すぎるのではないでしょうか。ものに執着しすぎるのはさもしいことである、と知らなければなりません。

こうしたトラブルは、すべてあなたの超意識である**ルーマ**からのメッセージです。ルーマはこう言っているのです。

「それが何であれ、何かを失うことを恐れてはいけません。今持っているものは、またいつでも手に入れることができるからです」

人生では、与えれば与えるほど、受け取るようになるでしょう。そのようにしてエネルギーが交流するのです。所有しているものや考えに執着してはなりません。そうしていると、次に来るもののための空間ができないからです。

〈物質体〉で起こっていることは、〈感情体〉や〈精神体〉で起こっていることを反映しています。排泄がうまくできない人は、また、不要になった物を処分できませんし、もう必要としていない思い込みを捨てることができません。

現在は、アクエリアスの時代であるために、進化のスピードがものすごく速くなっています。そのために、古い物、古い観念にしがみつく人は、かえってたくさんの問題を抱え込むことになるでしょう。私たちは、変容の時代、大いなる変化の時代に生きているのです。したがって、新たなことに直面した時は、何を持ち続けるのか、どのように考えるのか、何を信じるのかを、自分自身で選択しなければなりません。

⑤五番目に必要なのは、**探検**です。

探検は人間にとって不可欠なことです。行動しない人、感覚を充分に使って前に進まない人は、必ず病気になります。

もしあなたが何週間かベッドでじっとしていたとしたら、私の言っていることがどういうことか分かるでしょう。人間は、動く必要があるのです。自分が持っている大きなエネルギーを使う必要があるのです。したがって、定期的に運動するのはとてもよいことです。

理想的な運動は、歩くことです。以下に、歩くことのメリットをあげておきましょう。

①歩くのは、お金がかからず、いちばん簡単で、いちばん穏やかな運動です。
②歩くことで、からだ全体がバランスを取り戻すことができます。
③歩くことは、からだにとって良いだけでなくて、心にとっても良いのです。歩くことによって心が解放されるからです。また、リラックス効果もあります。
④歩くと、足の筋肉だけでなく、おなかの筋肉や胸の筋肉もきたえられます。
⑤肺を活発に動かして酸素の摂取をうながし、心臓をきたえます。
⑥歩くことで生じる振動が、肝臓、膵臓、脾臓、大腸などをマッサージし、消化をうながします。
⑦歩くことで、代謝と循環が活発になります。
⑧からだのあちこちの関節がよく機能するには、歩くことは不可欠です。
⑨とても簡単に行なえますし、疲れたらいつでも好きな時にやめられます。
⑩歩くことによって、心とからだの肥満を効果的に避けることができます。
⑪自然治癒力を高め、老化を防ぎます。
⑫体型を保つのに効果があり、各種の梗塞や動脈硬化症を防ぎます。
⑬リズミカルな動きによって、心がしっかりと保たれつつ、しかも解放されます。

どのような運動を選ぶとしても、平均して週に四回くらい行なうのがいいでしょう。あるいは、自分のからだに直接聞くことです。

精神上の探検も、からだに対して同じように大きな効果を発揮します。

もし、考え方、言葉、行動のせいで、あなたが人生において前進できないとすると、脚、腕、目、耳、鼻などにトラブルが生じるでしょう。腰のトラブルは、あなたの探検において、何かが円滑に進んでないことを表わしています。重大なことに関して、あなたが前進することを恐れている、というメッセージを伝えようとしているのです。あなたは、何をしなければならないのかは分かっているのですが、心に恐れを抱いているために、それを実行することができないのではありませんか？　でも、恐れることは何もありません。あなたの超意識が常にあなたを守ってくれているのですから。

もし脚の痛みがなかなか治らないのであれば、それはあなたが未来を恐れていることを示していま す。勇気を出して一歩を踏み出し、自分を変えてゆかなければなりません。そうすれば、未来も変わるでしょう。それは、あなたの仕事に関わることかもしれません。新たに生じた責任があなたの苦しみの原因になっているのかもしれません。前進することをためらっているのです。

脚のトラブルも足のトラブルも同じ意味です。足の親指のトラブルは、未来に関する小さなことに関連しています。そうしたトラブルはあなたのためになりません。足の親指にウオノメができている場合は、あなたの考え、または行動が自分のためになっていない、ということを示しています。

**からだの不調は、すべて、あなたの考えあるいは行動があなたのためになっていない、ということを教えようとしているのです。**

腕の不調は、あなたが現在の経験を喜びとともに抱きしめていない、ということを表わしています。

あなたは本当は何がしたいのですか？　あなたの望みを満たす時が今、やってきているのではないですか？

肘《ひじ》のトラブルは、あなたが頑固なために新しい経験を受け入れることができない、ということを意味しています。しかし、行き詰まることを恐れる必要は、まったくありません。すべてがうまくいくでしょう。

関節炎は、あなたの探検のバランスがとれていない、ということを示しています。もし、手、腕、腰、脚などの関節が痛むのでしたら、それは、あなたが、自分を他の人々に比べて劣っていると見なしている、ということを示しています。実際、あなたは言いたいことが言えていないはずです。あなたはいつも自分を抑えて、やりたくないことをやっていませんか？　そうして、あとでみんなを批判するのです。そろそろ自分を肯定してください、というのが、からだからのメッセージです。

どうでしょうか？　からだがどれほど素晴らしいものかお分かりですか？　本来、善も悪もないのですから、あれこれと思い悩む必要などないのです。あなたは何を感じ、何を考え、何を言い、何をやってもいいのです。自由なのです。もし、それがあなたのためにならなければ、からだがそれを教えてくれるでしょう。

あなたは、ただ、そのサインをうまく読み解くだけでよいのです。不調、病気、エネルギーの欠如、感情、食べものとの関わり方を、注意深く観察してください。しばらくすると、必ず何かが起こってサインを送ってくるでしょう。それは、あなたが正しい道からそれているというサインです。正しい道はこっちですよ、正しい道とは〈愛の道〉ですよ、と教えてくれているのです。あなたが愛の道に戻れば必ず幸福になることを、からだは知っています。

〈物質体〉、つまりからだが必要としているものに関して、少なくともその一部を、あなたはすでに知っていたはずです。あるいは、あなたはこう言うかもしれません。

「そんなことは誰でも知っているわ！」

なるほど。では、その知識をあなたは実践していますか？　いくら知識を持っていても、それを実践しなければ、いったい何の役に立つでしょうか？

多くの人が、多くのことを知っています。しかし、それらは単なる知識にとどまっているのです。あらゆることを知ったとしても、それを実践に移さない限り、あなたの人生は変わりません。

**知識**を**知恵**に変えるには、どうしても実践が必要なのです。

多くの人が山のような知識を持っています。彼らは何年も講義を受け、さまざまな理論を勉強し、学位を取得するでしょう。しかし、彼らの人生は何も変わっていません。

どうしてなのでしょうか？　それは彼らが知識を実践していないからです。彼らは知識をひけらかして人を圧倒するか、自分ではなく他人を変えるためだけに知識を使うか、そのどちらかなのです。

本書をここまで読み進んだあなたは、そろそろ本気で自己変革に取り組もうと思い始めたことでしょう。そして、あなたの内部にある偉大な力に、少しずつ気づき始めているはずです。

**＊エクササイズ＊**

① 次の章に移る前に、必ずこのエクササイズを行なってください。まず、からだが必要としている五つの基本的な要素を紙に書きましょう。

② そして、それぞれの項目の横に、あなたがとらえることのできた、それらに関するあなたのからだからのサインをつけ加えてください。それらを見れば、あなたのからだにとって何が欠けているかが分かるでしょう。

③ それぞれのニーズを満たすために、どのような行動をとればいいかを考えて書いてください。

④ それらの行動を実行に移しましょう。そして、少なくとも三日間のあいだ、何が起こるかを注意深く観察してください。

⑤ 以下のアファメーションを、できるだけ頻繁に行なってください。

**いま私は、からだの要求を尊重することを決意しました。そして、からだの健康と、私が本来持っているエネルギーを、必ず取り戻します。**

第五部

# スピリチュアルに生きる

21章

# 最も美しいスピリチュアリティの定義

私があなたに提供できる、最も美しいスピリチュアリティの定義は次のようなものです。**〈真の意味においてスピリチュアルであるとは、自分が他者の中に見るものは、すべて自分自身の姿にほかならないと受け入れること〉**です。

この見方は、良い悪いの問題ではありません。より意識的になればなるほど認めざるを得なくなる、単純な事実なのです。

これはまた、自分をより深く知るための、とてつもない方法です。この方法を使えば、自分の何を受け入れているか、何を受け入れていないかが、はっきりと分かるからです。

スピリチュアルな人は、ものごとをありのままに受け入れます。たとえそれが自分の生き方と対立する生き方であっても受け入れます。そして、自分自身のあり方も、そのまま受け入れます。

すると、愛の世界が目の前に開かれるのです。

私は、この本の中で、信仰を持つこと、自分を受け入れること、自分を愛すること、他者を受け入れれること、他者を愛すること、そして、責任を引き受けることについて語りました。それらはすべて、たった一つのことを言っているに過ぎません。すなわち、**〈あらゆるところに神を感じ、聞き、見る〉**ということなのです。

地上にいる人たちが全員そのように行動したら、いったいどうなるでしょうか？　この地上世界は、本当に素晴らしい場所になると思いませんか？

どんなわずかな批判でも、どんなわずかな裁きでも、もし誰かに対して行なったとしたら、あなたはこう言っていることになります。**「私は神です。でも、あなたは神ではありません」**

スピリチュアリティを別な言葉で定義してみましょう。

スピリチュアリティとは、**「他の人たちが全員神であるように、私もまた神です。私たち人間は、全員が、神の現われなのです」**と考えることです。

人間には、神の全体像を明確に説明することはできません。そこで、ベートーベンのピアノ・ソナタ『月光』を使って、神について説明してみましょう。

この作品はベートーベンの思想を表現したものです。この曲は完全です。でも、ある時、まだ未熟なピアニストが、間違った解釈に基づいてこの曲を下手に弾きました。

では、そのことによって、この曲の完全さが損なわれるでしょうか？　そんなことは決してありません。その若い演奏家は、自分にできる範囲で最高の演奏をしたのです。今後、さらに研鑽を積んでゆけば、やがてはこの曲を完璧に表現できるようになるでしょう。

これが、実は地上で起こっていることとまったく同じなのです。私たちは、みずからの内に存在している完全な神を表現するのですが、まだ技術がつたないので、自分なりのテンポで、自分なりの指使いで、しかもところどころ間違いながら演奏するしかないのです。

あるいは別のたとえが可能かもしれません。私たち人間が地上に生まれるのは、パズルを解きに来たようなものです。私たちは生まれる時に、一人ずつ〈同じパズル〉を手にして生まれます。

ただし、全員がそれぞれ違っているために、パズルの〈解き方〉も同じではありません。ある人はゆっくりと、ある人は早く解くでしょう。ある人は周囲から始め、ある人は中心から始めます。

これが私たちの地上での姿なのです。みんな同じパズルを解くのですが、それぞれ個性が違うので解き方はみんな違います。

他の人の解き方を批判する権利は誰にもありません。他の人のやり方を理解できなかったり、そのやり方に賛成できなかったりしたとしても、あなたが文句を言う筋合いはないのです。

あなたの方があの人よりも早く解いているとか、この人の方があなたよりも上手に解いているなどと言ってみたところで、まったく意味がありません。**他の人を批判したり裁いたりする権利は誰にもありません。なぜなら、〈神〉を批判したり裁いたりすることは誰にもできないからです。**

《鏡の法則》を使ってみましょうか？　私たちが他者の内に見るものは、すべて自分自身の反映だということです。他者の欠点と見えるものは、すべてあなたの欠点であり、他者の長所と見えるものは、すべてあなたの長所なのです。あなたが他者の内に見るものは、すべてあなた自身の姿が映し出されたものに過ぎません。つまり、他者とは、私たちの鏡なのです。

もっとも、これは受け入れることがかなり難しい事実かもしれません。

あなたが、誰かの行動を見て「いやだなあ」と思っている場合、その同じ要素は必ずあなたの中にもあります。他人の中に見えるいやな点は、あなたがあなたの中に見ないようにしているいやな点なのです。もし、あなたがそれを見て受け入れているのならば、それがあなたに「いやだな」という思いを起こさせることは決してありません。

他の人の言動を見て、否定的な感情が起こったとしたら、それはあなたが自分に禁じている言動なのです。あなたは自分がそうすることを許していません。あなたは自分の中にあるその部分が発現するのを許せずにいるのです。

というのも、人生のある時期に（たぶん小さい頃）、誰かがそうするのを目撃して、そんなことは絶対に受け入れられない、と思ったことがあるからです。でも、その結果、あなたは自分自身ではなくなってしまいました。なぜなら、あなたは、他の人に対する反応によって自分自身のあり方を決めたからです。

だとしたら、その言動を善・悪の観点から裁くのではなくて、自分自身もその人と同じ部分を持っているということを、まず受け入れてはどうでしょうか。

その上で、もし自分がそうである場合、そのことが自分に価値をもたらすかどうかを自問してみるのです。それが価値をほとんどもたらさないのであれば、わざわざその人と同じ言動をする必要はないでしょう。

他者が鏡であるということはそういうことです。あなたが他者の内に美を見出したのなら、あるいは他者を素晴らしいと思うのなら、その美、あるいはその素晴らしさはあなたの中にもあるのです。それを確かめるには実際に体験してみるしかありません。

このように、人間とは、自分以外の人のことばかりを気にし、自分以外の人を変えようとばかりしているので、自分自身のことはすっかりお留守になっています。自分の心を掃除することを、すっかり忘れているのです。

私たちが地上にいるのは、自分自身の成長のためです。つまり、愛することを学び、幸せになるためなのです。

そんなふうにして一人ひとりが幸せになれば、必ず地球全体が幸せになることでしょう。自分以外の多くの人々の人生を変えようとするよりも、たった一人しかいない自分の人生を変えることの方が、ずっと楽なのではないでしょうか?

誰かがあなたに助けてほしいと言った時だけ、その人のために全力を尽くして協力すればいいのです。それを〈思いやり〉と言います。

私たちは、みんなで一緒に成長するために地上に生まれてきました。ただし、相手を助けるのは、頼まれてからでも遅くありません。

もしあなたがどうしてもその人を助けたいと思い、具体的にしてあげられることがあるのなら、まず、その人に許可を求めてからそうするようにしましょう。

その人にこう尋ねればよいのです。「あなたに、とても大事なことで、お話ししたいことがあるの。たぶん、あなたのお役に立てると思うの。あなたにそのことを言ってもいいかしら？　私の意見を聞いていただけるかしら？」

この問いかけに対してその人がどう答えるかを見れば、その人にどうやって関わればよいかが分かるでしょう。

もしその人が自分を変えるつもりもないのに、あなたが無理に口を出そうとすれば、あなたはエネルギーを無駄にするだけでなく、あなたの行動は確実にいやがられます。

あなたが自分のまわりのあらゆるところに、自分の中に、あらゆる人の中に、あらゆる動物の中に、自然の中に、神を見ることができるようになれば、あなたの人生は完全に変わるでしょう。いつも、お日様にぽかぽかと暖められているような感じになるはずです。

**地球上に存在するもの、宇宙に存在するものは、すべて神の現われなのです。**唯一の神が、それぞれの惑星上で、異なった表現形態をとっているに過ぎません。

地球では、神のことを理解していないのは人間だけです。まわりを見わたしてごらんなさい。星も、海も、惑星も、野生の動物たちも、野の花も、常に満ち足りており、何ひとつ不足を感じていません。それらは完全に自然の法則にのっとって存在しています。

問題を抱えたり、病気になったりするのは、人間と、そして人間に飼われている家畜やペットだけです。

幸福に生きる、スピリチュアルに生きるとは、〈今この瞬間を完全に生きる〉ということでもあります。でも、今日、人間は今を生きることに著しい困難を感じています。

ある人たちは、時代の動きがあまりにも速すぎるので、次のように言って過去にしがみつきます。

「昔はよかったなあ。なんでも、今よりずっと簡単だった」

そんなふうに言って過去にしがみついていると、現在を生きることはできません。

自分の過去を後悔してばかりいる人、また、自分はあまりにも多くの間違いを犯しすぎたと思い込んでいる人は、階段を上りながらその段を一つずつ背中にかついでいる人と同じです。そんなことをしていたら、いずれ背負いきれなくなるのは目に見えています。

あなたはどうでしょうか？　過去に執着しているタイプですか？　家の中をよく見てごらんなさい。洋服ダンス、引き出し、地下の倉庫、ガレージはどうなっていますか？　使わない物がたまっていませんか？　その使わないものを処分することができないのではありませんか？　もしそうであるならば、あなたは過去に執着しているタイプです。

あなたは今、せっかく心の中を掃除しているのですから、家の中も同じように掃除してみませんか。

過去の古いものがたまっている場所をきれいにしましょう。一年間使わなかったものは、どんどん捨ててゆくのです。

動かないエネルギーは、うまく使われていないエネルギーです。あなたが、いらなくなったエネルギーを処分すれば、新しいエネルギーが代わりにやってくるでしょう。

あなたが家をきれいにすればするほど、新しい物がやってくる場所を作ったことになります。それは、《空白の法則》と言います。自然は空白を嫌うので、必ずそれを新たなもので埋めようとするのです。

ある人々が過去に執着している一方で、別の人々は未来のことばかり考えています。この人たちにとって、良いことはすべて未来にあるからです。

「結婚すれば……人生は良くなるはず。家を買いさえすれば……。子どもができれば……」などなど。こうして、今を生きられずにいます。未来の計画を立てるのはいいでしょう。しかし、それが実現するまで幸福はおあずけ、ということになると……。

スピリチュアルに生きるというのは、まず〈存在〉に関して考え、次に〈行動〉し、そして最後に〈所有〉することなのです。その逆が、まず〈所有〉することを考え、それから〈行動〉の計画を立て、最後に〈存在〉に関して考えることです。しかしこれはうまくゆきません。

たとえば、ある人は「お金をたくさん稼いだら（所有）、ビジネスを始めよう（行動）。そうすれば幸福になれるに違いない（存在）」と考えます。こういう生き方は、スピリチュアルな生き方の正反対です。

自然の法則に従ってスピリチュアルに生きるには、「幸福になるために（存在）、ビジネスを始めよう（行動）。どうすればビジネス・オーナーになれるだろうか？（所有）お金は必ずついてくる」と考える必要があります。

スピリチュアルな時代、新たな時代がすでに始まっています。スピリチュアルな時代において大事なのは、〈所有〉ではなくて〈存在〉です。〈存在〉することよりも〈所有〉することの方が大事だと考える人たちは、幸福になれない時代に入りつつあるのです。

もちろんそれは、持っているものを全部手放しなさい、ということではありません。そうではないのです。美しいものを創ったのは**神**です。そして、すべての人が美しいものを手に入れる権利を持っています。ただ、あなたにとって〈所有〉すること自体、それほど重要ではなくなっているということなのです。

今がうまくいっていれば、未来について思い悩む必要はありません。**人間は、自分が思っているような人間になるのです**。それはもう、あなたも知っているでしょう。

よく考えてみてください。あなたは、家賃あるいはローンを払うことができ、食べるものがあり、健康で、なおかつ必要なものはすべて持っています。ブラボー!!　それこそが大事なことなのです。

これから数カ月先のこと、これから数年先のことなど、思いわずらう必要はありません。もちろん、未来の計画を立て、目的を持つ、というのは、それとは別のことです。とはいえ、すべてを信頼してなすべきことをなしていれば、未来は必ずしかるべきものとなるでしょう。

**あなたの内なる神は、あなたが必要としているものをすべて知っているのです**。あなたにとって不快なことが起こった場合、確かにあなたはそれを望んではいなかったでしょうが、しかしそれはあなたにとって必要なことだったのです。それは、あなたの**超意識**、すなわち**内なる神**が、あなたの考え、言葉、行動のいずれかに、自然の法則に反した部分がありますよ、ということを教えるために起こしたことなのです。

あなたが、より意識を拡大できるように、そうしたことが起こるのです。あなたの思うこと、言うこと、行なうことが、すべて自然の法則にかなっている時は、あなたはメッセージを必要としませんから、いやなことは何ひとつ起こりません。

超意識の声、あるいは内なる神の声を聞くには、瞑想をするのが最も効果的です。あなたがスピリチュアルに進化するためには、瞑想は不可欠なのです。あなたが内なる世界により深く参入することができるようになり、受け入れること、愛することがよりよくできるようになれば、あなたは内なる声を聞くことができるようになります。瞑想は毎日するとよいでしょう。

瞑想は休息ではありません。瞑想とは、一日のある時間、静かにくつろいで、〈思考を止める〉ことです。瞑想に最も適しているのは、朝の早い時間、朝食の前です。もし、朝のうち瞑想をするのが無理ならば、夕食の前がいいでしょう。夕食の後はあまりお勧めできません。

もし可能ならば、毎日同じ場所で瞑想してください。一人静かに座れる場所がいいでしょう。さらに可能であれば、東に窓があって、太陽が当たる部屋を選ぶとよいでしょう。

一日にだいたい二〇分から三〇分くらいは瞑想しましょう。横になったり、頭をもたれかけたりするのは避けてください。背すじをまっすぐ伸ばし、エネルギーが脊椎の下部から頭頂まで昇りやすくなるようにします。音楽は、かけてもかけなくても、どちらでも結構です。

意識を集中させるために、スピリチュアルな言葉や文章を心の中で唱えるとよいでしょう。それは〈マントラ〉と呼ばれます。具体的なイメージを伴わないもの、たとえば、〈やすらぎ〉、〈愛〉、〈調和〉などがよいかもしれません。

私たちの研修センターでは、〈私は神、神は私〉という言葉を推薦しています。この言葉を繰り返せば繰り返すほど、あなたの潜在意識はそれを実現しやすくなるでしょう。

最初は難しいと感じるかもしれません。人間にとって、〈思考を止める〉こと、〈ただ観察する〉ことは、きわめて難しいからです。

でも、忍耐強く続けてください。あなたにとって何よりも大切なのは、瞑想がうまくなることではなくて、粘り強く続けることです。それは、運動をするのと同じでしょう。

新しく運動を始めると、最初はからだのあちこちが痛くなり、しかも全然うまくいきません。でも辛抱強く練習を続ければ、だんだん上手になってゆきます。

人によってその期間はまちまちですが、ある程度時間がたてば、瞑想の醍醐味がだんだん分かってくるでしょう。そして、瞑想をしないと何か物足りなく感じるようになるはずです。

瞑想をして頭の中のおしゃべりを止めることができるようになると、超意識の声が聞こえ始めます。あなたの質問、あるいは問題に対する答えが返ってくるようになるのです。それは必ずしも瞑想中とは限らず、その日の仕事中であったり、また翌日であったりもします。

瞑想中にどこかが痛くなったり、不調を感じたりすることがありますが、心配する必要はありません。それは、長いあいだ押さえつけられてきたストレスが、表面に浮かび上がってきているだけだからです。

枯葉が川の水面を流れてゆくのを観察するように、何も考えずにそれを観察してください。それはあなたにとって、とても良いことなのです。苦しみをそうやって表面化させてくれたからだに対して、心からの感謝を捧げましょう。

## ＊エクササイズ＊

① あなたがいやだなと感じる他人の態度や振る舞いを少なくとも三つ書き出してください。

② 次に、彼らのどのような〈在り方〉――〈存在〉に関わる面――が問題になっているのかを書いてください。そして、それらが実は自分の中にもある、ということを感じ取ってください。たぶん、さまざまな発見をして驚くことになるでしょう。

③ あなたがそのような面を持っているのは、他人を害したいからではありません。それらは、あなたの恐れ、または、自分の限界を、知られたくないという思いに基づいているのです。他の人たちにとっても事情は同じである、ということを認めましょう。

④ 今度は、あなたが素晴らしいと感じる他の人の態度や振る舞い――〈存在〉に関わる面――を三つ書いてみましょう。たとえば、「私は、計画性の〈在る〉人を素晴らしいと思う」というふ

うに書きます。

⑤ そして、いやな面と同様、それらの良い面が自分にもあることを確かめてみましょう。もし、どうしてもそう思えないときは、親しい人に、「私は、〇〇という面を持っていると思いますか？」と尋ねてみてください。彼らは、あなたよりも客観的にあなたを見ていますので、的確に答えてくれるはずです。きっと、それらの良い面があなたにもあることが分かるでしょう。

⑥ 以下のアファメーションを、できるだけ頻繁に行なってください。

**私は神の現われです。私は、自分をありのままにすべて受け入れます。私は、特別な、大切な存在であり、この世界には、私と同じ人間は他に存在していません。**

# 22章　すべてを受け入れる〈6つの方法〉

私は、この改訂版の最後に、新たに一つの章を付け加えることにしました。それは、この改訂版に花を添えるためでもありますが、また、一方で、すべてを受け入れることが、私たちにとってどれほど難しいか、ということを骨身にしみて知ったからでもあります。

私は、本書を通じて、愛の全体像について、またスピリチュアリティについて語ってきました。しかし、愛に到達するための特別すぐれた方法とは、**〈無条件にすべてを受け入れる〉**ということなのです。

すべてを受け入れることなくして、私たちは、心の平和も、健康も、幸せも、決して得ることができません。私は、これまで出版された何冊かの本の中で、〈受け入れる〉ことについて語ってきました。しかし、本書の最終章でふたたびそれを取り上げることによって、あなたにそれをしっかりと理解していただき、さらに、あなたの日常生活においてそれを実践していただきたいと思うのです。

あまりにも多くの人たちが、スピリチュアルな意味における〈受容〉と、自我レベルでの〈受容〉

を混同していることを、ここで指摘しておきましょう。

自我レベルでの〈受容〉とは、ある状況またはある人に〈同意〉するということ、そして、一般的には、ある人と同じ意見を持つこと、あるいはそれを〈受け入れることができる〉と思うことです。

この種の〈受容〉は、私たちの価値観――つまり、私たちが過去に学び取ってきたこと――に基づいているのです。私たちは、それまで学んできたことに基づいて、ある状況やある人を受け入れるかどうかを決めます。

それに対して、スピリチュアルな〈受容〉は、私たちの〈存在〉のレベル、つまり〈ハート〉のレベルに基づいています。そのレベルにおいては、いかなる善悪もありませんし、いかなる種類の決めつけもありません。

真に受け入れるとは、出来事や相手を、あるがままに受け入れることです。たとえ出来事や相手に同意できなくても、それらを変えようとせずに、すべての経験をありのままに受け入れる、ということなのです。相手が自分と違うことを、価値判断せず、非難せず、心地よく受け入れる、ということです。

〈受け入れる〉とは、あなたの前に現われるあらゆる人たちとの関わり合いを、あなたが人生において大切なことを学ぶための特別な機会だと思うことなのです。

それに対して、〈エゴ〉は、過去に学んだことに立脚しており、そのために、〈完全な受容〉ということを理解することができません。〈エゴ〉は、あらゆることを、過去の情報に基づいて判断しようとしています。一方、〈無条件の愛〉、〈スピリチュアルな愛〉は、常に、〈今という瞬間〉に立脚しています。ゆえに、〈エゴ〉は、スピリチュアルなレベルのことが理解できないのです。

左脳が作り上げた〈エゴ〉は、自分が知っているやり方以外のやり方で、出来事や人を受け入れようとしません。〈エゴ〉は、私たちが真の意味で受け入れることを、あらゆる手段を使ってさまたげようとするでしょう。そうすることによって、〈エゴ〉は、私たちを、守り、助けている、と思い込んでいるのです。

たとえば、私たちが、ある人をあるがままに受け入れようとすると、〈エゴ〉は躍起になって、「そんなことをすれば相手に利用されるよ」、「そんなことをすれば、みんなから、意気地なし、弱虫、お人よし、って言われるよ」などと言ってきます。ですから、これからは、〈エゴ〉がそんなことをささやいてきたら、充分注意するようにして下さい。〈エゴ〉は、あなたがハートで受け入れるのを邪魔しようとしているのです。

この章を通じて、私が新たに受けたインスピレーションや、私の最近の発見を、あなたと分かち合うつもりでいます。

そうすることで、あなたに、本当の意味における受容を実践できるようになってほしいのです。

私は、本書の最初の版を書いて以来、常に、どうすれば、より早く、より効率的に、〈無条件の愛〉に到達できるかを探求してきました。そして、実際に、その方法をたくさん発見してきたのです。

では、これからあなたに、その最も大切な方法をお教えいたしましょう。

## 1　私たちの〈エゴ〉を受け入れる

私は、次のような質問をよく受けます。「私のエゴが私の人生を支配している、ということは、よく分かりました。でも、どうすれば、このエゴの支配を脱して、エゴの影響を受けずに生きることができるのですか？　どうすれば、エゴから解放されるのでしょうか？」

これに対する私の答えを、次にあげておきましょう。

まず、第一に、エゴをありのままに受け入れることが大切なのです。そして、エゴを作り出してしまったことを悔やまないようにしましょう。さらに、エゴを追い払いたい、エゴから解放されたいと願わないことです。

私たちが何かを〈拒絶〉している時、それは〈受容〉からは程遠い態度です。それよりも、むしろ、私たちはこれまで、自分のエゴこそが、私たちを守ってくれる最良の手段であると信じていた、という事実を認めることが大事なのです。

すでに述べたように、エゴというのは、まるで主人を支配する使用人のようなものです。というのも、この主人が、使用人に、そうする権限を与えたからなのです。

ただし、今日では、意識が大いに拡大されてきていますので、私たちは、すべてを決めるのは使用人ではなくて、私たち主人の側なのだ、ということが自覚できるようになっています。使用人は、むしろ、主人のニーズに耳を傾けなくてはならないのです。

では、受容の範囲を拡大することによって、人生の支配権を取り戻すには、どうすればいいのでしょうか？　そうするには、主人が、使用人に向かって次のように言う必要があります。

「ねえカンタ、これまで私は、あなたに権限を譲って、私の代わりにあなたがいろいろなことを決めるのを許してきました。あなたが、私の仕事を代わりにやってきてくれたことに感謝します。また、あなたが、最も良いと思う方向で、私のためにたくさんの判断をしてきてくれたことに感謝します。

でも、最近になって、それらの決定や判断が、私のニーズに応えていなかったということ、したがって、私自身が自分のニーズに応えるべきだということに気づいたの。

ですから、これからは、自分のことは自分で決めることにします。そして、もし私が、自分のためにならない判断をしたとしても、心配しないでほしいの。決してあなたに責任を押しつけたりしないから。私は、結果の責任は自分でとることにしました。

ねえ、カンタ、これからはおとなしくして、私のそばにいて欲しいの。もしあなたが必要な時は、必ず知らせるから」

こんなふうにやさしく話せば、使用人は、自分が非難されたとか、拒絶されたとか感じずに、むしろ、自分がこれまで主人にしてきたことをきちんと認めてもらえた、と感じるはずです。そして、うれしくなり、安心して、自分の使用人としての役割をふたたび引き受けることでしょう。こうして、あなたは、主人としての自分の役割を取り戻すことができるはずです。

あなたは、あなたのエゴに対して、自分のそばにいる人に話しかけるように話しかければいいのです。あなたのエゴは、とても生命力の強い〈生きもの〉なのです。ただし、心の中に住む生きものなので、意識を通じてしかコンタクトできない、ということを忘れないようにしましょう。

あなたは、あなたのエゴではありません。ですからあなたは、自分自身の〈聖なる本質〉と、ふたたびコンタクトを取り戻す必要があるのです。あなたはもともと完全で、比類のない存在なのです。そうした素晴らしい存在が、肉体という不自由な入れものに宿り、〈物質体〉、〈感情体〉、〈精神体〉を使って、この地上でさまざまな経験を積み、本来のあなた自身、純粋でスピリチュアルな本質に戻ろうとしているのです。

しかし、地上での時間が経つにしたがって、不幸にもそうした真実を忘れてしまい、私たちはせっせとエゴを作り始めたのです。だからこそ、本当の自分自身とふたたびつながる必要がある、と言えるでしょう。

## 2　魂の五つの傷

かなり以前から、私は、魂の五つの傷、つまり、〈拒絶〉、〈見捨て〉、〈侮辱〉、〈裏切り〉、〈不正〉について研究し続けてきました。

親しい人たち、数多くの受講生、そして私自身に関わる観察と経験に基づいて、私は、これらの五つの傷――それは、心理的なものであると同時に肉体的なものでもあります――が、人生における諸問題の根本原因であることを確信しています。

人生を通じて、あなたはエゴに支配権を与えてきました。なぜなら、エゴが、〈五つの傷〉と結びついた苦しみから、私たちを守ってくれると思い込んでいたからです。傷が大きければ大きいほど、エゴは私たちに大きな影響を及ぼしてきました。そうすることで、私たちを守ることができる、と信じていたからです。

たとえば、〈拒絶〉の深い傷を持っている人は、他人から拒絶されることや、自分が他人を拒絶することを恐れるあまり、自分の望む生き方をすることができません。なぜなら、あらゆる手段を尽くして拒絶されることを避けようとするエゴのささやきに、耳を貸してしまうからです。拒絶されまいとして、目立たないように生きようとして、自分の興味を引くこと、自分にとって大切なことに目をつぶることになるのです。つまり、自分のニーズを無視してしまうのです。

まことに残念なことですが、何かを恐れて行動すればするほど、その恐れが現実化する、ということをエゴは知りません。あなたが、何かを恐れて目立たないようにすればするほど、まわりの人たちは、あなたが存在しないかのようにあなたを無視して行動するでしょう。そうすると、あなたはますます拒絶されたと感じます。こうしてあなたは、みんなから無視されたことに、さらに強い怒りを感じるようになるのです。

このテーマに関してもっと知りたいのであれば、ぜひ、私の著書『五つの傷』を読んでみてください。

この本の中では、私が先ほどあげた〈五つの傷〉について、とても詳しい説明がなされています。〈五つの傷〉について意識的になればなるほど、あなたは、より早く、より簡単に、自分を受け入れることができるようになるでしょう。その結果、〈五つの傷〉を持って苦しんでいる他の人たちのことも、同様に受け入れられるようになるはずです。

## 3　人生における愛の三角形

スピリチュアルなレベルにおいては、〈三位《み》一体〉は、否定しがたい、重要な意味を持って存在しています。比喩的な意味においては、〈三位一体〉は、「三つの原理、三つの象徴、三つの事柄」が、相互的に、また緊密に結びついている様子を表わします。

この〈三位一体〉を図で表わすとするならば、次ページの図のようになるでしょう。

この、優れたツールである三角形を使って、あなたは自分を発見することができます。つまり、自分が、どれほど自分自身を受け入れているか、どれほど自分自身を受け入れていないか、を知ることが可能となるのです。三つの辺はどれも同じレベルであり、どれかのレベルが他よりも突出しているということはありません。

たとえば、三つのうちの一つ、「私が他の人たちを受け入れるレベル」が分かれば、自動的に、あとの二つのレベルも分かるのです。

〈愛の三角形〉

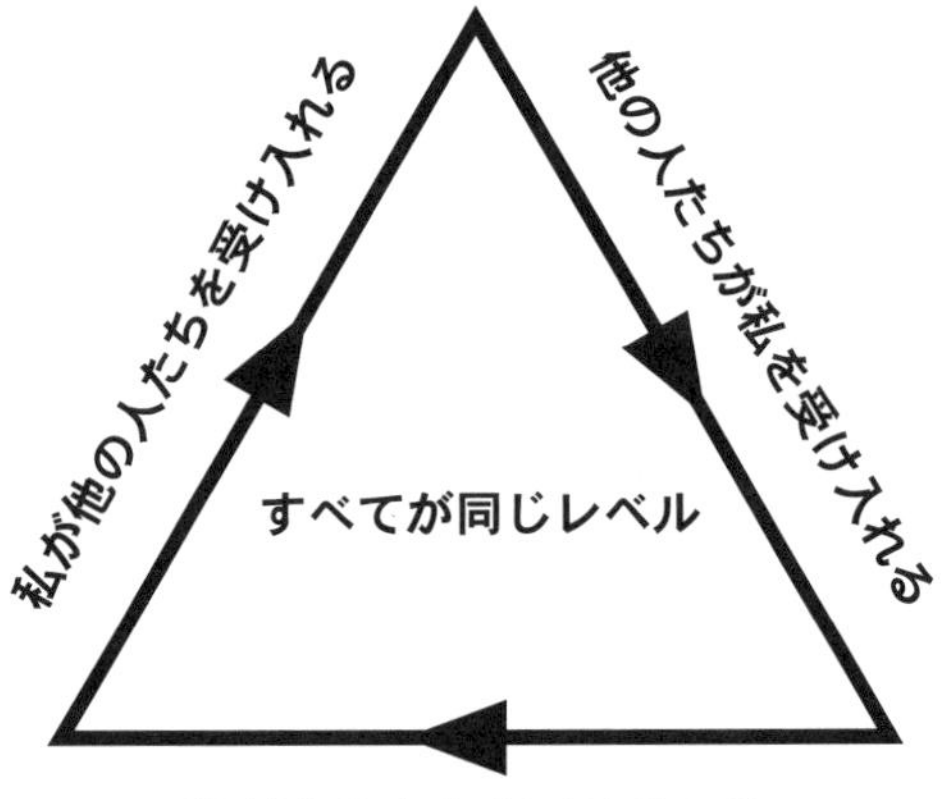
私が他の人たちを受け入れる
他の人たちが私を受け入れる
すべてが同じレベル
私が自分自身を受け入れる

もっと具体的に言ってみましょう。もし今、あなたが、自分の配偶者のことを「ウソつき」だと裁いているなら、あなたはしょっちゅう自分にウソをついていることになるし、また、他の人たちにもウソをついていることになります。したがって、他の人たちは、あなたが自分をそう思う以上に、あなたのことを「ウソつきだ」と裁いているのです。

どうですか？　そのことを認めて、受け入れることができるでしょうか？　なかなか難しいだろうと思います。

ただし、受け入れることが難しいと感じるのは、あなたのエゴであって、あなたのハートではありません。エゴは、スピリチュアルなレベルのことを理解することができないので、私が先ほど言ったようなことを認めることができず、ウソつきは自分以外の人たちだと主張し続けるのです。

しかし、三角形の三つの辺は、それぞれ同じ程度に真実なのです。他の人がウソをつくのをあなたが不快に思うなら、あなたは、自分がウソをつくのも同様に――それは無意識のレベルかもしれませんが――不快に思っているはずです。そして、他の人たちがあなたをウソつきだと裁くと、あなたはネガティブな感情にとらわれるでしょう。仮に、表面意識ではそのことに気がつかなくても、潜在意識ではそのことを感じ取るので、あなたは他の人と一緒にいて、わけのわからない不快感を持つはずです。

どうですか？　この三角形が、自分に意識的になり、自分を受け入れるために、すごく有効だということが分かり始めたでしょうか？

ウソをつく、という先ほどの例に戻ってみましょう。あなたが自分にウソをつくとき、あるいは他人にウソをつくとき、それは、あなたが意地悪な人間だから、あなたが邪悪な人間だから、またはあなたが他者に害意を持っているからではありません。

そうではなくて、あなたは何かを恐れてウソをつくのです。それは、あなただけではなく、他の人たちも同様です。

〈受け入れる〉ということは、あなたがただちに変わらなければならない、ということを意味していません。むしろ、まったく逆なのです！

あなたが何かを強く恐れているために、他の人もそうするように、あなたも時々ウソをつくことがある、という事実を、まず受け入れることが最も重要なのです。それを受け入れることによって、あなたはだんだんと、ウソをつかなくなるのです。

受け入れさえすれば、その後で、変容はごく自然に起こるでしょう。

## 4 《鏡の法則》は〈存在〉のレベルにしか適応できない

私は21章で、《鏡の法則》について語りました。私はこの《法則》を、もう四〇年以上も前から使っていますが、それが〈存在〉のレベルにしか適応できない、という事実に気づいたのは、ずっと後のことです。つまり、《鏡の法則》は、相手が何をするか（〈行動〉のレベル）ではなくて、相手がどんな人間か（〈存在〉のレベル）に関わるということです。

ですから、多くの人たちが、この《鏡の法則》を使うことに抵抗を示すのも無理はありません。彼らは、「あなたが裁いている相手は、あなたの鏡なのですよ」と指摘すると、決まってこう反論してくるからです。

「そんなことは絶対にありえません。だって私は、絶対に、夫のように行動することはないのですから。私はよくしゃべるのに、私の夫はほとんどしゃべりません。彼が私の〈鏡〉だなんて、ありえるはずがないでしょう！」

そこで私は、その人に対して、「あなたのご主人が、しゃべらないことによって自分を表現しない時に、あなたは〈存在〉のレベルで、ご主人のどんな点を裁きますか?」とたずねます。

すると彼女はこう答えるのです。「私に対して無関心だという点を裁きます」

そこで私はこう答えます。「まさにそこですよ。彼もまた、あなたが彼に対して無関心だという点を非難しているのです」

彼女がひっきりなしにしゃべり続けている時、ご主人の方は、彼女が、彼に対して、彼のニーズに対して、無関心だと思って非難しているのです。なぜなら、彼女は自分のことをしゃべってばかりいて、彼が感じていること、彼が望んでいることをまったく考えないからです。

ですから、今度、相手があなたを不快にさせる行動をしたとき、次のように自問してみてください。

「相手がこのように行動するとき、私は相手がどんな人間であることを非難しているのだろうか?」

もし、その際に、あなたが相手と同様な人間であることが認められない場合、または、あなたがそのような人間であるがゆえに相手があなたを非難した、ということなどないと思われる場合は、次のようにしてみてください。つまり、今とはまったく別の状況において、相手があなたをそのような人間であると非難したことはないかどうかを思い出して、検討してみるのです。

その種の作業をするためには、格段の観察力と、特別な謙虚さが必要である、ということを、私は認めましょう。でも、それは、ぜひとも必要な作業なのです。

たぶん、あなたのエゴは愕然とするでしょう。でも、あなたにとってそれは、本当に素晴らしい勝利になるはずです。そして、あなたは、自分が大いに成長し、物事を明晰に見られるようになったことに対し、深い満足感と幸せを感じるでしょう。

それは、あなたが、魂のレベルにおいて偉大な進化をなしとげたと同時に、自分自身と他者に対する偉大な愛の行為を行なったことになるからです。あなたは、他者の中にあってあなたが非難していた点が、自分自身の中にもあることを、完全に受け入れることができたのです。

## 5 なりたい人間になっていないことを受け入れない限り、私たちは、なりたい人間になることはできない。

私は、とても長いあいだ、自分が非難してしまうタイプの人間——たとえば、「よくない人間」、「悪い人間」、「正しくない人間」、「恩知らずな人間」、「公正でない人間」、「意地悪な人間」——ではない人間になろうとして努力してきました。そして、ついに、それでは自分の望む人間にはなれない、という真理を発見したのです。

私は常に、完璧であろうとし、厳格であろうとし、完全主義者であろうとし、それらにことごとく失敗してきました。自分が〈悪〉と見なすことをしたり、自分が〈悪人〉と見なす人間と同じことをしたりした後で、ただちに、これからは自分をコントロールして、もう二度とそのようには振る舞うまいと誓ってきたのです。

ずいぶん長いあいだ、私は、自分が自分をコントロールしていることに気づきませんでした。また、自分が罪悪感を抱いていることにも気づきませんでした。そして、あげくのはてに、ようやく気づいたのです。自分の中にある、自分が望まない面を、ありのままに受け入れない限り、決して自分の望む人間にはなれない、ということに。

そして、その時に初めて、〈受け入れる〉ということの、素晴らしい、そして途方もない効果に気づいたのです。

自分が嫌っている振る舞いや傾向を、自分の望む方向に変えるには、それらをまず〈完全に受け入れる〉というのが、最も効果的な方法だったのです！　こうして私は、心の奥底で、「自分を本当に、全面的に受け入れた時、自動的に自己変容が始まる」ということを知ったわけです。

先ほどの、ウソをつく、という例に戻りましょう。それは、実は、私のことでもあったのです。私に対してウソをつく人を、私は絶対に許せませんでした。私の母はよく、次のように言っていました。「顔前でぬけぬけとウソをつかれるよりは、顔面に平手打ちを喰らう方がよっぽどいいわ」

私も、ウソに関しては、母とまったく同じ考えを持っていたのです。そして、私のエゴにとって、自分もまたウソつきである、ということを認めるのは、そんなに簡単ではありませんでした。

しかし、私は〈ウソ〉に関するワークを完全に済ませることができました。したがって、誰かが私の目の前でウソをつくのを見ると、私は、まず何よりも、その人の〈恐れ〉を感じるようになったのです。その人は、ウソをついているのではなくて、ただ恐れているだけなのだ、ということが分かるようになりました。

また、自分自身がウソをついているのに気がつくと、私は自分に次の質問をするようになりました。

「この状況で、私はいったい何を恐れているのだろうか？　何が私にウソをつかせているのだろうか？」

すると、私はすぐに自分の〈恐れ〉に気がつきます。そこで、次のように自分に言って、その恐れを受け入れるのです。「ありがとう、私の神様！　あなたのおかげでこの恐れに気づくことができました。いつの日か、この恐れを克服することができますように」

ここで、まとめとして、覚えておくべきことをあげておきましょう。それは、「私たちが自分をありのままに受け入れるとき、それは、一生のあいだ私たちがいやな人間であり続ける、ということを意味しない」ということです。それどころか、むしろ、私たちが自分のいやな面をありのままに受け入れるとき、私たちは、それ以降、だんだんと自分が望んだような人間になることができるのです。

## 6　〈真の受け入れ〉は、自分のネガティブな面だけでなく、自分のポジティブな面も受け入れたとき、初めて達成される。

私は、この真理に到達したとき、本当に興奮したものです。というのも、私はそれまで、自分のポジティブな面はぜんぶ受け入れている、と本気で思っていたからです。ですから、あとは、自分のネガティブな面に関するワークを行ないさえすればいい、と考えていました。

では、ここでも、私自身の例を一つあげておきましょう。私は、どちらかといえば、物事をかなり〈速く〉行なう人間です。私の生まれた家では、家族全員がそうだったので、私はそういう自分のことを誇りに思っており、幸せでもありました。したがって私は、自分のこのポジティブな面を変えたいとは思っていませんでした。

私は、その面に関しては自分を受け入れていましたし、同じタイプの人たちも受け入れていました。むしろ、私を困惑させたのは、〈遅い〉タイプの人たちであり、私は彼らを受け入れることができませんでした。彼らは、車を運転するにしても、歩くにしても、自己表現するにしても、何かを要求するにしても、つまり、あらゆる面で〈遅い〉のです。

現在では、私は、自分の〈速い〉面を完全には受け入れていないことを知っています。私は、自分が物事を速くやりすぎたために、大事なことを忘れて、しばしば悔やむことがあるからです。あるいは、階段を速く歩きすぎたために、つまずいて転ぶことがあるのです。何でも速くやろうとするために、しょっちゅう事故を起こし、その後で必ず悔やむのです。

以上のことは、私が自分の〈速さ〉を完全に受け入れようとはしていないことを示しているでしょう。私はまた、秘書が仕事を速くやりすぎるあまり間違いを犯すとき、ものすごく怒ってしまうのです。そんな時、私は秘書に対してこう言います。「もっと時間をかけてしっかり仕事を行ないなさい。そして、結果を相手に渡す前に、しっかりともう一度見直しなさい」

それが、自分自身に対する最上のアドバイスだということに、私は気づいていませんでした！

ただし、以上のように言ったからといって、私は、あなたがポジティブだと判断する面だけを伸ばすようにしなさい、と主張しているわけではありません。〈遅い〉よりも〈速い〉ほうがいいと、誰が言ったのでしょうか？　人は、それぞれ個性を持っており、固有のリズムを持っているものです。

ですから、物事の〈二面性〉を尊重する必要があるでしょう。

大切なのは、あなたが、ありのままの自分を本当に認めるかどうか、ということなのです。だからといって、では、五〇パーセントはポジティブで五〇パーセントはネガティブであればいいか、といえば、そうではありません。あらゆる物事には〈二面性〉がありますから、私たちは、それらを自由に表現していいのです。そうしてこそ、私たちは、本当に自分を受け入れているかが分かるからです。

そうした〈二面性〉には次のようなものがあるでしょう。

寛大↔狭量　　利他的↔利己的　　やさしい↔厳しい
貪欲↔節度　　協調的↔敵対的　　忍耐強い↔短気
豊か↔貧しい　　注意ぶかい↔ぼうっとしている

一般にネガティブだと言われている面を表現すると、時には、それが非常にあなたのためになる、ということが分かるでしょう。〈よい〉と思い込まされてきたことばかりをしようとすると、時には、極端になりすぎたり、自分の限界を超えてしまったりします。

たとえば、あなたがやさしくなりすぎれば、時に、相手から利用されることになって、あなたはネガティブな感情を味わうはめになるでしょう。

ですから、あまり一方の面だけを実現しようとしてはなりません。その時のあなたのニーズに従って自由に両方を表現していいのです。

この本の中には、たくさんのツールが見い出されるはずです。私は、あなたが、それらを、実生活において、自分のために、自分への愛ゆえに、使ってくださることを心の底より願っています。

あなたが、すべてを完全に受け入れた上で――つまり、いかなる裁きも非難もせず、罪悪感も後悔も感じることなく――何かをなさない限り、あなたは、同じような経験を必ずまた引き寄せることになるでしょう。それは、あなたを害する結果を引き寄せることになるあなたの行動を、あなたがきちんと見抜けるようになるまで、延々と続くはずです。

あなたは、自分を幸福にする経験だけをして、不愉快な結果をもたらす経験をしない、ということを決意する必要があります。〈責任〉と〈知性〉と〈愛〉からなる正三角形を解体することは、誰にもできないのです。

でも、どれほどそうしようとしても、あなたのある面または他人のある面を、受け入れられないことがあるかもしれません。そんな場合でも、今はまだできないのだ、ということをありのままに受け入れましょう。あなたは、幸せへの道を明らかに一歩進んだのです。あなたにとって、最もできそうなことを選んで、〈受け入れ〉を実践するようにしてください。

〈完全な受容〉とは、あなたのハートの声に従うことです。あなたのハートは、いつもあなたにこう言うはずです。「そう、それでいいのですよ」と。

**＊エクササイズ＊**

① あなたを不快にさせる他人のある面を、〈存在〉のレベルで選んでください。次に、三三五ページの〈愛の三角形〉を使って、それを自分に対して当てはめてみてください。

② これまで、あなたを不快にさせるその面と正反対に振る舞うことによって、悔やんだり、罪悪感を持ったりしたことがあるでしょうか？　つまり、自分が受け入れていると思う面——あなたがポジティブだと思っている面——を前面に押し出して振る舞うことによって、悔やんだり、罪悪感を持ったりする結果になったことがあるかどうか、ということです。

③ 1章のアファメーションと同じアファメーションを、次にあげておきます。今後これを、できるだけ頻繁に繰り返してください。今、このアファメーションを言ってみて、最初に1章を終えて言った時と、何か違う点を感じましたか？

**私は、神の現われです。したがって、私は神です。**

**ゆえに、私は、自分の望むものをすべて創り出し、大いなるやすらぎを得ることができます。**

**また、私は、内にある真のパワーに到達することができます。**

# おわりに　――より深く愛を学ぶための機会

私たちは、現在、アクエリアスの時代という、まれに見る幸運な時代に生きています。アクエリアスは、私たちに、本当の自分を生きるためのエネルギーをふんだんに与えてくれるのです。

このエネルギーに逆らって生きるのは、川の流れに逆らって泳ぐのと同じようなことです。それが、とてもつらく、困難なことであるのは、あなたにもよくお分かりでしょう。そんなことをすれば、最後には溺れてしまいます。

世界じゅうで、物事がうまくいっていないように見えるのは、実はそのためなのです。私たちは、現在、人類史上でもまれに見る、決定的な時期にさしかかっています。この時代は危機的な様相を呈しており、私たちは、引き返すことも、危険を見ないでいることもできません。

現代は、また、私たちに対して、高度にスピリチュアルになることが要請されている時代でもあります。私たちが、何かを〈持つ〉（＝所有）のも、何かを〈する〉（＝行為）のも、すべて、私たちが真実の自分で〈在る〉（＝存在）ためでなければなりません。

そのためには、私たちは、自分の精神が作り出した〈エゴ〉を意識化しなければならないでしょう。

エゴは、魂を純化して偉大にするという私たちの人生計画を、常に邪魔しようとするからです。魂を偉大にするとは、自分を愛し、また他者を愛するということでもあります。

私たちは、自分の人生の支配権をエゴにすっかり譲り渡してしまったために、〈真の愛〉が何であるかを完全に忘れてしまいました。そのために、何度も繰り返して違う肉体に宿り、この地上に転生してくるということを余儀なくされています。

実際、私たちは、違った条件のもとで、常に、より自分を深く愛することができるようになるために生まれてきています。同じシナリオを繰り返して時間を無駄にするために転生してくるのではありません。それは、毎年同じクラスで学ぶのと同じことだからです。

もしあなたが学ぶことを拒絶するのであれば、小学校、中学校、高校、そして大学を卒業することはできません。はたしてそれが〈知的〉なことだと言えるでしょうか？　でも、人類は、地球レベルでそんなことを繰り返しています。地球は、愛を学ぶための大いなる魂の学校です。地球上に生きている、というのは、素晴らしい特権なのです。ですから、あなたは、人生のどの瞬間も、愛をより深く学ぶための機会として使わなければなりません。

転生するたびに愛の器を広げていけば、あなたは何度も何度も頻繁に生まれてくる必要がなくなります。智慧を使えば、一回の転生のあいだに何回分もの学びを得ることもできるでしょう。

あなたは、どんなタイプの〈学生〉ですか？　それを決めるのは、まさにあなた自身なのです。

こうしたことは、本当は、とても簡単なことなのです。とはいえ、それを実践するのが常に容易だとは限りませんが。

あなたに求められているのは、愛の行為にほかなりません。それは、あらゆるところに――あなたの中に、あなたのまわりに――**神**を見ることであり、今という瞬間に、すべての人を、完全に、ありのままに受け入れることなのです。そうすれば、あとはすべての良きことが、自動的に起こってくるでしょう。あなたの恐れ、そして、あなたのネガティブな感情は、すべて消えていくでしょう。あなたはエゴを統御し、あなたの病気は癒され、あなたの人間関係は大幅に改善されるはずです。

つまり、あらゆる領域で――物質的な領域でも、スピリチュアルな領域でも――、あなたは豊かさを享受できるようになるのです！　そうなった時に、それ以上求めるものがあるでしょうか？

自分を愛し、他者を愛することによって、みずからの〈内なる神〉を表明すればするほど、あなたの心は太陽のようにぽかぽかしてきて、さらに明るい光をまわりに投げかけることができるでしょう。

そのようにして、あなたが熱と光の根源になれば、あなたのまわりの人たちは、みんな、その恩恵を受けるようになるのです。

どうか、美しい太陽の心を取り戻して、あなたが享受することを許されている大いなる幸福をつかみ取ってください。私は、心から、そのことを願っています。

愛をこめて

リズ・ブルボー

◇著者◇
リズ・ブルボー（Lise Bourbeau）
1941 年、カナダ、ケベック州生まれ。いくつかの会社でトップセールスレディとして活躍したのち、みずからの成功体験を人々と分かち合うためにワークショップを開催。現在、20 カ国以上でワークショップや講演活動を行なっている。肉体のレベル、感情のレベル、精神のレベル、スピリチュアルなレベル、それぞれの声に耳をすますことで〈心からの癒し・本当の幸せ〉を勝ち取るメソッドは、シンプルかつ具体的なアドバイスに満ちており、本書は本国カナダであらゆる記録を塗りかえる空前のベストセラーとなった。
http://www.ecoutetoncorps.com/

◇訳者◇
浅岡夢二（あさおか・ゆめじ）
1952 年生まれ。慶應義塾大学文学部仏文学科卒業。明治大学大学院博士課程を経て中央大学法学部准教授。専門はアラン・カルデック、マリ・ボレル、リズ・ブルボーを始めとする、フランスおよびカナダ（ケベック州）の文学と思想。現在、人間の本質（＝エネルギー）を基礎に据えた「総合人間学（＝汎エネルギー論）」を構築中。フランス語圏におけるスピリチュアリズム関係の文献や各種セラピー・自己啓発・精神世界関連の文献を精力的に翻訳・紹介している。リズ・ブルボー『〈からだ〉の声を聞きなさい』シリーズや『ジャンヌ・ダルク 失われた真実』『光の剣・遥かなる過去世への旅』など訳書多数。著書に、『フランス文学と神秘主義』『ボードレールと霊的世界』がある。



増補改訂版 〈からだ〉の声を聞きなさい

平成 25 年 3 月 30 日　第 1 刷発行
平成 27 年 1 月 28 日　第 7 刷発行

著　者　リズ・ブルボー
訳　者　浅岡夢二
装　幀　フロッグキングスタジオ
発行者　日高裕明
発　行　株式会社ハート出版

〒 171-0014 東京都豊島区池袋 3-9-23
TEL03-3590-6077　FAX03-3590-6078
ハート出版ホームページ　http://www.810.co.jp

乱丁、落丁はお取り替えします。その他お気づきの点がございましたら、お知らせください。
　ISBN978-4-89295-919-6
印刷・製本 中央精版印刷株式会社

リズ・ブルボー著作一覧（訳・浅岡夢二）

**〈からだ〉の声を聞きなさい ②**
もっとスピリチュアルに生きるために　本体1900円

**私は神！ リズ・ブルボー自伝**
あなたを変えるスピリチュアルな発見　本体1900円

**五つの傷**
心の痛みをとりのぞき 本当の自分になるために　本体1500円

**〈からだ〉の声を聞きなさい Q&A ［大切な人との関係］編**
出会い、恋愛、そして結婚の本当の意味とは　本体1300円

**自分を愛して！**
病気と不調があなたに伝える〈からだ〉からのメッセージ　本体2100円

**あなたは誰？**
すべてを引き寄せている〈自分〉をもっと知るために　本体1500円

**LOVE LOVE LOVE ラブ・ラブ・ラブ**
〈受け入れる〉ことで すべてが変わる　本体1900円

**〈からだ〉に聞いて 食べなさい**
もっと自分を愛してあげるために　本体1500円

**お金と豊かさの法則**
〈お金〉と〈こころ〉のスピリチュアルなQ&A　本体1500円

**官能とセクシャリティ**
〈こころ・からだ・たましい〉のレッスン　本体1800円

**〈からだ〉の声を聞く 日々のレッスン**
人生に〈気づき〉をくれる 365日のセルフワーク　本体1800円

**ガン − 希望の書**
〈からだ〉の声があなたに伝える スピリチュアルなメッセージ　本体1800円